原爆をまなざす人びと

広島平和記念公園八月六日のビジュアル・エスノグラフィ

◆松尾浩一郎・根本雅也・小倉康嗣 編
◆清水もも子・後藤一樹・岩舘 豊・鈴木雅人・土屋大輔・福山啓子・加藤旭人 著

新曜社

地図①　広島市街

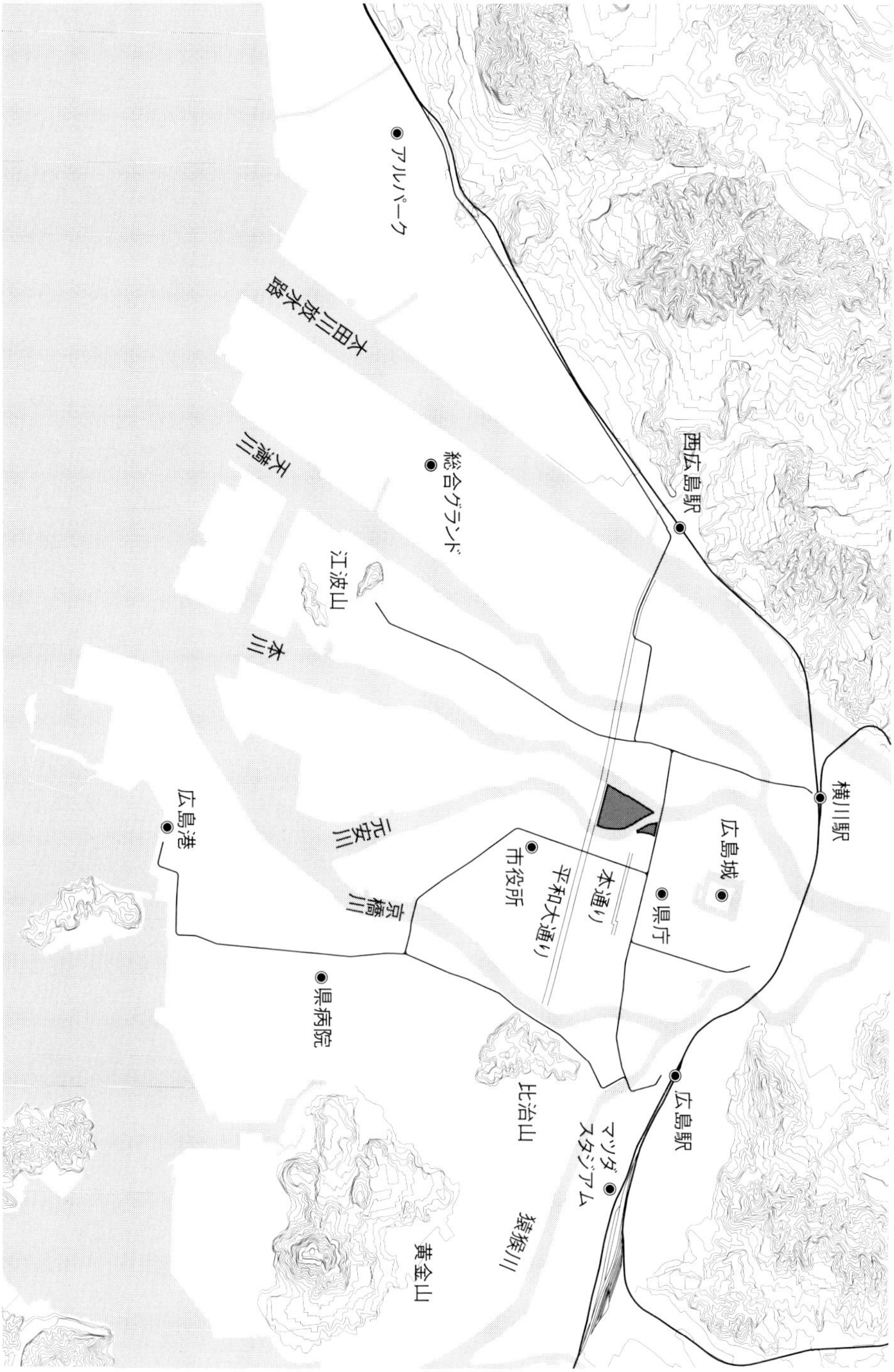

アルパーク
太田川放水路
西広島駅
総合グランド
天満川
江波山
本川
横川駅
広島城
広島港
元安川
市役所
本通り
平和大通り
県庁
京橋川
県病院
比治山
広島駅
マツダ
スタジアム
猿猴川
黄金山

地図②　平和記念公園

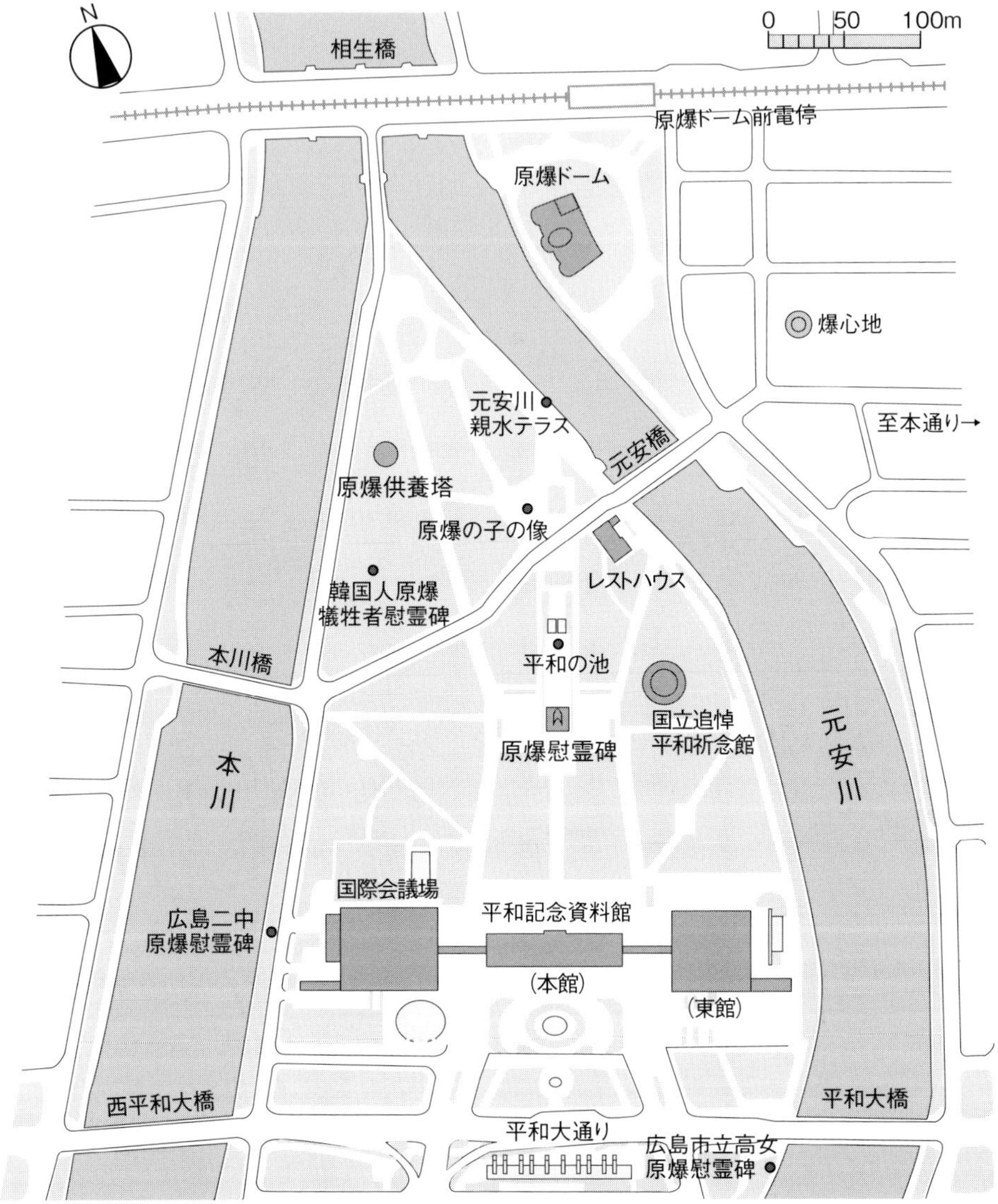

ベースマップとして広島市市民局国際平和推進部平和推進課作成の地図（http://www.city.hiroshima.lg.jp/www/contents/1288940109390/simple/common/other/4ec5fad9002.pdf）を使用。

はしがき――今日の原爆爆心地で

　私たちは原爆を知らない。「爆心地の話をつたえてくれる人は、いません」。丸木位里と俊によって書かれたこのよく知られた言葉は、原爆を知る難しさの一端を象徴的に示している。そもそも原爆は、容易には理解することもできないような、あり得べからざる常ならざる存在である。私たちはそのような原爆を知り、理解することができるだろうか。

　私たちは原爆を知ろうとする努力をさまざまに積み重ねてきた。たくさんの貴重な被爆証言を聞くことができる。被爆者や関係する人たちの生き方に触れ、そこから学ぶことができる。また、さまざまな調査や研究が行われており、その蓄積を紐解くこともできる。いまや「爆心地の話をつたえてくれる人」が皆無だとはいえない状況にある。しかしそれでも、私たちはなおも原爆を十分に理解できないままでいるように思われる。私たちがつくる今日のこの社会は、原爆というあまりにも苦い「教訓」を受けとめ、その痛みに寄り添い、共に乗り越えることができているのだろうか。

　私たちにとって、原爆を知ることはいまだ重要な課題である。もしかしたら、人類史上世界中で繰り返されてきた戦争の歴史の一コマにすぎないと見ることもできるのかもしれない。あるいは、直接の被害者たちがいなくなれば終幕するひとつの社会問題だと見ることもできるのかもしれない。しかし、このように普遍性の名の下に解消させてしまうことも、個別性の世界のなかに閉じ込めてしまうことも、いずれも適切なことだとは思われない。原爆を知らない私たちが、それをどのように理解し受けとめていくべきか――あるいは現実にどう受けとめているか――は、私たち社会のあり方そのものと関わってくるといっても過言ではないであろう。

こうした問題は、一般に「被爆体験の継承」としてこれまでも主題化されてきた。そこでは、実際に原爆を体験した被爆者という「伝え手」が片方に置かれ、もう片方に、そこから学びなにかを継承すべき「受け手」が置かれてきた。こうした構図のなかで、時間の経過とともに「伝え手」が減少し将来的にはいなくなってしまうとの予感が、継承を急ごうとする動機となり、また、その困難を感じさせる要因となってきた。

原爆投下からおよそ三四半世紀の時間が経過した。その間に、被爆者であろうと非被爆者であろうと誰もが歳を重ね、さまざまな人生を歩み、いくつもの世代を重ねてきた。このようななかで、「被爆体験の継承」という課題は、さらに重要性を増し、新しい局面を迎えている。〈伝え手＝被爆者〉と〈受け手＝非被爆者〉という構図に変化が生じている。非被爆者の、あるいは私たちの役割と責任は、いやが上にも大きくなっていく。いつまでも「受け手」ではいられない。私たちはどのように「爆心地の話」を受けとめることができるだろうか。今日を生きる私たちは、どのようにそれを受けとめているだろうか。

本書が生まれる契機となったのは、原爆に関心を持ち、それぞれの立場からそれぞれの研究に取り組んでいた編者三人が出会ったことである。考え方も研究のスタイルも異なる三人であるが、ともに共通して、どうしても気になる風景があった。一九四五年に爆心地となった地点にほど近い平和記念公園で、毎年八月六日の原爆忌に繰り広げられる光景である。

詳細は本編に譲るが、この日の平和記念公園の風景は驚きに満ち満ちている。無数の人が集まり、それぞれのやり方で、さまざまに原爆と向き合っている。おそらく大半は非被爆者であろう。彼ら彼女らが自分なりに「原爆の話」を理解し受けとめようとしている姿を、ここに見出すことができるのではないだろうか。

しかし、そこで見られる光景の意味を深く追究しようとされたことは過去にない。そもそも、この日の平和記念公園の全体像を明らかにするような試みも、いまだなされていない。私たち三人にとっては、この日この場所のありさまを理解し、その意味を解きほぐすことは、原爆の〈現在地〉を知るための重要な手がかりのひとつになるように思われた。

決定的な経験もあった。緊張と喧騒に包まれる八月六日の平和記念公園も、深夜になるとまったく別の顔をのぞかせる。そうしたなかで、真夜中の閑散とした原爆慰霊碑に手を合わせにくる若者たちが三々五々と、しかし絶え間なく次々に現れるのを目撃したのである。これも詳しくは本編で論じるが、非常に感動的な光景であると感じられた。初めてそこに居合わせた時に感じた熱い気持ちと、その次の年にまた同じ光景が見られることを確かめた時の興奮を、今でも忘れることはできない。私たちはそれから毎年、飽きることなくこの場所に通い続け、そこで繰り広げられることを見つめ続けてきた。世間一般には知られることもなく、しかし毎年必ず現れるこの若者たちは、原爆の〈現在地〉の重要な一面を、そしてその未来を指し示す存在なのではないかと思われた。

こうして私たちは、今現在の八月六日平和記念公園という時空間を対象とし、そこに集まる人びと、つまり〈原爆をまなざす人びと〉に焦点を合わせた共同研究に取り組むこととなった。そして、いろいろな検討を経た結果、あえてビデオ撮影を主とするビジュアル調査を行うことで、その課題にアプローチすることにした。

縁あって多くの仲間が集まってくれた。途中から参加した者や、本書の執筆には参加していない者もおり、若干の出入りはあったが、総勢十三名からなるチームで共同研究が進められた。私たちはフィールド調査から研究のまとめの段階まで非常に深いレベルで共同できた点で、実に稀有なチームだったように思う。本書は十人の執筆者で分担した共著ではあるが、それぞれが自分の論文を持ち寄った論集ではなく、すべての部分が全員のものとして書かれた「一冊の本」となっている。理想的な共同研究の成果として、私たち一同で本書をこうして世に問うことができたことを誇りに思っている。関わった全員の名前をここに記しておきたい。松尾浩一郎、根本雅也、小倉康嗣、清水もも子、後藤一樹、八木良広、土屋大輔、高山真、福山啓子、岩舘豊、鈴木雅人、加藤旭人、長峯ゆりか。

本書の構成と内容について簡単に述べておきたい。書籍本体としては三部構成をとっている。また、あわせて制作した六つの映像作品がオンラインで参照できる。ビジュアル調査という方法をとったことは本書の特徴だが、文章と映像を相互に参照できるようになっている。読者諸氏には、ぜひ「読む」だけでなく「見る」ことを通じて私たちの議論を受けとめていただければ幸いである。

ここで各章それぞれの内容を概観しよう。まず第I部は本書の課題と方法についての議論である。

第一章「〈原爆をまなざす人びと〉をまなざす」では、総論として、私たちの試みが原爆研究としてどのように位置づけられるのかについて明らかにしたうえで、本書がいかなる挑戦をしようとしているのか、それをなぜ、どのようにして表現し伝えようとしているのかについて論じる。本書が目指すのは、八月六日の平和記念公園をまなざすことによって、原爆の意味の〈現在地〉を明らかにすることである。そしてさらに、そうした試みの成果を多くの人びとと分かち合うことを通じて、非被爆者である私たちが自身が、主体的に、自分たちの問題として原爆を問うていくための契機をつくることとである。

第二章「ビジュアル・エスノグラフィの方法」では、本研究が採用した方法論について議論する。なぜビジュアル調査による集合的観察という手法をとるのか、具体的にはどのような調査を行うのか、それにはいかなる課題と意義があるか、どのようなデータが得られるのかなどについて検討する。ビジュアル調査だからこそ明らかにできることがある。また、ビジュアル調査だからこそ表現できることがある。そうしたビジュアルの力を信じてまとめられたのが本書にほかならない。

つづく第Ⅱ部「ビジュアル・エスノグラフィの実践」は、ビジュアル社会学研究としての成果を示し、その意味や課題などについて論じる五つの章からなっている。これらの章はそれぞれ単体で独立した議論にもなっているが、私たちが研究成果として制作した映像作品群についての注釈という意味合いも持っている。

第三章「ビジュアル・フィールドワークの経験――広島を見る眼と身体」では、ビデオカメラを手にしてフィールド調査に携わった一調査員の視点から、ビジュアル調査におけるデータ収集／データ生産のプロセスについて論じる。ビジュアル調査という方法が持つ意味を、フィールドのなかで調査員が経験する身体性のレベルから解きほぐしていく。

第四章「平和記念公園をまなざす映画づくり」では、フィールド調査によって得た膨大なビジュアル・データをいかに使うかについて論じている。このプロジェクトからはいくつかの映像作品が生まれているが、そのなかでも特に核心的な存在となった映画『アバーブ・ザ・グラウンド（Above the Ground）』の制作の試みを、社会学研究ないし社会調査の表現として位置づけて検討する。

第五章「社会調査映画『アバーブ・ザ・グラウンド』の挑戦」では、私たちが制作した映画をいかに伝えていったか、この映画がどのように観られたのかについて述べる。特にアメリカの映画界に向けてプロモーション活動を行い、その反応を得ながら再帰的に映画制作を進めていった経験をふまえて、「映画」という表現形態に取り組んだことの成果と課題について論じる。

第六章「調査表現としてのビデオ・インスタレーション」では、このプロジェクトから生み出されたもうひとつの核となる作品「レプリカ交響曲」を取り上げる。「レプリカ交響曲」は、多数のディスプレイを配置し複数の映像を同時に上映することで、平和記念公園の空間を再現し、観客にその再体験を促すインスタレーション作品である。アートベース・リサーチとしての本作の意義について論じていく。

第七章「〈群像〉をまなざす〈群像〉――イメージ生産の再帰性と集合的無意識」では、映画やインスタレーションのように映像を使ってなにかを試みるのではなく、映像そのものを注視して、そこに再帰的に写されたまなざしの交錯を分析する。延べ八十一時間、二五〇〇ショットに及んだ映像の一コマ一コマには、撮影者と被写体の関わり合いから、平和記念公園の「集合的無意識」までもが刻み込まれているのである。

第Ⅲ部「八月六日の平和記念公園という場所」は、狭義の意味でのビジュアル調査の枠組みからはいったん自由になって、私たちの調査研究が捉えた平和記念公園という時空間の広がりやそこでの出来事の意味を描くことを目指した三つの章からなっている。ビジュアル・データのみに依拠した議論なのではないが、著者たちがそれぞれの目で平和記念公園をまなざしてきた経験をもとにして書かれている。そのような意味では、この第Ⅲ部こそ「ビジュアル・エスノグラフィ」なのだともいえるだろう。

第八章「元安橋――平和記念公園の境界」では、今日の平和記念公園という場所が、広島という都市のなかでどのような位置にあるのかを探究する。平和記念公園の内と外をつなぐ象徴的な場所である元安橋に注目して、そこで私たちが見た光景や経験した出来事の検討を行う。それをふまえて、八月六日のこの場所に〈原爆の現在地〉を見出そうとする本書の試みの意味を、より大きな歴史的・空間的文脈の上に結びつけて確かめたい。

第九章「原爆ドームと原爆供養塔――平和と慰霊」では、八月六日の朝の原爆ドームと原爆供養塔の周辺の光景を探る。原爆ドームの周辺は平和を訴える人びとが集い、原爆の災禍の意味が多様に解釈される場となっている。一方、無縁仏の遺骨が納められている原爆供養塔には、遺族や関係者などが訪れ、花を供え、線香をあげる。これら二つの場所の差異を示しながら、平和を訴える行為と慰霊という行為の対極性とその意味を論じる。

第十章「深夜の原爆慰霊碑前に祈る人びと」では、先にも言及した本調査研究への動機を醸成した決定的な場所――深夜の原爆慰霊碑前に祈りに来る若者たちの思いに迫る。そこでは、肉親などの具体的な死者に祈りが捧げられているわけでも、声高に反核や平和が主張されているわけでもない。若者たちはそこで、なにを、どんな気持ちで祈っているのだろうか。その姿に長年魅了されてきた思いを胸に、自身の経験を織り交ぜながらその祈りに込められた思いを対話的に引き出していく。そこでとつとつと語られる若者たちの静かな一言一言から、原爆の意味の〈現在地〉があぶり出されてくる。

本書はその対象も方法も珍しいものなのかもしれない。それがゆえに、原爆研究としてどのような意義を持つのか、疑念を持たれてしかるべき余地もあるのかもしれない。とはいえそれらは、筆者たちなりに考える、今日だからこそ必要なアプローチなのである。はたしてそれが意味あるなにかをもたらすことができているかどうか、本書を手にとってくださる方々の忌憚ないご批判を賜りたい。

先に編者三人の出会いが本書の発端になったと書いた。この出会いの契機は、もとをたどっていくと、原爆/被爆者の調査研究を先頭に立って切り開いた石田忠(一九一六-二〇一一)、中鉢正美(一九二〇-二〇一三)両先生の存在にまで行きつく。本書で私たちが試みたことは、両先生の学問からは大きくかけ離れ、しかも足元にさえ及ばないものであるが、自分たちなりに少しでも継承し、未来につないでいきたいと願っている。

(松尾浩一郎)

〔付記〕本研究はJSPS科研費 15K13074 および 25220403 の助成を受けたものである。

映像作品について

以下の六つの映像作品がウェブサイト（http://www.shin-yo-sha.co.jp/video/hiroshima.htm）から視聴できる。閲覧にはパスワード（6AUG）が必要である。

『アバーブ・ザ・グラウンド』は本書全体のエッセンスを映像に凝縮したものであり、ひとつのドキュメンタリー映画として鑑賞できる。『シンクロニシティ』はビデオ・インスタレーション「レプリカ交響曲」の模様を収めた記録である。他の作品も本書のなかで不可欠の意味を持つものである。ぜひアクセスしていただきたい。

『アバーブ・ザ・グラウンド』

六十一分。プロデュース：鈴木雅人。監督：松尾浩一郎。第四・五章、コラム③参照。

『シンクロニシティ――レプリカ交響曲』

十分。制作：後藤一樹・土屋大輔。第六章、コラム④参照。

『〈群像〉をまなざす〈群像〉』

二十分。制作：後藤一樹。第七章、コラム⑤参照。

『午前八時十五分』

十六分。制作：根本雅也。第八・九章、コラム⑥参照。

『原爆供養塔の朝』

百二十三分。制作：根本雅也。第九章、コラム⑦参照。

『深夜の原爆慰霊碑前を見る』

五十二分。制作：松尾浩一郎。第十章、コラム⑧参照。

許可なく複製・放送・公開上映・公衆送信することを禁じます。予告なく改訂されることがあります。

目次

装幀＝新曜社デザイン室

第Ⅰ部　課題と方法

第一章　〈原爆をまなざす人びと〉をまなざす

ギラギラノ破片ヤ
灰白色ノ燃エガラガ
ヒロビロトシタ　パノラマノヤウニ
アカクヤケタダレタ　ニンゲンノ死体ノキメウナリズム
スベテアツタコトカ　アリエタコトナノカ
パツト剥ギトツテシマツタ　アトノセカイ（原民喜『夏の花』1947）

一　惨禍と苦しみの意味

一九四五年八月六日午前八時十五分、アメリカが投下した原子爆弾は圧倒的な破壊力で広島という都市を壊滅させた[1]。熱線は人びとの体を焼き、爆風は人も物も吹き飛ばし、建物を倒壊させた。ほどなく生じた火災は人びとを焼き、市街地の大半を焼失させた。あらゆる物が壊され、人びとは傷つき、倒れてうめく。ほぼ即死した人びと、助けを求める人びと、その声に耳を貸さず無我夢中に逃げる人びと、水を飲みに川に入りそのまま亡くなる人びと、錯乱したかのように叫ぶ人びと、すでに亡くなった子どもを抱いて右往左往する母親など、それまでの日常は瞬間的に失われ、無秩序な状況が生み出された。原民喜が表したように、原爆はそこにいた人びとを、建物を、そして日常を「パット剥ギトツテシマツタ」のである。

しかし、この核兵器がもたらした惨禍は新しい価値を創出する契機ともなった。より正確に言えば、原爆の投下とそれが生み出した破壊と苦しみは、広島のみならず、日本そして世界の人びとの想像をかき立て、そこから思想や行動を紡ぎ上げるような意味の源泉となった。原爆投下から七十年以上が過ぎた現在、広島は「ヒロシマ」という片仮名で表現されるように「平和」や「反核」の国際的なシンボルとされ、人びとはその記号を解釈し、時に作り変えながら自らの行為を形づくっている。

原爆の災禍に対する解釈の多様性を考えるために、ひとつのアナロジーを提示したい。(2) インターネットで利用できる地図である。オンラインの地図で検索バーに「広島」と入力すると、広島県広島市の場所が表示される。オンラインの地図は拡大や縮小も可能であり、この地図を拡大すれば、市内に存在する町々や通りが映し出される。さらに拡大していけば、ストリート・ビューといった機能によって、たとえば平和記念公園の中を歩く人びとの姿などを映し出すことが可能となる。逆に、地図を縮小すれば、「広島」は点となって日本という国の一部として見えるし、さらに縮小を続けるならば世界地図の中に「広島」を見ることができる。

このイメージをもとに、次の質問について考えてもらいたい。「一九四五年八月六日、原爆はどこに投下されたのか」という問いである。多くの読者が即座に思いつくのは広島という地名であろう。原爆は広島市という都市に投下されたからだ。しかし、オンラインの地図を拡大した時のように、原爆は都市という抽象的な空間ではなく、当時広島（そして現在平和記念公園となっている場所）に暮らしていた人びとの上に投下されたともいえるし、逆に地図を縮小した時のように、原爆は日本という国に落とされたという答え方もできる。さらにいえば、原爆は世界に投下され、人類全体がこの出来事を経験したともいえるかもしれない。つまり、「どこに原爆が落ちたのか」あるいは「誰が原爆を経験したのか」という質問への答えは単に地理的な事柄にとどまるものではない。それは、その質問に答える者が原爆の災禍をどのように捉えているのかという解釈に密接に関わっている。そのため、もし誰かが「原爆の惨禍は世界に核兵器の恐ろしさを伝えているのだから、広島は人類の犠牲であった」と言うなら、その人はこの出来事をグローバルな視点から眺め、普遍的な価値を見出そうとしている。逆に「広島が原爆を受けたのは、日本がアメリカの敵として真珠湾を攻撃したからだ」と言うなら、その人は広島をナショナルな視点から眺めていることになる。つまり、原爆投下という出来事を解釈する視点は複数ありうるし、実際、戦後の日本社会（そして世界）において広島の災禍はさまざまな角度から捉えられ、それについて多様な解釈がなされてきた。

だが、インターネットの地図のアナロジーは、単に視点や解釈の複数性を示唆するだけではない。すでに述べたとおり、オンラインの地図は拡大することも縮小することも可能である。このことは、原爆投下を捉える視点の複数性を示唆するのと同時に、それぞれの視点によって強調点が変わることを意味している。オンラインの地図を拡大あるいは縮小するのか、どこに焦点を当てるかは、いわば作為の結果であり、その境界線を引く者によって異なる。この点において、誰がどこに境界線を引くのか、つまり、どこに焦点を当て、いかなる意味を取り出し、そしてなにを後景へと退けるのかは作為的でもある。そのため、多様な解釈の背後には、その解釈によってどのようなストーリーが選び出され、なにが切り落とされるのかという取捨選択が存在している(3)。

広島に投下された原爆の災禍は、長崎のそれとともに多様に解釈されてきた。だが、その解釈にはそれぞれに力点が存在し、ある部分が強調され、ある部分には光が当たらないという作為を伴うことになる。

二　意味の〈現在地〉――調査の背景と目的

原爆投下から七十年という時を経て今を生きる人びとは、原爆の災禍にどのような意味を見出しているのだろうか。特に原爆を体験していない非体験者たちは、こうした想像も及ばないような出来事をどのように捉え、なにを紡ぎ出そうとしているのか。つまり原爆の災禍の意味の〈現在地〉を明らかにすることが私たちの調査の課題であった。では、なぜ今を生きる人びと、特に非体験者に焦点を当てるのか。そこには次のような理由がある。

「継承」を問い直す――非体験者に着目する意義

現代を生きる人びとにとっての原爆の災禍の意味を問うことは、「被爆体験の継承」という規範的な価値を問い直すことにつながる。

「被爆体験の継承」とは原爆の「被爆体験」を非体験者に「継承」させる、あるいは「継承」しようとする理念であり実践である。広島においては一九六〇年代後半からこの言葉が表立って用いられるようになり[4]、以後、関連する多くの実践が生み出されてきた。原爆の災禍について教える平和教育が積極的に取り組まれ、被爆者たちもまた自らの体験を語る活動を行うようになった。広島への修学旅行も数多くなされ、現地では平和記念資料館の見学のみならず、被爆者の講話を聞く機会が設けられてきた。また原爆の体験についての手記といった記録集が出され、近年ではアートによる「継承」の実践も増えている。そしてこうした「継承」の取り組みはメディアの注目を引き、報道されている。今を生きる人びとは「被爆体験」を「継承」することを陰に陽に求められてきたといえよう。

しかし、一方で、ほとんど問われない事柄がある（根本 2018）。それは「被爆体験の継承」とはなにか、そしてなぜ「被爆体験」を「継承」しなくてはならないのかという問いである。「継承」が重視され、その取り組みは当然であるかのように繰り返される。さらにそれでは十分ではないかのように新たな「継承」の取り組みが生まれ、大きく報道される。それにもかかわらず、私たちはなぜ「継承」しなくてはならないのか、なにが「継承」なのかが議論されることはほとんどない。「継承」することがあたりまえのようになればなるほど、その意味が問われなくなっているようにすら思われる。

こうした状況のなかで、筆者たちは、原爆の災禍になんらかの意味を見出している（あるいは見出そうとしている）非体験者たちに目を向けることにした。「継承」という図式においては「継承させる側」（伝え手）と「継承する側」（受け手）が存在する。メディアの報道や研究の多くは伝え手の活動に着目し、受け手の側にはそれほど注目してこなかった。しかし、今を生きる人びとが原爆の災禍にどのような意味を取り出しているのか。そして、（オンラインの地図の例のように）逆にこれらの人びとはなにを後景化しているのか。これらを捉えることで、今を生きる人びとがなにをどのように「継承」しようとしているのかを明らかにしようとした。[5]

先行研究における本書の位置

筆者たちの調査の試みは原爆（特に広島）に関する調査研究のなかでも特異な位置を占めている。

原爆に関する社会科学的研究において長らく進められてきたのは、原爆の被爆者についての研究であった。これらの研究は、原爆が人びとの肉体的（からだ）、経済的（くらし）、精神的（こころ）にどのような影響を与えてきたのかを一つひとつ解明し（日本原水爆被害者団体協議会 1959, Lifton 1967=2009）、諸影響の連関を明らかにしながら、人的な被害の全体像に迫ってきた（志水編 1969, 伊東 1985, 石田 1986, 濱谷 2005 など）。

一方、原爆との関連で広島や日本の戦後に焦点を当てた社会史的研究がある。広島という地域の戦後史についての研究は、平和や核兵器反対に関わる社会運動の展開（今堀 1959）や広島市行政による復興政策（石丸 1988）あるいは広島市における平和教育の形成（舟橋 1997）といったそれぞれのテーマに沿った歴史が個別的に明らかにされ、より包括的な戦後史としては宇吹暁が「社会的体験」としての「被爆体験」に着目しその歴史的事実を検討してきた（宇吹 1983, 2014）。他方、主に一九九〇年代以降、ナショナリズムや（社会的）記憶に関する研究の高揚を背景として、原爆の災禍を日本という国の集合的経験として捉え、原爆の記憶とナショナリズムの関係を論じる研究がなされるようになった（Dower 1996, Orr 2001, 奥田 2010）。こうした研究は、日本政府やメディア、あるいは社会運動を調べることで、原爆の経験が日本の「被害者意識」（Dower 1996）や「被害者性（victimhood）」（Orr 2001）を生み出し、国民アイデンティティの形成の一端を担ってきたと指摘する。「唯一の被爆国」といった現在でも使われる表現はこうしたナショナリズムの表れであるともいえるだろう。さらに、近年では、メディアを主たる対象として、原爆がどのように記憶されてきたのかあるいは表象されてきたのかを探る研究もなされている（福間ら編 2012, 好井 2006）。これらの研究は、それぞれの射程はどうあれ、原爆投下とその惨禍の出来事がその後の社会に与えた影響の一端を明らかにするものであるといえよう。なお、ここでの「影響」とは原爆が直接与えた影響ということだけではない。それはより広い意味の「影響」であり、原爆投下やその惨禍の経験について、人びとがその時々において解釈し、創出した価値や規範などを含んでいる。

価値や規範には時に権力が介在する。米山リサが「記憶のポリティクス」（Yoneyama 1999=2005）と捉えたように、原爆投下やその災禍の意味づけは権力が介在する言説でもあり、争われるものでもある。米山の研究に代表されるように、こうした言説のあり方のみならず、言説と実際の体験者である被爆者との関係性についてもこれまでに検討されてきた（直野 2015, 高山 2016, Todeschini 2001, Yoneyama 1999=2005）。

筆者たちの調査は、原爆被害の実相の解明でもなければ、原爆による災禍の経験からどのような価値や行為が創出されたのか、そこにはどのような意図や思惑があったのかといった歴史に目を向けるものでもない。むしろ、筆者たちの主眼は、歴史のなかで形成されてきた価値や言説の存在を認めながらも、現在を生きる人びとが広島への原爆投下やその災禍をどのように解釈し、いかなる行為を展開しているのかを理解することにある[6]。それは、「継承」の受け手となる原爆の非体験者にとっての原爆の災禍がなにを意味しているのかを検討することで、「被爆体験の継承」をもう一度考え直すことでもある(小倉 2017)。

三　八月六日の平和記念公園——調査の対象

今を生きる人びとにとっての原爆の災禍の意味を捉えるにはどのような方法がありうるだろうか。その〈現在地〉をどのように解明できるだろうか。

ひとつには資料調査という方法がある。つまり現代の人びとが原爆投下とその惨禍の出来事について書いている資料を収集し分析することである。ここでの「資料」とは各種団体の発行物や個人の出版物(随筆、小説、詩など)だけではなく、新聞の報道、雑誌の特集、そして漫画やアニメといったサブカルチャー的なものも含むことになる。そうした諸資料における原爆の表象を探ることで、原爆の災禍の現代的な意味に迫れるに違いない。しかし、この方法には限界もある。たとえば、そこでの調査対象は、原爆の災禍について自らの言葉で表明できる人びとに限定される。そして、何よりもこの方法では、積極的に語られることのない行為——たとえば八月六日にふらっと平和記念公園に立ち寄り祈るといった行為——とそこに込められた意味を理解することはできない。

筆者たちが調査の対象として選んだのは、八月六日の平和記念公園であった。原爆が投下された日の平和記念公園はさまざまな人びとが日本全国そして世界各地から集まり、それぞれに行為を繰り広げる。核兵器への反対や平和の訴えといった行為は、それを行う人にとっての原爆の災禍の意味を映し出す鏡である。そこで、筆者たちは八月六日の平和記念公園に集う人びとを対象として、人びとがどのような行為を展開するのかを探ることにした。

実際の八月六日の平和記念公園の光景を紹介する前に、平和記念公園についてもう少し詳しく説明しておこう。

平和記念公園という場所

原爆が投下される以前、平和記念公園の一帯は公園ではなかった。その場所には多くの人びとが暮らしていた。原爆ドームは産業奨励館と呼ばれ、子どもたちの遊び場となっていた。多くの住宅や店もあった。だが、原爆によって爆心地に近いこの一帯（中島地区）はほんの一部の建物を残して焼失した。

戦後、広島市は平和都市として復興を目指すなかで、爆心地に近いこの一帯を平和記念公園として造成した。(7) 平和記念公園の設計は、丹下健三(8)を中心としたグループによってなされた。丹下たちが公園に作る施設として考えたのが「コミュニティ・センター」であった（丹下 1950:16）。丹下にとって、戦争の終わった後の市民生活の再建は「有機的な統一のあるコミュニティの新しい建設」でなければならず、そのためにコミュニティ・センターが必要だと考えた。同時に、その施設は「広島の記憶を、統一ある平和運動にまで展開させていくための実践的な機能を持った施設、言い換えるならば、平和を作り出すための工場」であることを望んだ。他方で、丹下は広島の人びとが慰霊堂を含む記念塔を求めていると捉え、「何か慰霊し、記念するための施設」を持つことも望んでいた（丹下 1950:17）。

このようなねらいのもとで設計された公園には、さまざまなモニュメントや施設が存在する。現在、公園の中心部には原爆慰霊碑（正式名称は広島平和都市記念碑であり原爆死没者慰霊碑とも呼ばれる）がある（シーン1-1）。馬の鞍のような形をしたこの碑の下には原爆を体験し亡くなった人びとの名前を記した名簿が収められている。また、この碑には「安らかに眠ってください　過ちは　繰返しませぬから」と記されている。(9)この原爆慰霊碑の前（南側）には芝生の空間が広がり、そこで毎年八月六日に平和記念式典が執り行われる。芝生の南側には平和記念資料館がある（シーン1-2）。現在の本館にあたる建物は高床式の構造になっており、雨の日には観光客や修学旅行生の雨宿りの場となっている。その東側には資料館（東館）があり、西側

シーン1-1　原爆死没者慰霊碑（根本雅也撮影）

シーン1-2　広島平和記念資料館（根本雅也撮影）

シーン1-3　原爆供養塔（根本雅也撮影）

シーン1-4　原爆ドーム（根本雅也撮影）

には国際会議場がある。また、原爆慰霊碑から北西の方角には原爆供養塔がある（シーン1-3）。土が盛り上がった形をしていることから「土まんじゅう」とも呼ばれるこの施設には原爆によって亡くなったものの引き取り手がいない遺骨が安置されている。原爆供養塔から元安川を挟んで東側には世界遺産となった原爆ドームがある（シーン1-4）。原爆によって破壊されたがどうにか倒壊を免れたこの建物は一九六七年に広島市によって「永久保存」が決定された。原爆慰霊碑の北、原爆供養塔から南東の位置に原爆の子の像がある（シーン1-5）。これは二歳の時に原爆に遭い、十二歳で亡くなった佐々木禎子をモデルとしてつくられたモニュメントで、彼女が願いを込めておった折り鶴の話が広がるなかで、多くの修学旅行の生徒たちを引きつけている。また、平和記念公園の周辺にも多くの記念碑や慰霊碑が存在する。公園の南側を通る平和大通りを挟んだところには広島市立女学校（市女）の慰霊碑があり、公園の南西側には当時の一年生の多くが亡くなった広島県立第二中学（二中）の碑がある。

実際、多くの観光客や修学旅行生が平和記念公園を訪れる。世界遺産である原爆ドームを見学し、平和記念資料館で原爆の被害について学ぶ。また、公園内にある慰霊碑等のモニュメントを訪れ、それらがなにを表しているのかをガイドなどを通じて見聞きする。時には被爆者や関係者を通じて彼らの体験や慰霊碑にまつわる話を聞いたりもする。一方、地元の人びとも平和記念公園を訪れる。かつて自分が住んでいた町の慰霊碑に花を添えに来るものもいるし、国際会議場の施設を使うために訪れるものもいる。その一角で将棋を指す人びともいる。ボランティアで平和記念公園をガイドする人びとも、町歩きの休憩地としてベンチでたたずむものもいる。

シーン 1-5　原爆の子の像（根本雅也撮影）

毎年八月六日には平和記念式典（広島市原爆死没者慰霊式並びに平和祈念式）が開催される。平和記念式典の歴史は長く、原爆投下から二年後に「平和祭」という行事が開催され、そのなかで第一回目となる平和宣言が当時の市長によって読み上げられた[10]。平和祭は朝鮮戦争が勃発した一九五〇年に中止されたが、翌年には「慰霊式並びに平和記念式」として復活し、一九五三年からは「広島市原爆死没者慰霊式並びに平和記念式」、一九六八年からは現在の正式名称となった（宇吹

1992:i)。また、総称としての「平和記念式典」は一九六五年から用いられたが、一九六八年から一九七五年までは「平和祈念式典」となっており、その後「平和記念式典」となっている。平和記念式典は原爆投下の時刻を挟んで一時間程度行われる。会場となる原爆慰霊碑前の芝生には多くの椅子が並べられるが、それでも会場に入りきれない人が多く、こうした人びとは会場の周りで特別に設置されたモニターを見つめ、式典の様子を見守る。

八月六日の平和記念公園で繰り広げられる光景

八月六日の平和記念公園は多様な人びとが多様な行為を展開する。

広島市によって行われる平和記念式典はＮＨＫによって全国に中継され、その様子は全国紙を含め各地の新聞社によって大きく報道される。そのため、八月六日の平和記念公園を訪れたことがなければ、「八月六日の平和記念公園」のイメージは平和記念式典での平和宣言を読み上げる市長の姿や平和記念公園において祈りを上げる人びとの姿などであろう。それはメディアの映像や写真によってつくられたイメージであり、この公園でさまざまな人びとが繰り広げる多種多様な行為、彼らの喧騒に近い声、バックグラウンドに響きわたるセミの鳴き声といったものがあることは特に意識されることはない。

八月六日の平和記念公園では、反核、平和、祈りといったさまざまな考え方や行為が多様な人びとによって展開され、何かひとつの言葉で括ることのできない混沌ともいえる状況が眼前に繰り広げられている。たとえば、ある年の八月六日午前八時十五分という時間の原爆ドームの周囲には、法要を行う人びと、南無妙法蓮華経を唱え続ける仏僧の一団、ソプラノ歌手らしき女性が歌うなかでダイ・インを行う集団、数珠を持って原爆ドームに向かって深々と頭を下げる初老の男性、お揃いの服装をしてダイ・インを行う子どもたちなどがいた。また、平和記念式典が終わった後の時刻の原爆ドームに近い場所では、デモ行進をする人びとに続いて機動隊が歩き、機動隊に混じって歩く高齢女性がいた。その様子を見て女の子は「異様な光景！」と叫ぶ。そのような「異様な光景」とは裏腹に、原爆供養塔の北側では、おそらく遺骨が見つかっていないであろう犠牲者の親族らしき人びとがポツリポツリと訪れ、線香をあげて祈り、ほとんど言葉を発することもなく過ぎ去っていく。平和記念公園の周辺に散在する慰霊碑ではそれぞれに慰霊祭が執り行われ、遺族や関係者が参列し、変わることのない悲しみに涙を落とす。平和記念公園の一帯にはさまざまな人びとが訪れ、さまざまな思いをもとにそれぞれの行為を展開する。

平和記念公園について、これまで研究者たちは主にその歴史にもっぱら関心を抱いてきた。たとえば、平和記念公園が造成される経緯（広島市 1983a）や、モニュメントなどの意味の変遷やそれをめぐる論争（福間 2015, 石田［1997］1999, Yoneyama 1999=2005）が明らかにされてきた。また、八月六日に焦点を当てた研究は、平和記念式典と平和宣言の歴史の変遷をたどる（宇吹 1992）。だが、現在の八月六日の平和記念公園は、上述のように、さまざまな人びとがさまざまなやり方で今＝ここにおいて使用する空間であり、平和記念式典はその景色の一コマでしかない。八月六日の平和記念公園には、原爆についての多様な人びとの多様な解釈がそれぞれのやり方で表出されているのである。

四　なにをどうまなざすか――本書のねらい

本書は筆者たちが行った調査の報告であるが、独特の性格を持っている。それは本書が読者に対して主体的に関与することを期待するからである。本書（特に第三部）と本書に付帯されている映像が描き出すのは、二〇一五年八月六日の平和記念公園という時空間であり、原爆の災禍に対する人びとの〈まなざし〉の諸相である。だが、その〈まなざし〉の意味について考えることは読者に開かれている。

第三部で描き出すように、平和記念公園はその中の場所と時間によってその表情を変える。八月六日朝の原爆ドーム周辺はさまざまな団体、個人が集う。彼らは慰霊とともに平和や核兵器反対を訴える。現政権への反対、米軍基地への反対、福島の原発に関連した政府への対応の批判、「世界人類が平和でありますように」と記されたポールの横でダイ・インを行おうとする人びともいる。一九四五年八月六日に広島に投下された原子爆弾とその災禍の意味を現在の世界や国内情勢に照らし合わせ、解釈をする。この点において、原爆の災禍は過去のものではなく、現在と重ね合わされている。

原爆ドームの周辺が見せる八月六日の朝とはまったく異なる表情を見せる場所がある。それは原爆供養塔（北側）の朝である。ここには、集団としてくる人びとはほとんどなく、線香や花を供えにくる個人が多い。その多くは高齢で、原爆で家族を失った遺族や関係者のように見える。なかには、子ども連れの家族もいる。家族で黒い服に身を包み、子どもとともに手を合わせ、立ち去る。ここでは原爆ドーム周辺の喧騒や平和記念式典の会場から流れる音楽が遠くに聞こえる。セミの鳴き声がその場を支配し、人びとは多くを語らず祈りを上げる。

八月六日から七日にかけての深夜の原爆慰霊碑前は、原爆ドーム周辺や原爆供養塔の朝とも違う光景である。同日の昼には、祈りを上げるために長蛇の列となっていた原爆慰霊碑前も、この時間帯には訪れる人も少なくなる。若者たちが自転車や徒歩でひっそりと原爆慰霊碑を訪れ、誰に言われるのでもなく祈りをあげ、立ち去っていく。朝の原爆ドーム周辺が「平和」「反核」といったメッセージを積極的に、そして明確に訴える場所であり、原爆供養塔が遺族などの関係者が訪れ、原爆による特定の死者を弔う場所だとすれば、深夜の原爆慰霊碑前は特定の死者に祈るわけでも、明示的に平和や反核を訴える場所でもない。原爆の災禍に自分なりに向き合い、なにかの意味を見出そうとする人びとが集う場所となっている。

このような八月六日の平和記念公園における人びとの〈まなざし〉に触れて、読者であるあなたはなにを感じ、考えるだろうか。あなたは、ある人びとの解釈や行為に共感するかもしれないし、あるいは逆に反感を覚えるかもしれない。あるいはその両方を抱えながらも、なにかが不在だと感じるかもしれない。

実際、私たちの調査には「問題点」がある。ひとつは、調査が八月六日の平和記念公園という今＝ここの時空間を対象とするということで、そこにいない人びとを映し出すことができないということだ。しばしば広島では八月六日は「特別な日」だと言われる。それは原爆が投下された日として式典や慰霊祭が行われるからだけではない。私たちの調査が前提としていたように、八月六日には多くの人びとが広島に集い、式典や灯籠流し、各所で行われる集会・イベントに参加したりする。また、それを撮影するメディアの人びとも多く集まる。そうしたことから地元の人びとは八月六日の平和記念公園を忌避したりするものもいる。また被爆者は真夏の暑い平和記念公園に行くことを避け、自分なりの方法で供養をしたりもする。こうした人びとの姿は本書と付帯映像に現れることはない。

もうひとつはより根源的なものだ。原爆に遭った被爆者のなかにはこの自分が体験した未曾有の出来事に意味などないと考えるかもしれないということである。熱線によって身体に刻まれた火傷は痛みを発し、自分の身体のようには思えない。自分が浴びた放射線はこれまでも、そしてこれからも自分や自分の子孫になにかを引き起こすかもしれないと不安を抱かせ続ける。そして、「あの日」に見た惨状、人びとの助けを求める声や顔、そしてそうした人びとに対して何もしなかったという後悔は七十年を経ても変わることなく、彼らの中にある。なぜ彼らは死ななければならなかったのか。なぜ自分がこんな目にあわなくてはいけなかったのか。そこに苦しみ以外の何も意味を見出すことのできないままに生きる人びとがいる。こうした人びとにとって原爆の災禍に意味を見出すことはできないのかもしれない。

しかし、このような「問題点」も含めたところに本書のねらいがある。本書はその記述と映像を通じて八月六日の平和記念公園で繰り広げられる諸種の光景、そしてその中にある原爆の災禍に対する人びとの〈まなざし〉を描き出す。そのうえで、本書が期待するのは、それらの〈まなざし〉を〈私たち調査員がそうしたように〉読者であるあなたがまなざすことだ。本書は原爆の災禍の意味とはなにか、「継承」とはどうすべきなのかを具体的に説明することはしていない。むしろ、八月六日の平和記念公園における多様な人びとの多様な行為をあなたの視点でまなざし、これらの問いに対する自らの「答え」を考えてほしいと願っている。なぜなら、筆者たちの考える「継承」とは、体験者が語ることをそのまま受け継ぐことではなく、受け手である私たちが主体的に問わなければいけない課題だからである（小倉 2013a, 根本 2018）。私たちが調査を通じて問い直していったように、あなたもまた平和記念公園にいる人びとの〈まなざし〉をまなざすことによって、原爆の災禍の意味を問い直すことになるだろう。その点で本書や映像における「不在」もまたひとつの考える材料なのである。

注

（1）一九四五年八月六日、アメリカによって投下された原子爆弾（原爆）は、現在の平和記念公園にある原爆ドームから南東に約一六〇メートル離れたところにあった島病院の上空約六〇〇メートルで爆発した。爆発した原爆は熱線、爆風、放射線を放った。熱線は火傷を負わせ、爆風は人びとを吹き飛ばしたほか、飛ばされたもので人びとを傷つけた。また、放射線はけがのなかった人びとにも爪痕を残し、現在に至るまで人びとの体に異常を引き起こしてきた。原爆による死者の数は正確に把握されていないものの、広島平和記念資料館（2006）によれば、当時広島市には約三十五万人がおり、一九四五年十二月末までに十四万人（誤差±一万人）が亡くなったと推計されている。また、建物の被害も甚大で、市内の六二・九%が全焼・全壊、二三・七%が半壊であり、市内の九割が焼失または破壊された。

（2）オンラインの地図の比喩は根本雅也（2018）にもとづいている。

（3）たとえば、米山リサ（Yoneyama 1999=2005）や直野章子（2015）は、原爆の災禍を「人類」というレトリックで捉えることを「核の普遍主義」と呼び、それが日本というナショナルな主体が引き起こした加害の側面などを後景化することを指摘している。

(4)広島の知識人・庄野直美は一九六九年に雑誌『世界』に「ヒロシマ・'69――体験における『断絶』と『継承』」という論考を寄稿している。その冒頭で庄野は「ここ数年来ゆっくりと訪れ、ことし一九六九年に際立って現われてきた広島の主要な課題に、被爆体験における断層とその継承の問題がある」と書いている(庄野 1969:131)。この時期、広島において「被爆体験の継承」は社会問題となり、原爆を中心とした平和教育も取り組まれるようになった。

(5)このような「継承」の再考は、人びとの解釈や行為は「継承」という枠組みでは捉えられるものではないという結論をもたらすかもしれない。だが、それもまた「継承」を問い直すことになるように思われる。

(6)広島や原爆の理解や態度についてはNHKが一九七五年から五年ごとに原爆意識調査を行っている。しかし、これらは原爆投下の日時などの知識や核兵器廃絶への態度といった大まかな内容にとどまり、実際の人びとの解釈や行為に迫ってはいない。

(7)「平和都市」という都市像は戦後より掲げられ、一九四九年には国会で広島平和記念都市建設法が成立している。この法律によって広島市の復興は「平和記念都市」の建設となった。この平和都市の中核的な施設として考えられたのが平和記念公園であった。

(8)丹下健三は戦中期にすでに、大東亜建設記念営造計画(一九四二年)、在盤谷日本文化会館計画(一九四三年)の競技設計で一等入選を果たしていた(石丸ら 2002:345)。戦後第一作目であり、実質的なデビュー作となったのが広島平和記念公園計画であった。

(9)原爆慰霊碑の碑文をめぐってしばしば議論がなされてきた。特に「過ち」の主語は誰なのかに対して疑問や批判があった。広島市は「人類」が主語であると解釈している。

(10)平和祭は、一九四七年、当時のNHK広島中央放送局長が浜井信三広島市長にその開催を提案したことに由来する(宇吹 1992:10, 浜井 1967:102)。平和祭は、GHQ/SCAPの賛同を得て開催され、ダグラス・マッカーサーのメッセージも代読されている。

(根本雅也)

第二章　ビジュアル・エスノグラフィの方法

一　〈原爆をまなざす人びと〉をまなざすために

第一章で論じたように、私たちが焦点を合わせるのは、八月六日の平和記念公園という時空間である。この日の平和記念公園には、広島中から、日本中から、世界中から無数の人びとが集まってくる。

この日の平和記念公園では、原爆投下時刻の午前八時十五分に合わせて、平和記念式典が広島市の主催によって開催される。一地方自治体の行事であるとはいえ、首相や閣僚が参列するばかりか、国連や諸外国の要人も多数出席するのが通例になっている。他にも公園内外で数多くの催しや出来事が繰り広げられるが、平和記念式典は公式の行事として、特別な地位と存在感を持っている。

この式典は毎年さまざまなメディアに大きく扱われ、あたかも夏の風物詩のひとつのように全国に伝えられている。テレビの生中継や報道番組などで、広島市長による平和宣言や首相による挨拶の場面、参列者が一斉に黙祷を捧げる場面、あるいは平和の鳩が飛び立つ場面などがしばしば放送される。また、数多くの一般参列者たちが集まり、平和記念公園の中核となる象徴的なモニュメントである原爆慰霊碑の前で、静かに手を合わせ一心に祈る姿がしばしば映し出される。メディアの中の平和記念式典は、水を打ったような会場で、非常に荘厳に、しめやかに、粛々と執り行われている（シーン2-1）。

シーン 2-1　**平和記念式典**（出所：広島市ホームページ　http://www.city.hiroshima.lg.jp　2018 年 2 月閲覧）

広島市の発表によれば、平和記念式典への参列者数は例年約五万人にのぼるのだという。しかし式典会場に用意される座席は一万席にも満たない。単純に計算すると、その差はおよそ四万人。必然的に多くの参列者は、静かに着席して壇上を見つめるというかたちとは違った参加の仕方をすることになる。かくして、真夏の厳しい日差しが照りつける平和記念公園を、数万もの人びとが漂い歩く。園路で、木々の中で、原爆ドームの前で、元安川のほとりで。人びとはさまざまに場所を求め、それぞれの位置から式典を眺める――あるいは、眺めない――ことになる。彼ら彼女らのまなざしは複雑に交錯する。

八月六日は平和記念式典だけのものではない。この式典は原爆に関する最大規模の公的な行事として特別な存在となってはいるが、その存在感には多義的な意味が含まれる。たとえば、格式高くきわめて形式的に執り行われるその性質に、追悼・祈念の形骸化を見出すこともできるだろう。であるから、原爆やその犠牲者への思いを深く持つからこそ、むしろ平和記念式典を避けるという選択がなされるとしても不思議はない。また、この日の平和記念公園に足を運ぶとしても、午前八時から九時頃まで挙行される平和記念式典を避けて早朝や夜に訪れる人びと、公園の中心部を占める式典会場から離れた周縁部に向かう人びとも多い。さらに、原爆と平和をめぐる一般的な観念に反対するがゆえに、つまり反核平和というマスター・ナラティブへの疑問を表明するために、あえてこの場所に乗り込み、戦いを挑む人もいる。

　八月六日の平和記念公園は、ひとつの場所、ひとつの固有の時空間でありながらも、さまざまな意味が重層しており、さまざまに異なる人びとが共存している。彼ら彼女らは、一人ひとりがそれぞれのやり方で、原爆と向き合い、それをまなざし、考え、行動している。平和記念式典という一大儀礼の陰に隠れがちではあるが、数万人が織りなすその光景は、改めて注目するに値する。

　そこに目を凝らしてみるならば、おそらく、厳粛な式典と静かな祈りといった八月六日平和記念公園のドミナント・イメージは、ほとんど虚像といってもよいものであることに気づかされるだろう。それは虚偽だとまではいえないものの、あくまでも多元的な相貌のうちのひとつの面にすぎない。この日この場所では、多様なものが混濁し、矛盾しあったり、相互に反発しあったり、あるいは共鳴しあってなにかを生み出したりしている。それらが十二ヘクタールの空間に凝縮されるように集まり、独特の光景とドラマが繰り広げられている。

　私たちのプロジェクトは、このような平和記念公園の光景を予断にとらわれることなくまなざし、ありのままに受けとめ、それを包括的に記録することを目指すものである。また、そのような記述をすること、つまりひとつのエスノグラフィを編むことを通じて、今日の私たちがどのように原爆を受けとめ、それとどのように関わろうとしているのかについて、考えていこうとするものである。

　とはいえ、そもそも数万もの人びと、しかもなんら組織されていない人びとが集まり行き交う場を「包括的に記録する」というのは、言うは易しく行うは難い課題である。はたしてそれは可能か。可能性があるとしても、はたしてどのような方法をとるべきだろうか。

　私たちはこの課題に取り組むために、二つのアプローチをとることにした。ひとつは、そこで行われていることをビデオ映像に収めるビジュアル調査を行うことである。もうひとつは、多くの調査員を組織した集合的観察を試みることである。つまり、ビデオカメラを利用した集合的観察を行い、それにもとづくビジュアル・エスノグラフィを描き出そうと試みることとしたのである。

ビジュアル調査にはいくつもの強みがある。まず第一に、写真や映像はひとつに焦点を絞りきれない多数の人びと（群衆）を記録するのに適している。第二に、写真や映像を利用することで調査者が自らの観察を批判的に捉え直す機会ともなる。第三に、ミクロな社会的相互行為を記録し提示することが可能になる。第四に、空間や場所を対象としその広がりを調査するのに適している。こうした強みを持つビジュアル調査を、多数の調査者が協力しあい連動しながら行うこと、つまり集合的観察を行うことで、八月六日の平和記念公園をまるごと捉えられるのではないかと考えたのである。

とはいえ、ビジュアル調査についても、集合的観察調査についても、社会調査の方法論としては十分に熟れたものにはなっていないかもしれない。そこでこれから本章で、それぞれの方法がどのようなものであり、どのような意味を持つのかについて論じておきたい。

二　ビジュアル調査によるアプローチ

ビジュアル調査の歴史と現在

社会調査のなかでビジュアルな要素が使われるようになったのは新しいことではない。むしろ、社会学や人類学（社会人類学・文化人類学）が学問として形を整えていく初期段階では、フィールド調査の道具としてカメラが積極的に利用されていた（松尾 2004）。その背景となった要因は多々あるだろうが、特に重要な点を二つあげることができる。

ひとつは、近代的な社会学や人類学、つまり経験的調査にもとづく実証研究が重視される社会学や人類学が確立していく時期と、技術革新が進みカメラが実用的な道具として社会に普及していく時期とが、おおむね同じであったことである。十九世紀から二十世紀へと転換していく時代の新しいまなざしとして、両者は並走していたのである。

そしてもうひとつは、社会調査も写真撮影も、調査対象／被写体となる人びとや社会を、その外部から——時に特権的な地位から——まなざすという点において、両者は同型性を持っていたことである。この時期の社会調査は、都市下層社会の調査にしろ、未開社会のフィールドワークにしろ、しばしば「異文化探訪型」の視点を持っていた（松尾 2015）。また、カメラは普及が進んだとはいえ、まだ多くの人にとってはきわめて高価であり所有できる者は限られていたし、今日と比べればかなり低性能だったため、撮影という行為自体が被写体に一定の制約を強いざるを得ないものであった。つまり撮影者と被写体の間には明確な非対称的関係があることが当然となっていた（松尾 2004）。

このような背景のなかで行われた初期のビジュアル調査の到達点となったのは、ベイトソン（Gregory Bateson）とミード（Margaret Mead）によるバリ島人調査（Bateson and Mead 1942）であろう。一九三六年から三九年にかけてインドネシアのバリ島で行われたこの調査は、習俗や社会組織などではなく、バリ島の「人の性格」についての研究であるという点でユニークなものであった。ベイトソンらがとった調査戦略は、「性格」という人びとの内面に関わる問題を外面から「見る」ことで明らかにしようとするものであった。さまざまな場面での人の振る舞いや身なりなどを大量の写真に撮影している。合計七五九枚の写真をデータとして採用し、その一枚一枚を解釈し関連づける分析を行っている。

なかでも興味深いのは、写真撮影を社会調査法のひとつとして明確に位置づけた方法論的考察がなされていることである。ベイトソンは、あらかじめ撮りたい内容を決めてから撮影するドキュメンタリーと、研究者として行うビジュアル調査は異なるものだと論じている。彼が目指すのは、被写体の日常にできるだけ介入することなく、その自然な姿を余すことなく撮影し記録することである。そうすると必然的に、最終的には利用されず結果として無駄となるショットも含め、膨大な量の撮影をしなければならない。どのような機材と技術を使って撮影し、撮影された大量の写真をいかにして整理し分析するか、綿密な工夫が試みられている。彼にとってフィールドで用いるカメラは、単なる「例証の手段」ではなく「記録する道具」であり、調査方法論そのものともいえる存在であった。

ベイトソンら以降、ビジュアル調査はいったん姿を消していく。人類学ではまた違った展開があったが、少なくとも社会学に限れば、二十世紀後半までほぼ存在感を失っていたといってよいだろう。これも理由は多々あるだろうが、あえて一言で言えば、社会学の科学主義化が進行するに伴って、ビジュアル・データが社会学研究のデータとして認められなくなったことが大きい。

近年になってビジュアル調査をめぐる状況は転変している。ビジュアル調査の再発見、再登場というべき潮流が勢いを増している。社会学界においては質的調査への注目が高まっている。また、カメラの技術革新と普及は前世紀とは根本的に異なる次元にまで飛躍している。そのようななかで再び興隆している今日のビジュアル調査は、過去のそれとはまったく異なる様相を見せている。

たとえば、撮影行為につきまとっていた撮る側と撮られる側の非対称的関係は、機材のさらなる普及や撮影方法の工夫によって解消されようとしている。むしろ、撮る側と撮られる側、調査する側と調査される側の壁を突き動かし、両者がコミュニケーションと相互理解を深めていくためのツールとして、撮影行為が再定義されようとする傾向さえある。また、ビジュアル・データの分析法や使用法も多様な展開を見せている。表象として解釈し分析する方法はもちろんのこと、そのビジュアル・データがどのように生産され、いかにして保持され、それが社会のなかでどうはたらくのか、その方法とあり方が広く議論されていることは重要である。(1)

しかしこうした新しい展開が開花しているとはいえ、ビジュアル・データが社会学研究のためのデータたりうるのかという問いについては、まだ検討すべき余地は残されている。なかでも、それに十分な信頼性と妥当性があるのかどうかは本質的な問題となる。これらの点について、さらに検討を進めてみよう。

信頼性という問題――ビジュアル・データの恣意性

写真や映像を情報のソースとして収集する社会調査にはひとつの難問がつきまとっている。社会調査に携わる者ならば、調査のなかで写真や映像を撮影した経験があるかもしれない。一方で、撮影されたデータをそのまま証拠として用いることに躊躇した調査者は多いであろう。また、そもそも写真や映像を社会調査データとして見なしていない者も少なくないであろう。こうした扱いがなされる大きな理由は、写真や映像がデータとしてどれほどの信頼性や妥当性を有しているのかについての疑念がどうしてもつきまとってくることであろう。

量的調査で言及される意味での信頼性とは、誰がその調査を行っても同じ調査結果が得られることを意味している。ビジュアル・データの場合、確かに写真や映像の中に記録されている内容は「ありのまま」であり「正確」である。しかし、一方で、それらは誰が撮影しても同じ内容になるとは限らない。そこには常に恣意性がつきまとうからだ。

実際、恣意性はビジュアル調査の各段階で生じる。(2) たとえば、データ収集に限っても、調査者は、撮影する時間と場所を選択し、その時間と場所にある（いる）事物・人物のなかから被写体を取捨選択し、さらには被写体をどの角度からなにを背景として撮影するのかを選ぶことになる。その一つひとつの選択において恣意性は入り込むことになる。

社会科学におけるビジュアル研究を推進してきたパウエルは、データ収集の過程をサンプリングと重ねている（Pauwels 2015）。しかし、ビジュアル調査におけるサンプリングでは、恣意性を回避するために統計調査のような無作為抽出を行うことは不可能に近い。撮影する場所・方法・時間が違えば、写される内容も異なる。こうした問題を解消できる「サンプリング」の方法はなかなか存在しないであろう。

サンプリングという観点から次に思い当たるのは全数調査の手法である。ビジュアル調査でいえば、風景を包括的に撮影することである。山中速人は、防振ステディカムを使い、空間の切れ目のないシームレスな撮影を大阪コリアタウンのストリートにおいて実践した（山中 2011）。この方法を用いれば、ストリートの状況など物を中心とした風景を隙間なく記録することが可能となる。だが、人間などの動き回る物体については時間によって撮影される内容が異なるため、「包括的に」撮影することには限りがある。

写真と映像の恣意性を認めたうえで調査方法として提案・実施されているのが再帰的（reflexive）なアプローチである。文化人類学者のピンクは、ビジュアル・データを「科学的リアリスト」として用いるのか、再帰的に用いるのかという二分法を提示する（Pink 2007）。映像には恣意性がつきまとい、研究者（撮影者）の特権的立場が表出するといった点から、ピンクは写真や映像を客観的な証拠として提出するリアリストの立場を批判し、被調査者とともに内容を吟味したりする再帰的アプローチの手法の重要性を強調したのである(3)。ただし、再帰的アプローチにおいても、調査者の技量や被調査者の対応などによってその得られるデータは異なるため、量的調査のような意味での信頼性が確保されているわけではない(4)。

妥当性とビジュアル調査の意義――なにを提示できるのか

ビジュアル調査には恣意性が存在し、量的調査と同様の信頼性を確保することは難しい。一方、妥当性については議論の余地があるだろう。量的調査において妥当性は測定したい事柄が「正しく」測定できているかどうかの程度を意味する。これを敷衍するならば、ビジュアル調査法の妥当性はいくつかの視点から考えられる。ひとつは調査データとして収集された映像や写真の妥当性であり、個々の映像や写真が明らかにしようとしている事柄を「正しく」示しているのかになる。映像や写真はカメラによって眼前の光景をそのまま切り取っているのだから、それが映し出す光景自体には間違いなく妥当性がある。しかし、その光景の解釈や、写真・映像が映していない事柄、つまりフレームの外にあるものとの関連から妥当性が議論されるだろう。

もうひとつは研究目的に照らしてビジュアル調査を用いることの妥当性である。ある研究において、なぜ他の調査法ではなくビジュアル調査という方法を用いる必要があるのか、である。この問いは、そもそもビジュアル調査によってなにが明らかにできるのかを問うことにつながる。後藤範章は「メソッドは、それがなにを成し遂げることができるのかによって評価されるべきである」（Knowles and Sweetman 2004=2012:17）というノウルズとスウィートマンの言葉に注意を促している（後藤 2011:10）。つまり、ビジュアル・データから「いかなる知見が導き出され」るのか、「それがなにを成し遂げることができるのか」を検討することが求められているといえるだろう。

ビジュアル・データの特徴——異化作用という力

シーン2-2は八月六日の早朝に平和記念公園の原爆慰霊碑の前で撮影したものである。写真には祈る女性が写っており、その隣には親子らしき女性と子どもが写っている。シーン2-3はシーン2-2のオリジナルでありトリミングをして

シーン2-2　2009年8月6日
（根本雅也撮影）

いないものである。同じ場面でありながら写真から受ける印象は異なるだろう。祈る女性や親子の前には報道関係と思われるカメラマンたちが並び、祈る人びとを撮ろうと待ち構えている。そして、女性はカメラマンたちの前で祈っていることになる。

もともと一枚の写真である二つの写真の違いとはなにであろうか。まず、どちらの写真も原爆慰霊碑前の空間を「そのまま」切り取っているという点では同じである。しかし、二つの写真は切り取り方が異なる。切り取り方の違いは、それぞれの写真が伝えようとするメッセージの違いとなっている。たとえば、原爆慰霊碑前の来訪者にフォーカスしたシーン2‐2は「八月六日の祈り」を伝えようとしていると解釈しうる。しかし、カメラマンも視野に含めたシーン2‐3は単純に「八月六日の祈り」といったキャプションをつけることはできないだろう。原爆慰霊碑前でなにが起きているのかを「そのまま」映し出したシーン2‐3には「祈り」という一言で片付けることのできないなにかがあるように思えるからである。

シーン2-3　2009年8月6日（根本雅也撮影）

二つの写真の違いはビジュアル・データの特徴を示している。写真や映像は何よりも空間を「切り取る」という特徴を持っている（高木 2011:54）。だが、それは「切り取る」がゆえに、切り取り方という問題、つまり恣意性という問題を生む。同じ時間と場所で同じ方向を向いて撮影した写真であっても、撮影者の意図と方法によって切り取り方は異なる。そのため、注意深い人は「そこに写されていることがすべてなのか」と疑うだろうし、「映っていないものを見たくなる」（谷 2011:49）。

しかし、だからといって、ビジュアル・データが明らかにするリアリティを見落としてはならないだろう。二つの写真を比べるならば、シーン2-2が「祈り」といったメッセージを創り出すのに対し、シーン2-3は「祈り」を撮影する人びとを写し出すことでそのメッセージを素直に受け取ることをためらわせる。つまり、ビジュアル・データは、それが示すリアリティを通じて、既存の知識やイメージに対して疑問を投げかける力を持っているのである。

この力は、山田一成が述べる社会調査の「異化作用」（山田 1998:6）に通ずる。山田は「異化」についてブロッホ（Ernst S. Bloch）の次の言葉を引用する。「異化の正念場は、あまりにも親しみ慣れてしまったものに、ハッと驚かすような遠い鏡をさしかけることにある。人間がそれによって当惑させられ、しかも正しく当惑させられるようにするため、である」（Bloch 1962=1971:121）。つまり、異化作用は見慣れてなじみのあるものを、それとは異なる事柄を提示することによって、なじみのないもののように感じさせ、人びとの認識を新たにさせることである。しかし、それは既存の知識やイメージを単純に否定や批判するのではなく、それらをより豊かなものへと止揚する。ビジュアル調査は、人びとが固定観念や偏見によって「見てこなかったもの」あるいは「見ようとしていなかったもの」をまさに「見えるようにする」のではないだろうか。

三　ビジュアル・データが異化する八月六日の広島

ビジュアル調査の手法をとることによって、私たちが本書で関心を寄せている八月六日の平和記念公園について、あるいは「広島」について、どのような知見を導いてくれるだろうか。特に前述したビジュアル・データの異化作用の力はどのように発揮されうるだろうか。

ここで想起したいのは、メディアの報道や広島市行政などの言説によって形成されていった「マスター・

ナラティブ」や「ドミナント・ストーリー」（桜井 2002:36）との関係である。静かな「祈り」に満たされ整然とした平和記念式典と、そこから世界に発信される「平和」「核兵器廃絶」といったメッセージがそれである。ビジュアルという点を重視するならば、「ドミナント・イメージ」（支配的な表象）といえるかもしれない。こうして表象される「八月六日の広島」は、はたして実際の八月六日の広島の風景を妥当に表現しているのだろうか。

私たちは本書のプロジェクトを始める前の二〇〇八年頃から毎年八月六日の平和記念公園を様子を観察し、スチル写真やビデオ映像に撮影してきた。組織的な調査として体系的に撮影したのではなかったが、断片的なものであっても、その場に居合わせて撮影した一枚一枚のイメージは、ドミナント・イメージと「実際の風景」との齟齬を明らかにする力を秘めているように思われる。いくつかの場面を見ていただきたい。

場面① 原爆ドーム前の祈りと訴え

平和記念公園の中にはいくつかの象徴的な場所がある。なかでも原爆ドームとその周辺は特に重要な場所のひとつである。八月六日にはこの場所に朝から多くの人が集まってくる。その人びとはひとつの集団としてひとつの統一的な行為をするのではなく、個々に活動をしたり、目の前で行われる活動を眺めたりしている。原爆ドーム周辺では、セミの声に加えて、集会のスピーカー音、太鼓の音、署名を求める高校生の声、人びとの話し声など、さまざまな音が賑やかに入り交じっている。

原爆ドームは四周をオープンスペースに囲まれており、一回りしてみるだけでも次から次へと異なる光景が広がっていく。まず北側から見てみよう。シーン2-4は黄色い袈裟をまとった仏僧たちである。彼らは日本山妙法寺の僧侶たちで、うちわ太鼓を叩きながら「南無妙法蓮華経」を合唱する。集会を行う反核平和団体もいる（シーン2-5）。八時十五分になるとこの団体はダイ・イン[5]をはじめ、それに合わせて一人の女性が「原爆ゆるすまじ」[6]を歌っていた。その近くでは「くたばれ――核兵器」と書かれた黄色いゼッケンをつけた数名がドームに向かって立ちながら黙祷を捧げていた。

　東側に回ってみると、個人の来訪者（数珠を持った高齢男性、旅行者、ビジネスマンなど）が原爆ドームに向かってそれぞれに黙祷を捧げているのが見える（シーン2-6）。さらに南側に回ると、ダイ・インをする大学生らしき男女の集団がいる。原爆ドームの前にいる人びとの多くは、のぼりや服装などから判断すると、

シーン2-4　2010年8月6日（松尾浩一郎撮影）

シーン2-5　2008年8月6日（根本雅也撮影）

シーン2-6　2015年8月6日（根本雅也撮影）

地元ではなく、市外や県外から来ているように思われる。

　このように、八時十五分頃の原爆ドーム前においては、さまざまな人びとが集まり、さまざまな行為を展開していた。そこでは慰霊だけでなく、平和や核兵器反対の訴えがなされていた。また、「慰霊」においても、頭を下げる黙祷や仏教の合唱、核兵器反対の意味を込めたダイ・インなど、その表現の仕方はさまざまであった。

シーン2-7　2008年8月6日（根本雅也撮影）

シーン2-8　2010年8月6日（松尾浩一郎撮影）

場面②「平和」をめぐる争いと「異様な光景」

八月六日の原爆ドームの周辺では、さまざまなデモや街頭演説などが行われる。それぞれの意見が時には激しく主張される。主張内容をみると、核兵器や原発への反対、憲法九条の維持、政権批判、反戦平和などが目立つ（シーン2-7、2-8）。

たとえば二〇〇九年の八月六日には、道路を挟んだ向かいの建物において、核武装論を展開する田母神俊

シーン2-9　2017年8月6日（松尾浩一郎撮影）

シーン2-10 2017年8月6日（松尾浩一郎撮影）

雄の講演会「ヒロシマの平和を疑う」が開催されることになっていた。それに対して、原爆ドームの北側で抗議のデモが行われた。すると、右翼団体の街宣車一台がデモの集団の前に乗りつけ、スピーカーから「突撃ラッパ」の音楽を繰り返し流し始めた。デモの参加者たちは街宣車に詰め寄り「帰れ、帰れ」と声を上げる。警察官たちが両者の間に入り、マスメディアのカメラマン数人がその状況をカメラに収めていた。

　この場面には二つの対立が表れている。ひとつは講演会に対するデモの抗議活動であり、もうひとつはデモと街宣車の衝突である。後者においては、デモ隊のコールと街宣車からの突撃ラッパという音が争うように鳴り響いていた。ここには「平和」や「祈り」といったドミナント・イメージとは異なる出来事――争い――が起きている。

　ドミナント・イメージを維持しようとする立場からは、八月六日の平和記念公園は「平和」の聖域でなければならず、いかなる争いもあってはならないものだということになる。その結果、きわめて厳重な警備体制が

シーン2-11 2010年8月6日（松尾浩一郎撮影）

シーン2-12 2009年8月6日（根本雅也撮影）

敷かれることになる。民間の警備員、警察官、そして機動隊までもが多数動員されることになる（シーン2-9、2-10）。この状景はもはや「平和」や「祈り」とは程遠い「異様な光景」として映るであろう。しかしこれも八月六日平和記念公園の確かなひとつの側面なのである。

場面③ 原爆供養塔での供養の祈り

平和記念公園のなかでも人の流れからやや離れた場所に原爆供養塔がある。身元不明の原爆犠牲者の遺骨を納めるためにつくられた土盛りの塚である。原爆供養塔の南側では毎年八月六日早朝に複数の宗派による合同礼拝が実施されている（シーン2-11）。

一方、鬱蒼とした木々に囲まれた原爆供養塔の北側は、線香や花などを供える台が置かれてはいるが、団体行事などは行われていない。八月六日には早朝から人びとが訪れ、線香や花を供え、祈りが捧げられている。しかし、観光客に知られていないせいか、人は少なく、報道陣も限られている。原爆ドーム周辺とは違い、「平和」や「核兵器廃絶」といったバナーやのぼりなどを持っている人や団体はおらず、大きな声をあげてなにかを主張する人もいない。この場所を訪れる人びとは高齢者や家族らしき一団であり、多くは普段着である。彼らは線香と花を供え、祈り、どこかに去っていくのみであった（シーン2-12）。

この場面は、場面①や場面②とは異なり、ドミナント・イメージにある「祈り」に近いといえるかもしれない。ただし、ここでは「平和」や「核兵器廃絶」といった主張が明示的になされることはなく、人びとは供養のために祈るばかりであるように見える。供養塔を訪れる者の多くはほとんど線香や花を持っており、公園内の他の場所とは異なり、地元の者か遺族などの関係者であるように見受けられる。

「八月六日の広島」とはなにか？

八月六日の平和記念公園は慰霊や平和を訴えるという行為の中心地であり、原爆慰霊碑前で広島市行政が行う平和記念式典はその核とされている。しかし、ビジュアル調査によって明らかになるのは、公園内で行われる行為とその主体の多様性であり、それが行われる場所の多元性であろう。原爆ドームと原爆供養塔の映像・写真から理解できるように、慰霊や記念の行為はさまざまな人びとによって多様なやり方で営まれている。つまり、人びとは原爆という出来事をそれぞれに解釈し、それをもとに何かしらの行為を展開しているのである。

八月六日の平和記念公園における主体と行為の多様性の存在は、マスメディアや広島市行政が表象する「八月六日の広島」への単なる批判にとどまらない。それは、ひるがえって、「八月六日の広島」とはなにかという問題を私たちに突きつけてくる。なぜ八月六日の平和記念公園は国内外の多くの人びとをひきつけるのか。なぜ人びとはひとつのメッセージや行為ではなく、多様な解釈や行為をするのか。そして、原爆ドーム周辺と供養塔前の人びとの間に見られるギャップはなにを意味するのか。これらの問いに答えるにはビジュアル調査のみならず、インタビューといった他の調査を必要とするだろう。しかし、ここでひとつ指摘できるのは、原爆投下（およびその被害）という出来事は、現在において人びとになんらかの行為を促すような規範や価値の側面を有している（そのように人びとが捉えている）ということであろう。八月六日の平和記念公園のビジュアル調査は、原爆投下という出来事の〈現在地〉――原爆という経験が社会のなかで現在どのような意味を持つのか――を照らし出すのである。

四　集合的観察によるアプローチ

前述したようにビジュアル調査にはデータの恣意性という課題があった。特に十二ヘクタールにも及ぶ広大な空間を対象とする私たちの調査の場合、それをいかに克服するかは重要な問題となる。

それに対するひとつの対応として、撮影の背景や撮影前後の状況などをできる限り公開し、「透明性」（桜井 2002:39）を高めることを目指すことができる。つづく第二章はそのような試みのひとつとして書かれている。また、映像作品のひとつである『〈群像〉をまなざす〈群像〉』も、まさにこのような意図から制作されたものである。

もうひとつの対応として、単独で調査を行うのではなく多数の調査者が協働することで、より複眼的な視点をとり、一人の主観性や一人の偶然の経験にすべてを委ねるのを避けることが考えられる。つまり集合的観察である。

複数の調査者が協働して集合的に観察するというアイディアそのものは非常に単純なものかもしれないが、それを実際に行おうとすると、複雑な問題が関わってくることがわかる。たとえば、もし社会調査の伝統的なマナーを踏襲するならば、まず直ちに測定の標準化をいかにして行うかという課題が立ち上がってくる。

また、仮に測定の信頼性を重視するような科学主義的な考え方を排し、より自然主義的な立場から調査に挑むのだとしても、「観察」という高度に身体的な営為に「集合的」という要素がいかに結びつくのかは、検討の余地が大いにあるだろう。こうした課題にどう取り組むべきか。まずは集合的観察を試みた先行事例から学んでみたい。

集合的観察の先行事例

最初に挙げるべきは松平誠による「集団参加観察」である。松平は一九七四年から秩父や高円寺などをフィールドとして都市祭礼の実態調査を重ねているが、そのなかで「筆者の創意になる質的調査法」（松平 1990:2）である「集団参加観察」を用いている。「個人調査ではなく、調査集団の共同によって行う」ことを核とするこの方法論をとる場合、「調査データの均一性を保証する手続きが必要である」（松平 1990:55）。こうした問題を解決するために松平がつくりだしたのが「謎解き法」である。謎解き法とは、「調査者個人の人格的要素を基礎としながら、同時に個人の観察結果の共通化・共有化」（松平 1990:58）をはかるために、それぞれの観察経験のなかから「謎」を発見し、観察を通してその「謎解き」を繰り返していく試みである。つまり、収集したデータを解釈し分析する過程において、共同討議と再検証を行い、相互に了解できる解釈を引き出そうとする方法である。

松平の方法と多くの共通点を持ちつつも、観察という経験に含まれるビジュアルな要素により焦点を絞り込んでいったのは、後藤範章の「集合的写真観察法」である。後藤は一九九四年よりゼミの共同研究プロジェクトとして「写真で語る――『東京』の社会学」をテーマとしており、そこで主な方法としているのが集合的写真観察法である。それは、「グループ・ワークを通して、肉眼では捉えきれない都市の意識や無意識が写り込む写真を凝視・観察して『小さな物語素』を引き出し、社会学的想像力をはたらかせて写真の背後に隠れている『より大きな社会的世界』を読み込み〔中略〕それまで見えていなかった「『社会のプロセスや構造』を可視化・可知化する」（後藤 2010:200）ことを目指した方法である。

松平の集団参加観察と後藤の集合的写真観察法は、写真というメディアが果たす役割において大きな違いはあるが、「集合」の仕方については共通点が見られる。両者とも、フィールドで調査対象を観察する行為における集合性よりも、フィールドから持ち帰られた観察の成果（データ）をいかに解釈するかという局面における集合性に、より大きな意味を見出している。あえて単純化していえば、いずれも集合的な質的データ解釈法であるといえる。フィールドにおける調査者の観察という経験の次元でどのような集合性があるのかは、明確な問題としては取り上げられていない。

観察行為における集合性

私たちが試みようとしている集合的観察は、松平や後藤による集合的観察とは、集合性の次元において異なっている。データの解釈における相互了解やそれに至るためのプロセスが重要であるのは論をまたないが、私たちが第一義的に力を入れなければならないことは別にある。平和記念公園という空間的な広がりをもった調査対象を、八月六日という特定の時間内において、広く深く観察したい。主な問題はデータ収集の場面にある。

平和記念公園全体をくまなく捉えるためには、できるだけ多くの調査員の目を、平和記念公園内のさまざまな場所に向けて、同時かつ集合的に、しかも組織的に観察しなければならない。つまり、「見ること」そのものを集合的に行うのである。

しかし「見ること」とはきわめて身体的で個人的な行為である。「見ること」の核はもちろん視覚であるが、実際には視覚以外のさまざまな要素が大きな部分を占めてもいる。五感を有する人間であれば、今この瞬間に視野に入っていない周辺の出来事や風景も容易に感じとることができるし、そうした感触に導かれて瞬時に視角と焦点を移動させることも自在にできる。また、目に入る情報をどう受け取り理解するかは、その人の持つ関心や予備知識などに枠づけられる。複数の人が同じものを見ても、同じように見るとは限らないし、おそらくは同じものから別のものを見ていることだろう。そして何より、見る人が居合わせたものしか見られない。観察者がどこにいるか、いかなる時空間を占めているかによって、観察される内容は根本的に異なってくる。つまり「見ること」とは一種の「出会い」であって、容易には標準化しえない人間の営みなのである。

「見ること」の組織化とデザイン

私たちの調査チームは十二人からなっている。この十二人がいかなる協働をして観察を行うべきか。上述したようにフィールドでの観察の本質が身体的かつ個人的な行為であると考えるならば、十二人それぞれが自分の五感を研ぎ澄まし、決まりごとなどにとらわれることなく自分の関心に従って自由な観察に徹するのが最適だということになる。

しかし逆に、広大な平和記念公園をできるだけ効率よく偏りなくカバーするためにも、また、観察の標準化を目指すためにも、撮影場所や撮影方法などをあらかじめ計画し、一人ひとりの役割を厳密に定めて分担するというやり方もありうる。このような全体としての組織化は、ビジュアル調査の恣意性をいかに克服するかという問題とも関わって、無視できない重要な意味を持ってくる。

つまり望ましいのは、個々の自由と全体の組織化の両方を犠牲にすることなく、いずれも活かしていくことである。

ここで参考になるのは、フットボールのような団体競技におけるチーム戦術なのかもしれない。全員がやみくもにゴール目指してラッシュするのではゲームにならない。各プレイヤーはチームという組織の一員としての働きが求められ、それぞれに固有のアサイメントが与えられる。ゾーンを分担しそれぞれの持ち場を固守する場合もあり、デザインされた走路やパスコースをめぐって各プレイヤーが有機的な連動を試みる場合もある。戦術は必ずしも個々のプレーを縛るものではない。プレイヤーの自由な判断によるオプションを織り込む余地もあれば、何人かが休んでいられる余地もある。チームのパフォーマンスを高めるために重要なのは、全員が戦術を理解し、フィールド上でコミュニケーションをとりあうことである。

団体スポーツと集合的観察は、いずれも個人の身体性を基盤としつつ、それを連携させてチームとしての成果を出そうとする点で共通する。フットボールの戦術をヒントにしつつ、私たちの調査の分業・協働の仕方はデザインされていった。

一人ひとりが平和記念公園を縦横に駆け巡り、その場所の持つ意味を体感しながら、自身の関心や好奇心に従って自由に撮影できるようにすることを目指した。ただし、完全な自由を与えるのではなく、どの時刻にどこにいるか、どのようなルートで移動していくか、いつ休息をとるかを、一人ひとりに具体的に割り当てていった(7)。それぞれの動きはチームとしての連動の一部分をなしており、全体としては常に平和記念公園内をくまなくカバーし、また、特定の場所と時間に生起する重要な出来事やイベントに必ず誰かが居合わせているように撮影プランが組み立てられた(8)。図2-1は撮影プランの一部を簡略化して大まかに図式化したものである。

撮影の本番は八月六日であるが、その二日前からチームとしての活動は本格的に始められた。八月四日と五日は下見とテスト撮影が行われたのであるが、単なる下見やテストとしてではなく、一人ひとりが平和記念公園という場所を感じとっていくための重要な時間と位置づけて、本番同様に綿密な撮影プランを組み立てたうえで実施された。また、メンバー同士での意見交換も活発に行われた。たとえば、テスト撮影した映

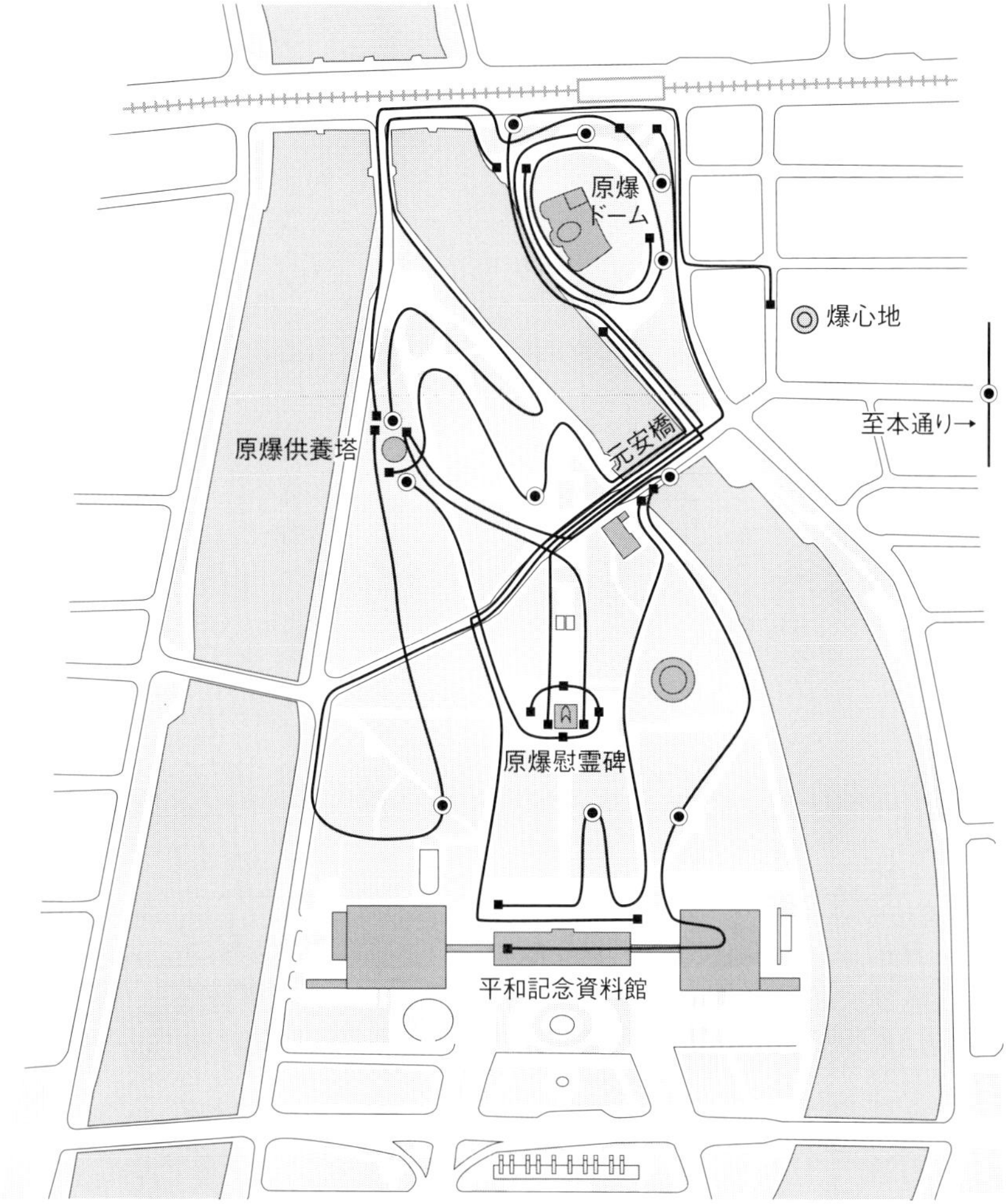

図 2-1　8 月 6 日午前の撮影プラン（概念図）
一本の実線が一人の調査員の動きを示している。線上の■は特に注意して撮影すべき場所、◉は 8 時 15 分にいるべき場所を意味する。

像を全員でプレビューし、お互いの映像を批評しあうことを通じて、本番の撮影に向けて意識を高めていった。

いくつかの例外を除いて、撮影そのものは各自の自由に任せられたが、やはりある程度は撮影方法についての指示や統一は必要であった。また、公共空間での撮影を主とする調査であるから、プライバシーや倫理的問題などへの配慮についても確認した(9)。最小限の約束事は「調査員必携」と題した全三十二ページからなる小冊子にまとめられ(10)、その内容は全員に周知徹底された。

五　どのようなデータが得られたか

以上のような方法で、二〇一五年八月六日とその前後に、私たちの平和記念公園での調査が行われた。その結果、総計で約二五〇〇ショット、八十一時間の映像が得られた。各クリップごとに、撮影時刻、撮影場所、撮影内容、撮影者などの情報が整理され、「全映像リスト」（松尾編 2017:213-311）としてデータベース化された。

それらの映像は、撮られた内容も、撮られ方も、非常に多様なものであった。このプロジェクトは当初は映像による「記録」を集めることに主眼を置いていたが、かなりの部分を撮影者の自由に任せたこともあってか、いわゆる「記録」とは性質の異なる映像が思いのほか多く撮影されていた。かなり抽象的で曖昧な表現であるが、客観的な視点に徹する記録映像とは異なる、主観的な視点が色濃く現れている映像や、撮影者の存在感が滲み出ているような映像が多かった。そして、得てしてそうした映像の方が、鑑賞対象としてはずっと興味深いものであることが多かった。

撮られた映像の性質は、その映像を用いた分析や考察や表現のあり方に、重大な影響を及ぼす。このプロジェクトは当初「記録」を主目的として始められたのではあるが、現地調査の実践を転機として、その性格を少しずつ、しかし大きく変えていくことになった。単なる「記録」にはとどまらない、ビジュアル社会学的研究の襞を分け入るという方向性に舵を切ることになったのである。そのことの当否はさておくとして、集合的観察という調査方法自体が、研究のあり方を左右するほどの大きな力と可能性を有していることが、このプロジェクトでの試みからも明らかになったといえるだろう。

注

（1）近年の方法論の動向については、それらを意欲的に取り込み消化してまとめられたビジュアル調査の概説書であるMitchell（2011）やTinkler（2013）などが参考になる。

（2）ビジュアル・データの批判的な検討はビジュアル研究において長らく行われている。たとえばローズ（Rose 2012）は、ビジュアル・データがその収集や編集の段階で恣意性を持つと指摘し、批判的ビジュアル・メソドロジー（critical visual methodology）を提案している。

（3）こうした見方と方法は近年の人類学において顕著であり、ひとつの潮流となっている。ただし、映像人類学において以前から存在する手法でもある（村尾ほか編 2014）。

（4）再帰的アプローチは、調査の恣意性をなくし、量的調査で言われるような信頼性を確保することに力点を置いてはいない。この点はライフストーリー論における対話構築主義的態度に通じる（桜井 2002）。

（5）核兵器（原爆）によって傷つき亡くなる人びとを模して倒れるという行為である。核兵器に反対する抗議の表現としてなされることが多い。

（6）原水爆禁止運動や被爆者運動のなかで歌われる歌であり、その歴史は一九五〇年代にさかのぼることができる。

（7）撮影プランを組み立てるにあたっては、「いかに撮影するか」よりも、むしろ「いかに撮影しないか」が重要な要素となったように思われる。酷暑の屋外で調査員の健康をいかに守るか。機材の取り回し――特にカメラのバッテリーの管理

──の制約下でいかにカメラを稼働させるか。集合的な調査をマネージするにあたって、このような制約はむしろ本質的な問題となるのだと考えるべきであろう。

（8）各調査員の動きをデザインする作業は編者らが行ったが、いずれも過去数年にわたって八月六日を平和記念公園で過ごしていたこともあり、その経験則から、いつどこでどのような出来事が起こるかをある程度は予想することはできていた。従って、より具体的な指示をすることも可能であった。しかし、なにをどのように撮るかについての具体的な指示はほとんどしなかった。与えられた業務として指示された対象のみをピンポイントで撮影されるのでは「良い映像」にはならないと考えたからである。むしろ撮影者に自由を与え、その場所を感じながら主体的に撮影してもらうことで、結果として「良い映像」が得られることを期待したのである。

（9）撮影における倫理的問題に関する基本的な態度としては、大まかにいえば、撮られる側となる人びとにとって迷惑とならない範囲内、撮影の場となる空間の管理者から許可される範囲内で行う、というものであった。広島市役所と広島平和記念資料館には事前に研究計画と撮影プランの概要を説明し、問題がないかどうか確認をしていただいた。また、平和記念式典の警備本部にも赴き、三脚の使用の可否など具体的な撮影方法についての事前相談を行った。言うまでもなく、特定個人に対するインタビュー場面などの撮影については、本人の許可を得たうえで行った。

（10）撮影プランや「調査員必携」については松尾編（2017）にその主要部分が掲載されている。

（松尾浩一郎・根本雅也）

コラム1　写真家たちのひろしま

撮影とは、現実を一部分だけ切り取ることで成立する表現である。そのため撮影することは、「自分が現実にどのような意味を与えたか」を示すことでもある。

ここでは「ひろしま」を撮った写真家たちを紹介し、彼らのまなざし方の違いを比較してみることにしたい。彼らは目の前に広がる「ひろしま」にどんな意味を与えたのだろう。

代表的な写真家として、土門拳（一九〇九―一九九〇）が挙げられる。彼は、原爆病院の患者たちの姿を撮影した写真家である。写真集には被爆者が原爆で受けた体中の傷跡をアップで写したショットや、遺体を囲む遺族の写真等が多く収められた。彼のまなざしは、身体的な痛みをはじめとした被爆者が抱える多くの苦しみへの悲哀を持っており、作品は世の中に向けた力強くも生々しいフォトメッセージとなっている。

一方で土田ヒロミ（一九三九―）の仕事は、被爆者たちが戦後三十余年、どのような生活を送ってきたかをできるだけ等価に撮るというものだ。画角は静的で、被写体と一定の距離をとって正対したものが多い。土田自身が経験しえない「辛さ」に踏み込んでしまうことへの恐れや、撮影から引き出される悲しい記憶に対する被爆者の「拒否」をも尊重したいという姿勢が、土田のまなざしの根幹にある。撮影者の視点を排除することで、被写体の生活そのものを浮かび上がらせたいという思いが、土田の写真には反映されている。

石内都（一九四七―）のアプローチは、被爆資料として展示されている「衣服」を撮影するというものだ。土門や土田が被爆者自身に近づいていったのに対し、石内は被爆したモノに焦点を当てることで広島との独自の関わり方を見せた。亡くなった女性が着ていた鮮やかな色のスカートを「かわいい」「私ほしいわ、っていう感じ」で写しとる。平和・反戦の象徴として語られることを避けられない広島を、あえて「私にとってのリアリティ」という目線から表現することは、「自分が社会を代表しているかのように広島を語ってはいけない」という石内の主張であり、配慮の表れであるのだろう。

写真家は、現実に意味づけすることの怖さを、誰よりも知っている存在なのかもしれない。作品がどのように解釈されるのかについて、被写体は介入することができない。そのため、時にカメラはそこに写る人びとを傷つける暴力になってしまう怖さを秘めていることを、写真家たちはよく知っている。

そうした「レンズ」という不器用な目を持ち、「はたして現実をまなざすべきなのか、否か?」「まなざすのであれば、どんな距離から?誰のために?」と悩みながらも、写真家たちは「ひろしま」に意味づけしていく作業をやめない。それは、個々の目線で切り取った記録のパーツを一つひとつ集めていくことでしか、真実の全体の形に近づけないことを知っているからだろう。現実が人間一人ひとりにとって違うものであるからこそ、着実に正直に、「ひろしま」を表現していきたい。そんな思いが、写真家たちの実践から見えてくるようである。

（清水もも子）

コラム❷ 映画のなかのヒロシマ

原子爆弾が投下されたあと、広島上空に立ちのぼった「きのこ雲」は、人類の記憶に刻まれたイメージであろう。アメリカの物理学者によって飛行機から撮影されたこの映像は、しかし、「雲の下」で起こった出来事を記録してはいない。科学のまなざしが空から降り立ち、広島の地上を撮影したのは、そこが焦土になってからだ。つまり、被爆時の出来事そのものを映像に記録した者は、誰ひとりとしていないのである。被爆体験を指し示しはするが、それ以上のものにはなりえない、きのこ雲の映像、原爆ドーム、平和記念資料館の展示物などを見ることを通して、私たちはどれほどまでに「ヒロシマを見た」と言えるのだろうか。原爆をまなざし、理解することの営みは、どうすれば可能なのか。あるいは、不可能なのか。

この問題に真正面から取り組んだ映画が、『ヒロシマ・モナムール（二十四時間の情事）』（アラン・レネ、一九五九年）である。

反戦映画の撮影に広島を訪れたフランス人女優（エマニュエル・リヴァ）は、日本人男性（岡田英次）と知り合い、恋仲になる。新広島ホテルの一室における二人の情事シーンでは、以下のような会話が交わされる。

――岡田「君は広島で何も見ていない」。リヴァ「すべて見たわ」。リヴァが広島で見たという平和記念公園の光景、平和記念資料館の展示物、原爆ドーム、赤十字病院の患者たちなどのショットが、次々とフラッシュバックする。「見た」「知ってる」と言うリヴァに対して、岡田は「君は何ひとつ見ていない」「君は何も知らない」と応じる。

ヒロシマへのまなざしを介してリヴァが見つめていたのは、むしろ、彼女自身の戦争体験の記憶であった。故郷の町ヌヴェールに暮らしていた戦時中、リヴァは、ドイツ軍兵士の恋人になったことを責められ、暗い地下室に閉じ込められた。フランス軍に射殺された恋人をそこで想い続けた日々が、次々とフラッシュバックし、リヴァは戦時中の一連の出来事を「喫茶どーむ」で岡田に打ち明ける。ヌヴェールの時空に耽溺するリヴァの頬を岡田が叩くと、彼女は我にかえったように「現在」の「広島の光景」を見つめる。すると、しばらくリヴァの語り以外は無音だった映画のなかに、町の騒音や店内の歌謡曲がまた流れ始める。そしてリヴァは、広島の町並みを見つめて、こう言う。――「ヒロシマは夜も寝ないの?」「私は好きよ　人が夜も起きている町　夜も昼も」。かつてリヴァが、亡き人を想って眠らなかったように、広島の町は今も、亡き人を想って眠らないのだ。こうしてリヴァは、広島の「現在」のなかにヌヴェールの「記憶」を、ヌヴェールの「記憶」のなかに「現在」の広島をまなざす。

「いま」と「かつて」、「ここ」と「あそこ」――それらが重ね合わされるひとときのあいだ、人はヒロシマを垣間見る。両者を結ぶ細い糸を紡ぐのは、ヒロシマに関わる人びとのそれぞれの人生の記憶であり、記憶とはひとつの「視点」である。私たちは、それを措いて原爆をまなざすことはできないだろう。

この映画が提起しているもうひとつの問題は、「記憶」を共有することの困難さである。リヴァの秘密の物語を聞き終えた岡田は、「知ってるのは僕だけ!」と歓喜して立ち上がり、彼女を抱擁する。しかし本当に岡田は、リヴァの記憶を自分のものにしたのだろうか。あるいは、自身の記憶=視点からヒロシマをまなざしたリヴァは、彼女が経験しなかった被爆の惨事について、どれほどまでに知りえたのだろうか。ホテルに戻ったリヴァは、鏡を見つめて、こう言う。――「わかったつもりで　わかってない　なにも」。

記憶を集合的なものとして捉えた場合、それは他者との関わりのなかで構成され、共有されるものであるが、被爆の集合的記憶としてのヒロシマを、何者かが一つの視点から完全に把握することは不可能だろう。他方、それでもなお私たちは、それぞれの視点から「キノコ雲の下」で起こった出来事について見聞きし、想起し、構成し、共有しようとする営為をやめないだろう。どのような映画であっても、そこに登場する一人ひとりの視点は限定的である。しかし、そのどれもが尊い。「かつて」「あの場所」の原爆を、「今ここ」という時代的・社会的状況のもと、それぞれの立場からまなざす人びとの行為を、映像表現の豊かさを駆使して具体的に描き、後世に伝えることが重要である。そうした一つ一つの積み重ねが、ヒロシマのイメージを押し広げ、感受しえるものにしてきたことは間違いない。

広島の原爆を題材にした映画は、その多くが、他者との関わりのなかで揺れ動く登場人物の視点＝記憶から、被爆という出来事や被爆生存者の人生に迫っている。

原爆によって心身に大きな傷を受けつつも健気に生きる広島の子どもたちを、女性教師の視点から描いた『原爆の子』（新藤兼人、一九五二年）。原爆投下の朝から今日までの苦しい日々を思い出す一人の女子高校生の視点を通して、原爆投下直後の惨状が（広島市民を含む多数のエキストラによって）再現される『ひろしま』（関川秀雄、一九五三年）。復興の進む広島を取材に訪れた記者が、原爆症に苛まれる女性と恋に落ち、彼女の行き場のない悲しみと向き合う『その夜は忘れない』（吉村公三郎、一九六二年）。自身の被爆体験にもとづく中沢啓治の自伝的漫画をベースにしたアニメ映画『はだしのゲン』（真崎守、一九八三年）。巡演の旅に出かけ、広島で被爆した移動演劇隊の人生を、記録映像や証言、再現場面を織り交ぜる手法で表現した『さくら隊散る』（新藤兼人、一九八八年）。原爆投下時に黒い雨を浴びた若い女性の視点から、原爆症の苦しみと被爆者への差別を描いた『黒い雨』（今村昌平、一九八九年）。原爆をめぐって、三世代にわたる三人の女性のアイデンティティが問われていく『鏡の女たち』（吉田喜重、二〇〇二年）。原爆投下後の広島を舞台に、生き残ったことに負い目を感じて暮らす女性の恋を、被爆して亡くなった彼女の父親の幻との対話を通して描いた『父と暮せば』（黒木和雄、二〇〇四年）。広島と長崎で二度にわたって被爆した二重被爆者にインタビューを行ったドキュメンタリー映画『二重被爆』(青木亮・川崎亮輔、二〇〇六年)。日系アメリカ人の監督が、広島・長崎の被爆者と原爆投下に関与したアメリカ側の関係者に取材したドキュメンタリー映画『ヒロシマナガサキ』(スティーヴン・オカザキ、二〇〇七年)。

近年公開されて大きな話題となったのが、アニメ映画『この世界の片隅に』(片渕須直、二〇一六年)である。この映画が多くの現代人の共感を呼び起こしたのは、なぜなのだろうか。

主人公のすずは、自分の体験した出来事を絵に描き、漫画に仕立てるような少女である。すずの人生を彩る重要な場面の数々は、鉛筆や筆を手にした劇中のすず自身によって、彼女の主観的な視点からノートやキャンバスに描かれ、彼女のデッサン画にもとづいてアニメーションそのものが構成されるのが本映画の特徴である。この映画においては、すずの描いた絵が「世界」なのであり、その絵がアニメーションとして文字通り重ねられることで、一人の女性の記憶が構築されていくのだ。すずが「記憶」という絵を描く場所は、「この世界の片隅」と表現されるような生活空間である。戦争はすずの日常生活と地続きであり、それだからこそ彼女の人生を歪めていく。八月六日、爆心地から二十キロ離れた呉の家で、すずは閃光と衝撃波、広島方面から立ち上る巨大な雲を目の当たりにする。この映画は、被爆の出来事そのものに迫ろうとするのではなく、「世界の片隅」に生きるすずの視点から原爆をまなざしている。現代の日本人にとって非日常的な戦争体験を、すずの視点を借りた日常生活の視座から捉え返しているのである。

日常を生きる人びとの視点から原爆をまなざすこと、そのまなざしのありようを映像によってヴィヴィッドに描き、つぶさに感受すること——。私たちのビジュアル・エスノグラフィの意義も、そこにある。(後藤一樹)

第Ⅱ部　ビジュアル・エスノグラフィの実践

第三章　ビジュアル・フィールドワークの経験
――広島を見る眼と身体

一　調査員の経験から

本章では、ビジュアル・エスノグラフィにおけるデータ収集の過程について、一調査員の経験から記述していく。今回行った調査において、平和記念公園という空間とそこに集う無数の人、モノ、そして出来事に、私たちはどう出会い、見て、撮影したのか。こうしたビジュアル・フィールドワークの経験を対象化し記述することによって、調査過程の透明性を高めていくことが本章の目的である。

ここで、調査員の経験に定位する、という本章の企図についてもう少し説明したい。後述するように、今回の集合的観察は、その実査の段階において周到かつ緻密に組織化されデザインされたものだった。そして、調査チームとしての統一性や標準化と個々の調査員の自由や主体性とを、理論や方法論といった次元だけでなく、データ収集という具体的作業のレベルにおいて整合させていこうとする点で、管見のかぎり、他に類例を見ないものであった。この集合的観察の実査の過程について、一調査員の具体的な経験から開示していくことは、近年関心が高まっているビジュアル・エスノグラフィの豊かな発展にとって、意義のあることだと考えられる[1]。

以下、本章では集合的観察の実際について、主に筆者が撮影した映像とその体験をもとに記述していく。もとより本章の内容の多くは筆者個人によるものであり調査チーム全体を代表するものではないが、本調査で得られた膨大な映像を読み解いていく一助となればと思う。

二　集合的観察の実際

今回行われた集合的観察の特徴のひとつは、注意深く組織化されデザインされた実査にある。第二章で述べられていたように、チーム全体として最小限の統一と標準化を行ったうえで、個々の調査員は、その場所を身体で感じ、そこでの実践や出来事やモノと出会い、主体的に「見る」ことによって、「良い映像」を撮影することが期待された。そこでは、組織としての標準化や統一性と各調査員の自由や主体性とのバランスをどうとるのかが鍵となる。両者は必ずしも互いに排除しあうものや矛盾するものではない。しかし、実際に調査を遂行するうえでは、事は言うほど簡単なことではない。

そして、調査チーム全体としての標準化と個々の主体性との間での舵取りが求められたのは、程度の差こそあれ、個々の調査員もまた同様であった。後述するような撮影パターンが決められた定点観察での撮影は、上記の問題はあまり生じない。しかし、それ以外の場所では「自由に」「それぞれの問題関心で」「想像力やセンスをはたらかせて」撮影することが各調査員には求められた。自分が撮影を担当するところはどのような場所なのか。なにを記録することが期待されているのか。そして自分はなにを撮るのか。調査員はこれらの問いを、実際の撮影行為を通じて模索しながら実査に臨んでいくこととなった。これは難しい作業であった。と同時に、やりがいのあるものでもあった。

以下、本節ではこうした集合的観察の実際について、「撮影パターン」「調査対象者との関係」「撮影のシ

表3-1　４つの撮影パターン

	パターンA	パターンB	パターンC	パターンD
基本的な内容	三脚を使用し、設置場所を固定して撮影。景観や人々や出来事などを広角の固定アングルで撮影する。	ハンドカメラを使用。景観や人々や出来事などを、あまり動かずに、広角で撮影することを主とする。できるだけ正面から撮影する。	ハンドカメラを使用。人々や出来事やモノなどを、アップ気味で撮影することを主とする。建造物や草木などモノに注目してもよい。	ハンドカメラを使用。積極的に対象に参与しつつ人を撮影する。状況に応じてインタビューも試みる。撮影の承諾を得る。
主なねらい	場所に集う無数の人々と多様な活動を画面に収める。	出来事や場面の全体、出来事を構成する主な人々、時間的推移を長回しで撮る。	場面や出来事を構成する個人の行動や表情を詳細に見ることで、その場面や出来事の性質をとらえる。	撮影の意図を伝えたうえで、平和公園を舞台にした「パフォーマンス」を映像におさめる。
使用地点	慰霊塔前、原爆ドーム東、原爆ドーム北(1)(2)、供養塔北、供養塔南といった「最重要地点」における定点観察で使用。	元安橋。それ以外の場所では、調査員の判断で使用。	調査員の判断で使用。	調査員の判断で使用。
構造化の度合	高 ⟷ 低			

※『広島ビジュアル・エスノグラフィ調査　調査員必携』をもとに筆者作成。

フト」の三点について述べていきたい[2]。

撮影パターン

今回の調査では、撮影の方法として用いる四つの撮影パターンが定められ、基本的にいずれかのパターンを用いることになっていた。パターンAは、三脚を使用し、景観や人びとや出来事などを広角の固定アングルで撮影する。パターンBは、ハンドカメラを使用し、景観や人びとや出来事などを、あまり動くことなく、広角で撮影することを主とするものである。パターンCは、ハンドカメラを使用し、人びとや出来事やモノなどをアップ気味で撮影する。パターンDは、ハンドカメラを使用し、積極的に対象に参与しつつ人を撮影するもので、状況に応じてインタビューなども行うものである（表3-1）。

これら四パターンのうち、パターンA

シーン 3-1　下見の様子（8 月 4 日）

シーン 3-2　パターンＢの撮影：公園南中心部（8 月 5 日）

は使用する場所があらかじめ定められていたが、それ以外の場所では、元安橋を除いて、どのパターンを用いるかは調査員の判断に任せられていた。そして、調査員たちは、事前に下見を行い、撮影を担当する場所を歩きながら、撮影するための視点をそれぞれが模索していった。シーン3-1は、八月四日に行われた原爆慰霊碑前での下見の様子である。

筆者が撮影を担当したのは、八月五日の「公園南」「ドーム北」「公園南」「元安河岸」、八月六日の「ドーム北」「公園南」「公園全体」「原爆慰霊碑」、八月七日「元安川」だった。パターンＡを指示されていた場所（「ドーム北」）以外では、パターンＣを基本に、ＢとＤを状況に応じて併用していった。以下、具体的に見ていこう。

シーン3-2は、八月五日午前中の公園南中心部においてパターンＢで撮影したものである。平和記念資料館東館の前に、大型の観光バスが次々と乗りつけ、若者が列をなして降りてきている場面である。またシーン3-3は、原爆慰霊碑に向かう道で、女性ガイドとその説明を聞く少年少女との相互行為をパターンCで撮影したものである。このように、公園南の中心部では、団体も含めて常に多くの人が動いている。そのため、場全体の大きな動きを捉える広角の撮影パターンBや、相互行為をとるパターンCで撮影を行うことが多かった。

シーン3-4は、八月五日午後に撮影を担当した元安河岸の様子である。写真右側のステージ上では若い男性がラップによるパフォーマンスをしていて、写真左側の元安橋の上で「安保法制推進」を訴える団体が街頭演説している。筆者は、その両者が入るような位置からパターンBで撮影を行った。またシーン3-5は、河岸で若者のラップを聞くともなく、原爆ドームを眺めたりスマートフォンを見

シーン3-3　パターンCの撮影：女性ガイドとその説明を聞く少年少女との相互行為（8月5日）

シーン3-4　元安河岸の様子（8月5日）

シーン 3-5　パターン B で撮影：河岸の少女（8 月 5 日）

シーン 3-6　パターン D で撮影：インタビュー（8 月 6 日）

たりしている少女の様子を同じくパターンBで撮影したものである。この元安河岸は、地形的な性質上、高低差があり視界が広くとれる。そして、原爆ドーム周辺から元安橋にかけて、無数の出来事や実践が行われていて、その異なる動きがひとつのフレームのなかに入ってくる。そうした風景が、八月六日の平和記念公園のありさまを象徴的に現しているように感じられ、積極的にカメラを向けていった。

　他方で、同じ公園南でも公園を縁どるようにある複数の慰霊碑ではある意味で対照的な撮り方となった。公園中心部と違い、人の姿はまばらで、ぽつりぽつりと人が訪れる。人通りも少なく、静かな場所が多いため、時間をかけて調査の趣旨を説明しインタビューすることも可能であると思われた。実際、八月六日午前には、二中慰霊碑前にて三つのインタビューを実施した。ここでは、撮影パターンCから始めて、話しかけることができた方に対しインタビューを試み、パターンD

で撮影を行った。シーン3-6は、その時のインタビューの様子である。

このように、筆者の場合には撮影を行う場所ごとに撮影パターンを使い分けていった。人が多く、出来事や人の動きの大きい公園南中心部や公園中央、元安河岸では、パターンCからBを多く用いた。他方で、相対的に人が少なく、動きの小さい公園南周辺部や原爆慰霊碑前はパターンCからパターンDを用いて撮影を行っていった。(3)

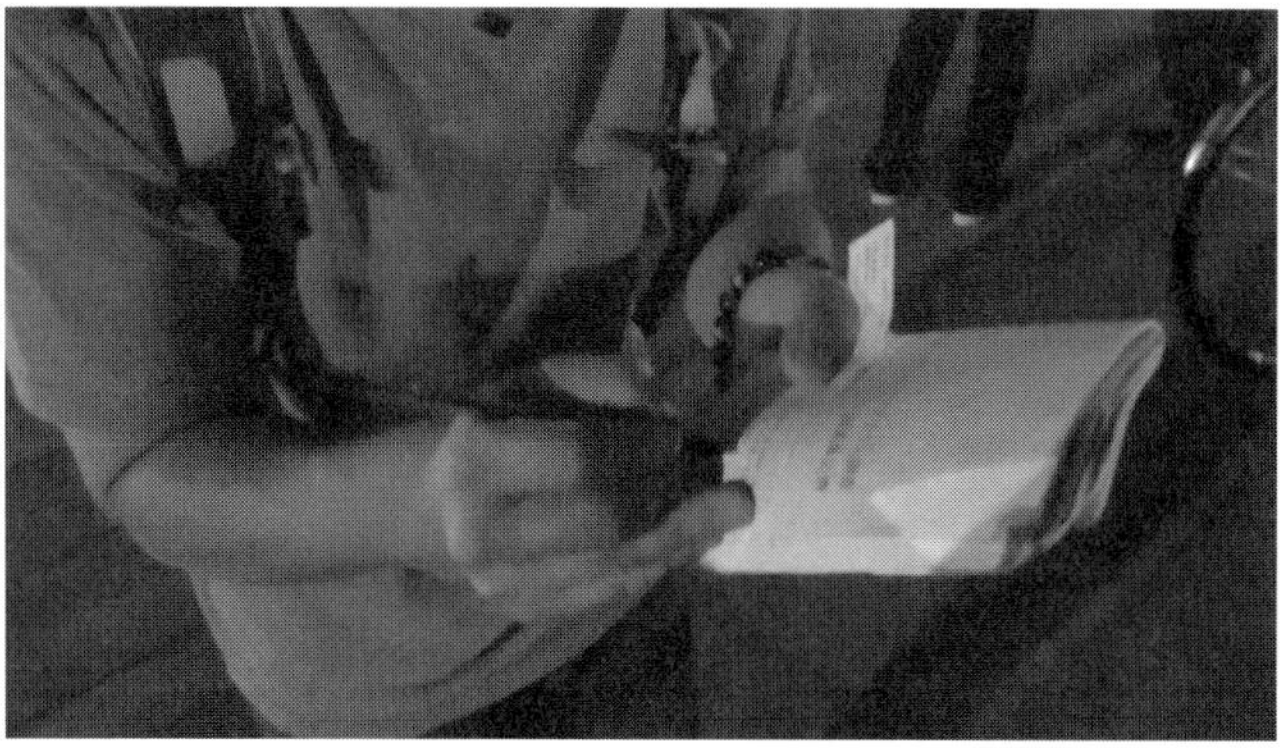
シーン3-7　撮影承諾書への記入（8月6日）

調査対象者との関係

次に、実査における調査対象者との関係について、撮影倫理を中心に述べる。承諾の取り方について、まずチーム全体として「プライバシーに配慮した撮影」が周知徹底された。迷惑だと感じられないように撮影することとし、個人を特定しうるクローズアップで撮る場合、迷惑であるという意を表明されたら撮影を止めること、求められた場合には該当する映像を消去することを基本方針とした。また、インタビューやそれに準ずる撮影をする場合には、調査の概略を説明し、印刷済みの撮影承諾書フォームに記入してもらうこととなっていた。

筆者の場合、公園南での三つのインタビュー、原爆慰霊碑前での二つのインタビューにおいて、調査の趣旨を説明したうえで承諾書に記入してもらい、インタビューとその撮影を実施した。インタビューを拒否されたケースはなかった。インタビューは協力するが撮影は断られたケースが二つあった。シーン3-7は、八月六日夜の原爆慰霊碑前で筆者がインタビューした際、協力者が撮影承諾書へ記入する様子である。

しかし、実際には、調査の趣旨を説明し承諾書に記入してもらうことが難しい場合も多かった。そういった場合、チーム全体としては、腕章を見せて、アイコンタクトや会釈をすることになっていた。筆者は、この方法を多くとった。前述した公園南の中央部などは、無数の人や出来事が動いており、時間をとって調査の趣旨を説明することは難しく、かえって邪魔になりかねなかった。たとえば、シーン3-3の場面では、筆者が気がついた時点ですでに女性ガイドによる説明が始まっていた。そのため近づきながら撮影すると、近くにいた引率者と思われる男性が撮影に気づき少し不審な表情を示したため、腕章を見せ会釈を行った。すると、撮影することを了解したようにうなづいたため撮影を継続した[4]。

このように筆者は、撮影対象となる人びとに対し、承諾書や腕章、アイコンタクトや会釈を用い、きわめて短時間であるが調査者—被調査者関係を構築することを試みた[5]。

撮影のシフト

最後に撮影のシフトについて述べておきたい。調査員各自が撮影する場所は、調査デザインのもとシフトが編成されていた。二時間の撮影を一コマとして、各調査員は一日あたり四コマを担当した（表3-2）。このシフトでは、各調査員の動き方、撮影する時間帯と場所だけでなく、移動のルート、休息のタイミングにいたるまでが入念に設計され割り当てられていた。このシフトの編成が今回の集合的観察の遂行において重要であった。

ここで休息のタイミングが考慮されていたことは、特筆しておきたい。第二章でも述べられていたように、酷暑かつ野外の撮影においては、調査者の体調と機材をいかに管理するかという点は、実査の点できわめて重要だった。季節は八月上旬しかも調査期間中はずっと好天だった。酷暑のもとで、

表3-2　8月6日の撮影シフト（筆者のケース）

7:45 - 9:45	9:45 - 11:45	16:45 - 18:45	19:45 - 21:45
ドーム北	公園南	公園全体	慰霊碑

カメラや道具を持ち歩いての撮影は、想像以上に体力を消耗した。身体的な疲労は、そのまま撮影すなわちデータ収集の質的な低下に直結する。したがって、チームの約束事として休息の機会を確保しておくことは重要だった[6]。

シーン3-8　「本部」（8月6日）

また休息と合わせて、ビジュアル調査においては、機材の管理とくにバッテリーとメディアの交換・補充という点が不可欠である。とりわけ野外での撮影では、バッテリーの充電場所をどう確保するかは調査遂行の可否を大きく左右するもので、あらかじめ充電やバッテリー交換のタイミングを見越した調査デザインが必要となる。休息のタイミングと合わせて、バッテリーとメディアの交換方法とそのタイミングがあらかじめシフトのなかで設定・配置されていた[7]。

さらに、今回の調査では、平和記念公園の近くにあるレンタルスペースが「本部」として確保されていた。ここが、現地拠点として、集合場所となり、機材管理や休息場所として機能したことは大きかった。調査員はここで身体を休め水分と栄養を補給し、バッテリーの充電、記録メディアの交換などを行うことができた。実査の合間には、調査員同士の情報共有や意見交換、撮影された映像のプレビューもここで行われた。データ収集だけでなくその解釈作業の集合性もこの空間が基盤となっていたのである（シーン3-8）[8]。

これに加えて筆者は、八月六日午前中の撮影が終わった後、午後の撮影まで少し時間に余裕があったため、いったん宿泊先のホテルに戻って仮眠をとった。筆者のこれまでの経験から、心身の休息と回復には一時的にフィールドから物理的に離れることが有効であると判断したためである(9)。

三　八月六日の平和記念公園に触れる身体へ

前節まで述べてきたように、各調査員は、調査チームとして設定された撮影パターンのいずれかを用いることになっていた。しかし、実際にはそこから逸脱していく場合もあった。以下、本節では、チームとして設定された撮影パターンから筆者が一時的に逸脱した場面について、八月六日の撮影体験とともに示していく。

夜の原爆慰霊碑前の撮影体験

八月六日十九時半過ぎ、筆者は夕食をとった後、本部を出て、撮影を担当する原爆慰霊碑に向かった。原爆慰霊碑の前では、夜にもかかわらず、慰霊碑に向かって祈る人の列が長く続いていた。線香の火、煙、供えられた花の色が交じり、重なっていて、独特の模様となっていた。しばらく撮影した後、違う映像をとろうかと考えたが、あてもなかったので、原爆慰霊碑の北側にある平和の池の周りをぐるりと回ってみることにした。日は沈んではいたが、空に明るさが少し残り、きれいな色をしていた。空と地が交わるところにライトアップされた原爆ドームの姿が浮かび上がっていた。

平和の池の北側で、ぼーっと空を見ていると、近くで子どもの声がした。「あっ、カエル!」。声の方に目をやると、子どもが二人、原爆慰霊碑の方向を見ていた。視線の先には確かに一匹のカエルが池の水面からその身体を出していた。近くにいた両親とおぼしき二人が「へー、こんなところにカエルがいるんだね」と言っていた。聞こえたその声にひかれるかたちで、試しに撮影してみようと水面の高さにカメラを持って

シーン3-9　池の水面から身体を出したカエル（8月6日）

いったが、遠くて暗い位置にいたため、うまく撮れなかった。そこで、撮影パターンから逸脱し、ビデオカメラの望遠を最大限にあげていくと、カエルの姿がしっかり撮れた（シーン3-9）[10]。平和の池で鳴くカエルの声は、その小さい体躯に似合わず、大きく、そして力強かった。その背後では、原爆慰霊碑の灯りがぼんやりとともり、人びとが祈りを続けていた。望遠機能を最大にしているため、少しの手ぶれでも大きく画像に反映されてしまうので、揺れないように固定するのに苦心した。オートフォーカスのカメラが焦点を探してゆっくりとピントを変化させていき、幻想的な映像となっていった。

撮影に集中していると、次第に周りの音が静かになっていき、その風景に意識が没入していくように感じられた。ビデオカメラをオフにし、顔をあげると、身体が軽くなっていて周りの景色がさっきまでと少し違って見えた。短いあいだ、自分は今どこにいて、なにをしているのかわからなくなった。

カエルの撮影をしばらく続けた後、もう一度、原爆慰霊碑の前に行ってみた。すると、慰霊碑前で祈る人びとの顔や表情がさっきよりも目にはっきりと入ってきた。「なんてきれいなんだろう」、そう思った。祈りの邪魔にならないような位置に立って、迷わず無心のような状態で撮っていった。

しばらく撮り続けると、疲れを感じてきた。少し休もうと思い、原爆慰霊碑の前を離れて、人のいないところを探すと、慰霊碑を正面にして階段左側の場所が空いていたので、そこの地べたに腰を下ろした。そして、そこから慰霊碑に祈る人の後ろ姿を撮るともなく眺めていた。石でできた地面は日中

シーン 3-10 原爆慰霊碑近くに停められた自転車（8 月 6 日）

の熱を吸ってほのかに温かく、遠くからカエルの鳴き声が聞こえてきた。ときおり吹く夜の風が心地よかった。もう動く必要はないだろう、ここにいようと思った。ここで待っていれば、出来事の方が向こうからやってくるはずだ。そんな気がした。

しばらくすると、筆者のすぐ近くに自転車が止まった。いわゆるママチャリから降りた中年の女性が、前カゴに荷物も入れたまま、早足で原爆慰霊碑に向かっていき、長蛇の列の左斜め横から慰霊碑に向かって、手を合わせた。そして、くるっと向きを変えって、すたすたと戻り自転車に乗って、シャーッと公園の北側へと抜けていった。しばらくすると、また自転車が止まった。今度は先ほどよりは若い女性で、自転車から降りたものの、止めた横から手を合わせて目を閉じ、お辞儀をして、また自転車に乗って、公園の南側へと走り去っていった。筆者はそこから動かず、自転車で来る人の動きにカメラを合わせた。

少し疲れたところで、碑に向かって左側で座っていると、自転車で来る人たちが目に入る。そこで、自転車を置き、碑の前に行く人や、自転車の横でお祈りだけする人もいる。その所作やたたずまいが印象的で何人か声をかけずに撮る。（フィールドノーツより）

自転車で来て、祈り、帰っていく。夜の原爆慰霊碑前ではこうした風景があることを聞いていた。しかし、実際に自分の眼で見ると、目を離すことができなくなっていた。インタビューしようかどうしようか、考えが定まらずにいると、自転車から降りて慰霊碑に行った若い男性が戻ってきた。カメラを持っている筆者と目が合った。思わず声をかけ、お話を聞いた。そして、自転車に乗ってサーッと公園を離れていくその後ろ姿をずっとカメラで追った。しばらくすると、別の若い男女二人組が自転車で来たので、慰霊碑前から戻ってきたところでお話を聞いた。女性は、被爆三世の方で、ここには毎年来ている。一緒にいる男性は初めて来たという。今日は仕事帰りで、女性の方が誘って一緒に来たという。二人が乗ってきた自転車も撮らせていただいた（シーン3-10）。

原爆慰霊碑前で最後にしたのは、やはり自転車で来ていた男性だった。撮影は断られたが、インタビューには協力してくれた。ここにはもう何百回も来ているよという。しばらく話を続けた後、あそこに猫がいるから撮るといい、と言って、その男性は再び自転車に乗って帰っていった。筆者は御礼を言って、八月六日の平和記念公園での撮影を終えた。

現場の流れにカメラと身体を沿わせる

この場面において、筆者は意識的に撮影パターンから逸脱したわけではなかった。池のカエルという存在をなんとか映像に収めようとする一心でカメラを操作していくうちに、筆者は撮影パターンを逸脱していったのである。このように、見る／撮るという作業は、観察者／調査員と「対象」との関係性によってかたちづくられていく面がある。フィールドにおいて、偶発的に「対象」と出会い、相互交渉していくなかで、あらかじめ設定されていたパターンでは対応できず、見る側の「眼」が変化していったのである。「見る」とは、状況的であり、関係的であって、そこには標準化しきれない部分が常に含まれている[11]。

と同時に、「見る」とは身体的なものである。夜の原爆慰霊碑前という場所に身をおき、座りこむことによって、地べたの熱を感じ、そこに吹く風や匂い、流れる音を筆者は感じていった。そして、そこで待つことによって、自転車に乗って祈りに来る人びとの身体的な動きに、カメラを沿わせていったのである。身体を場所に感応させ、そこにカメラを合わせていく、とでもいえるだろうか。岡原正幸が述べているように「視覚とは決して独立しているのではなく、いつでも身体と一緒にある」（岡原 2013:81）。撮影パターンの逸脱という「眼」の変化は、身体性のレベルでの変化と連動していたのである。(12)

音や光、風、カエル、自転車といったモノ、人びとの祈りと仕草との織りなす場所に身体で触れるということ。そして、撮影パターンをめぐる試行錯誤、平和記念公園へ集う人びととの相互行為、注意深く練られたデザインにもとづく実査および身体と道具のケアを積み重ねていくこと。筆者にとって、ビジュアル・フィールドワークの経験とはそのようにしてかたちづくられていったものだった。

だからといって、こうした体験や身体性の変化がビジュアル調査の本質であるかように主張したいのではない。筆者は、こうしたフィールドでの経験を想起し、考え続けていこうと思う。そこになにか大事なものがあると感じているからである。しかし、あくまで本節で示したかったのは、対象との出会いによる撮影パターンからの逸脱であり、そうした過程を含んだ実査の一端である。そして、そのような調査経験にもとづいて撮影されたものが今回得られた映像データには含まれている、ということである。

今回実査に参加した十二人の眼と身体は、それぞれに八月六日の平和記念公園を感じ、触れ、見たのだと思う。そして、チームとして設定され標準化された撮影パターンと、調査員が出会う対象との関係性や状況との間で、時に緊張や葛藤や逸脱を含みながら、広島を見る眼と身体は生成されていったのである。

四　調査を終えて

調査を終えて一定の時間が経った現在でも、身体のなかには平和記念公園のビジュアル調査によって得られた感触がしっかりと残っている。祈りの表情。怒りと抗議の言葉。朗読の声。街宣車から流れる軍楽。セミの声。太鼓の音。歌。朗読される詩。線香の匂い。暑さ。汗。疲れと高揚感。静けさ。カエル。自転車。それらが混然となって、ふとした時に想起され、ありありと感じられることがある。こうした感触は、八月六日の広島そして原爆というものを自分なりに想像し、思考を立ち上げていくための大切な手がかりとなっている。

ビジュアル調査は、「いま・ここ」で見ることに徹していく。その情報量は豊富である。しかし、注意しなければいけないのは、その「見る」ことができるのは「いま・ここ」にあるものだけである。第一章で述べられていたように、「いま・ここ」にない、いないものは見ることはできない。したがって、見ることを通じて、「いま・ここ」にないものを感じ、想像することがもとめられる。そして、それゆえに、かろうじて見ること、撮ることのできた映像を分析し、そこに込められたものを読み解き、表現していくことが必要なのである。以下に続く章では、その試みが記されている。

と同時に、映像の「おもしろさ」は、その時々の撮影者が意図していないものが映され記録されることにある。二〇一五年八月の広島調査によって、八十時間以上の映像という膨大な一次資料が残された。はたして、そこにはなにが記録されているのか。そこから、なにを読み解き、なにを汲み取っていけるのか。考え続けていきたい。

注

(1) 本章において、調査者の経験に定位することによって意図するところはもうひとつある。八月六日の平和記念公園という社会空間を撮影するとは、かつてそこに落とされ爆発した原子爆弾と、それによる被害、痛み、苦しみとそれでも生きようとした／する人たちの営みとどう向き合うのか、ということを自分に問い、問われることでもある。だが、この問いに対して、十全に答えることは容易ではないし、本章が扱うべきものでもない。そうした問いを念頭におきながら、まずは、今回の調査がどのような経験だったのか、それを考えることで、こうした問いに答えていくための糸口を探っていきたいと考えたのである。

（2）本節の内容について、詳細は、松尾編（2017:48-58）に収録された「調査員必携」および「シフト表」を参照されたい。この二つは、ビジュアル・エスノグラフィの実際に関する貴重な資料である。

（3）もとより、ひとつの場所、たとえば公園南といった場所でも、さまざまな撮影パターンで撮影し、試行錯誤を重ねている。本節では、その結果としてそれぞれの場所と撮影パターンとの対応へと最終的に着地したものが記述されている。

（4）撮影における調査倫理については、たとえば南出・秋谷（2013）が実践的にまとめている。ここで述べているような承諾の取り方とそれによって得られたデータをどう活かすことができるのかについては、さらなる議論が必要だろう。

（5）調査員によって自己定義や対象者との関係性をどう企図し実査を行ったかは異なるし、多様でありうる。この点については、第七章の議論を参照されたい。

（6）こうした撮影の身体性について、白石（2008）が「足」と「心」で撮ることを実践的に記している。撮影は「五感を駆使」するものであることに筆者も同意する。であればこそ、その身体をいかにケアし実際的にメンテナンスしていくかはもっと注意が向けられ議論されてよいだろう。

（7）メディアの管理については、山中（2009）が「心得」を記していて参考になる。細かいことであるが、今回の調査では、バッテリーとメディアの管理は、調査本部に詰めた調査チームの一員が一元的に担うことにより、個々の調査員は撮影に集中することができた。フィールドワークの神様もまた、こうした細部に宿ると思われる。

（8）集合的な現地調査は、特定の地域を対象にしたものなど多くの蓄積があるが、近年では研究の「個人化」などさまざまな理由により、行われにくい状況にある。しかし、今回の調査のように、集合的にデータ収集を行い、そのデータと経験とを現地で共有し議論・解釈を行うことで、引き続くデータ収集へとただちに反映させていくことができる点をとっても、集合的なフィールドワークという方法の持つ意義は少なくない。

（9）ジョン・グラディは、ビジュアル調査の実際的なアドバイスを述べている文章のなかで、最も重要な経験則のアドバイスの冒頭に「道具への敬意とケア」を挙げている（Grady 2004:28=2012:43）。それに倣っていうなら、本節の主題のひとつは、「道具と身体への敬意とケア」ということになる。

（10）この望遠機能を最大にするという方法は、筆者独自のものではなく、調査メンバーの一人である土屋大輔の試みから示唆を受けたものだった。

（11）四日間という短い調査期間では、フィールドワークとして多くの限界があるだろう。しかし、町村敬志が述べているように「行きずりの観察者だからこそ見えるものもある」と筆者もまた考える。そして、自分が見ている位置を自覚しながら、現場のなかで変化していく自分と向き合い、その変化自体を記録していくことが大事である（町村 2004:37-51）。本章は、そのような試みとしても位置づけられる。

（12）岡原の次の言葉を参照されたい。「映像社会学では撮影者／研究者のある種の介入を自認し、撮影される人々との関わり、相互交渉のなかに自分たちが居る事を自覚し、リサーチや記録行為そのものの相互的な達成という特性が心得られている。つまり、研究者は身体なき理性として振る舞うのではなく、見る身体、聞く身体、感じる身体であろうとしているのだ。そして、自分のからだと共にその場にある（息づかいや匂いも伴って）という当事者性も担うことになるのだ」（岡原 2013:80）。

（岩舘　豊）

第四章　平和記念公園をまなざす映画づくり

一　ビジュアル・データをどうまとめるか

私たちがフィールド調査を行ったのは二〇一五年八月六日の平和記念公園においてである。もちろん実際にはこの一日だけにとどまらず、前後数日間の調査はむろん、事前のパイロット調査、事後のフォローアップ調査なども実施しているが、やはり焦点は二〇一五年八月六日という特定の一日にある。

毎年八月六日の平和記念式典は不思議と雨が降らない。二〇一四年の式典は珍しいことに雨に祟られていたが、それは一九七一年以来四十三年ぶりのことだったという。私たちがまなざそうとしている二〇一五年八月六日の広島は、やはり例年と同じように、厳しい日差しが照りつける一日となった。気象庁の記録によると、最高気温三五・五度、最低気温二六・一度。雲が太陽を覆うことは終日なく、日照時間は十二・四時間もに達している。まさに真夏日であった。

炎暑の平和記念公園を舞台に繰り広げられるさまざまな光景を観察し、その結果として私たちが得たものは、八十一時間分のビデオ映像である。(1) それは量的に膨大なだけでなく、どの一場面一場面からも多くの情報や意味を汲み取りうるという意味で、質的にも興味の尽きない貴重なデータである。しかしこのようなビジュアル・データを十分に活かすためには、どのようにまとめるか、つまりどのように分析し、表現していくのかが重要になってくる。

ビジュアル・データの使われ方

ビジュアル調査を行い、それにもとづく研究を進めようとする場合、ボトルネックになりやすいのはデータ分析の段階である。写真や映像のようなビジュアル・データは、きわめて豊かな情報を含んでいる。それは同時に、曖昧さや意味の重層性が多分に含まれるということでもある。ビジュアル・データは、安易に整理されることや分析されることを拒んでいるかのようである。

実際、社会調査において写真撮影やビデオ撮影が行われることは珍しくないのにもかかわらず、それがデータとして検討の対象とされ、写真や映像ならではの特性が活かされたまま研究成果にまとめられる例は、必ずしも多くはない。もし社会学分野のみに限定していうならば、「多くはない」というのはかなり控え目な表現であり、むしろ「きわめて少ない」と述べるべき状況にある。そうしたなかで先行事例にはどのようなものがあるか。簡単に検討しておくことにしたい。

ビデオカメラを用いたフィールドワークを行い、映像作品を制作することで調査研究の成果をまとめている例として、丹羽美之の「中央線二十四時間プロジェクト」を挙げることができる。この丹羽のプロジェクトは学生たちを組織して集合的に行われたものである。数人の班に分かれ、以下の三つの条件のもとでフィールドワークを行っている。①調査地はJR中央線沿線の任意の一ヶ所とする。②指定されたある土曜日の正午から翌日曜日正午の二十四時間のうちに撮影する。③機材は小型ビデオカメラ、外付けマイク、三脚の一セットのみ。こうして撮影された映像を用いて、エスノグラフィックな映像作品を制作する（丹羽 2008:147）。

丹羽の「中央線二十四時間プロジェクト」は、フィールドでビジュアル・データを収集する段階から、それを加工・編集してエスノグラフィにまとめるというデータ分析ないし作品化といった段階までを、一貫して行っているといえる。つまり、前述したビジュアル・データ分析の困難を乗り越えて一定の成果を生み出す段階にまで踏み込んでいる。ただし彼らのそのプロセスは、一般的な社会調査のプロセスよりも、むしろドキュメンタリー・フィルム制作のそれに近い。というのも、彼らの制作プロセスにおいては撮影前のリサーチが重視されており、撮影にあたっては、リサーチの結果にもとづいて「いつ、どこで、誰が、何をしているところを、どのように記録するかということを事前に予測して、計画的に時間を配分」（丹羽 2008:155）される。ここでの映像の位置づけは、一般的な社会調査データとは異なり、すでに得られている知見や解釈を再現し表現するための材料とでもいうべき存在になっている。

私たちが手にしている平和記念公園の映像は、第二章と第三章で述べたように、なにをどう撮るかについての具体的な計画はほとんど立てることなく、一部の例外を除いて[2]、一人ひとりの撮影者が平和記念公園というフィールドで経験する「出会い」に任せて、自由に撮影されたものである。シナリオのようなものは存在していない。また、撮影されるビデオ映像をなににどう使うかも、調査時点でははっきりと決めておらず、一定の形式や枠からは自由であった。しかしそれは、自由である反面としての、どのように分析するかから工夫せねばならないという問題でもあった。撮影された映像は膨大な量にのぼっているが、それをいかに整理する／解釈する／分析する／利用するのかは、予断に左右されたり計画に枠づけられたりすることなく、その実際のデータの内容や特徴に応じて、白紙に近い段階から検討することができる／せねばならない。

私たちのビデオ映像の八十一時間は、単なる八十一時間ではない。十二人の調査員がそれぞれのまなざし方を発揮し、十二ヘクタールの広大な公園内のさまざまな地点に注目して撮影してたものである。その映像を見るための切り口は縦横にありうる。また、実際に映像を見始めると、縦横に交差する切り口から数多くの断面が鮮やかに明るみに出されることに気づかされる。たとえば、映像を撮影者別に分類して見る時、撮影地点ごとに見る時、時刻で輪切りにして複数の場所の共時性を見ようとする時、映されているもの／ことの性質によって整理して見る時。こうした切り口の相違によって、八十一時間の映像は大きく異なる相貌を見せる。

情報量が多く、また、そこに多元性や多様性があることは、この映像を鑑賞すること自体におもしろさをもたらしている。しかし、めくるめく映像に感興を催すだけに止まるのでは、データを十分に活かしたとはいえない。さらに一歩先に進むべきであろう。この八十一時間のデータをもとにして、どのようなビジュアル・エスノグラフィを描くことができるだろうか。どのような切り口から分析していくことができるだろうか。

ビジュアル・エスノグラフィの時間×空間モデル

映像が生産される過程にある〈見るもの〉と〈見られるもの〉の関係性に着目して、私たちの調査と映像がどのようなものであるのかを概念化することから始めてみよう。

八十一時間の映像に写っているものはなにか。それは、私たちが〈見られるもの〉として位置づけた平和記念公園の〈時間〉と〈空間〉である。約二五〇〇ショットの断片は、八月六日の時間の流れとともに撮影されたものである。また、平和記念公園内の各地点で撮影されたものである。これらの映像は〈時間〉と〈空間〉の広がりを再現するために利用することができる。

それらを撮影したのは、〈見るもの〉としての撮影者・調査者、つまり私たち十二人である。見る側にとっての〈時間〉と〈空間〉の体験も、映像のなかにメタレベルで写し込まれている。十二種類のそれぞれ異なった八月六日の時間、十二人の撮り手としての視座構造の違い、居合わせた場所の相違は、映像に刻まれた〈見るもの〉にとっての〈時間〉と〈空間〉の広がり方に反映されている。

このような構造を単純化して整理した概念図が図4-1である。この図に明らかなように、八十一時間の映像のなかで〈時間〉と〈空間〉が層をなして交錯している[3]。

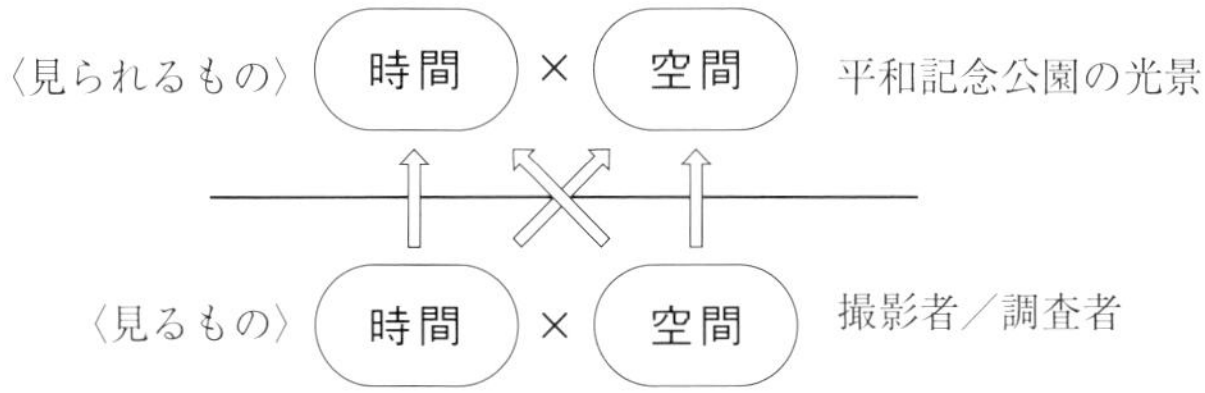

図 4-1　映像に刻まれた〈見るもの〉と〈見られるもの〉にとっての〈時間〉と〈空間〉の概念図

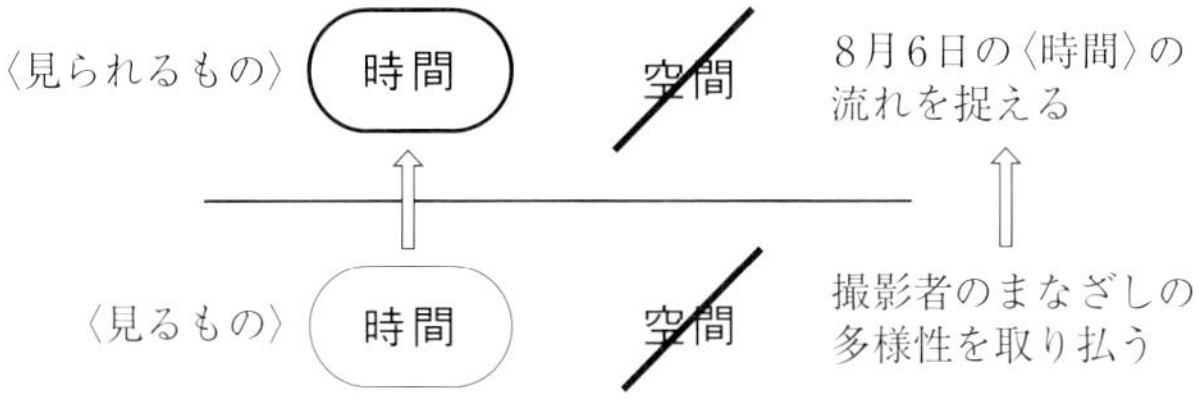

図 4-2　モデルA：〈空間〉で約分

図4-1をその形態そのままに捉え、あくまでもアナロジーではあるが、それを分数として理解してみよう。ビジュアル・データの分析を分数の計算になぞらえてみたいからである。分数の場合、それが複雑なものであったならば、約分することで単純化し、核となる要素を浮き彫りにすることができる。図4-1を約分するならば二通りの方法がある。

そのひとつは〈空間〉の要素で約分することである。図4-2のモデルAである。〈空間〉で約分すると、当然そこに残るものは、平和記念公園と撮影者の〈時間〉のみである。分母にあった撮影者の〈空間〉の広がり、つまり十二人のまなざしの多様性も、分子あった平和記念公園の〈空間〉の広がりも、いずれも後景に退けられる。そうすることで、膨大で複雑な映像群の中から一本の時間の流れ、タイムラインが浮き彫りになってくるであろう。モデルAの立場からいえば、もともとは多元的なまなざしから撮影されていた映像群をひとつの視点〈a point of view〉から捉え直し、ひとつの〈時間〉の流れのなかで継起する出来事と出来事の連鎖が平和記念公園

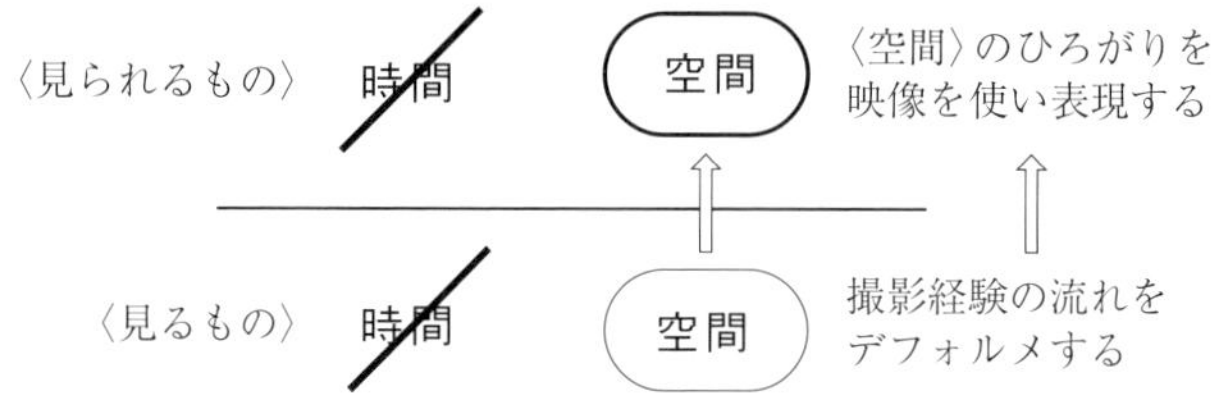

図4-3　モデルB：〈時間〉で約分

という固有の社会空間を形成しているありさまを描写することが、取り組むべき課題ということになる。

もうひとつは〈時間〉の要素で約分することである。図4-3のモデルBである。それはつまり、平和記念公園の一日の時の流れも、撮影者一人ひとりの経験の流れも、無視・圧縮・デフォルメし、映像群の意味を〈空間〉に着目して整序するということである。平和記念公園という〈空間〉の特徴は、全体としてひとつの意味を持つ場でありながらも、広大で、その中にさまざまな場所が散在して、すべてを一度に把握し整理しきれない多様性に満ちていることであった。また、十二人の調査員たちの空間経験は、公園内を歩き、移動し、探索することに特徴づけられるものであった。モデルBの立場からいえば、このような〈見るもの〉〈見られるもの〉双方の空間の広がりを、ビジュアル・データを活用して紡ぎ出していくことが取り組むべき課題ということになる。

モデルAのアプローチとモデルBのアプローチは対照的なものであるが、相互補完的な関係にある。もしこの二つのアプローチを両輪として併用することができれば、立体的に、しかもビジュアル・データでしか描き出せないようなやり方で、平和記念公園という〈社会〉のありさまをクリアに捉え理解することが可能になるであろう。

本書で、特にこの第二部で目指すのは、この二つのアプローチのいずれをも用いたビジュアル・エスノグラフィを編むことである。モデルAの〈時間〉に着目したアプローチとしては、一本の長い映画を制作することが適しているのではないかと思われた。モデルBの〈空間〉に着目したアプローチとしては、空間それ自体を表現媒体として活用するインスタレーションを制作することが適しているのではないかと思われた[4]。後者については第六章で論じる。本章でこれから論じるのは、前者の映画制作についてである。続く第二節以降で、ビジュアル調査の成果を映画という形態でまとめることについて、そしてそれがどのような意味を生むのかについて考えていくことにしよう。

二　社会調査から映画づくりへ

なぜ映画なのか

前節で述べたとおり、映画をビジュアル・エスノグラフィのひとつの形態と見なし、調査の成果を映画としてまとめることが、私たちのプロジェクトのひとつの中核として位置づけられた。もちろん映画といっても、劇映画に代表される一般的な意味でのいわゆる映画とは若干異なるものである。既存の範疇を使うならばドキュメンタリー映画ということになるだろう。また、新しいカテゴリーをつくらせてもらうならば、私たちのねらいは〈社会調査映画〉を制作することであるといえるだろう。とはいえ、映画の世界にまったく縁のない私たちが、あえて映画と称し、映画の制作を目指したのはなぜか。

映画をつくる条件があらかじめ整っていたわけでは決してない。私たちの手許にある八十一時間の映像は、映画になることを一切予期せず撮影されたものである。非常に興味深く価値ある映像だと思われたが、それは、あくまでも社会調査データとしての価値、記録映像としての価値であった。映画制作に求められる水準から見れば、音声も含めた映像の質は貧弱なものであったし、編集などの技術を十分に持っていないのも否めない事実であった。

さらに大きな問題となるのは、撮影した映像のなかに、映画の主人公となれるような存在がいないことであった。一般的にいって、フィクションであろうとノンフィクションであろうと、映画としてドラマを展開していくためには主人公が存在することが望ましい。見る側が感情移入できる主人公、劇中でストーリーテラーとしての役割を果たす主人公、あるいは対象として注視できるような主人公など。私たちはそのいずれをも欠いている。

しかしそれでもなお、映画という形態をとることには少なからぬ意義がある。映像の持つ伝える力をできるだけ発揮しようとする時、映画が持つ表現力は他では得がたいほどの高い価値をもたらしてくれると思われるからである。(5) 元来このプロジェクトの成果は、日本国内に限らず広く海外に発表したいという願いを持っていた。というのも、原爆をよりよく理解するためにはインターナショナルな、グローバルな、あるいは人類の問題として考える必要があると思われるからである。であるならば、私たちとしても、日本国内だけで議論するのではなく、たとえば原爆に関してかなり異なった捉え方をすることが一般的なアメリカの人びとと議論できれば、非常に有意義なのではないだろうか。映像というメディアには、言語の障壁を越えて表現し伝えるのに有利にはたらく側面がある。特に映画というパッケージは、国境を越えて作品を届けあうのに向いているように思われる。

観察映画

私たちの映画制作には手本があった。それは「観察映画(observational film)」と呼ばれるスタイルの映画である。

観察映画とはなにか。例として、想田和弘監督の『選挙』(一二〇分、二〇〇七年)を取り上げてみよう。この作品は、地方議会選挙に出馬し選挙運動に奔走する山内和彦とその周辺をドキュメントしたものである。監督である想田がたった一人で山内に密着し、すべての撮影を行っている。想田はほとんど山内の行動に介入することはなく、観察者として、そこで生じることや目にとまったものごとを撮影するのに徹している。

山内やその周囲の者も、カメラに向けた演技をすることはほとんどない——少なくともないように見える。映画『選挙』は、こうして撮影された映像のみで構成されている。ナレーションも、字幕も、音楽も、効果音も、何も付け足されていない。観客は、ただ漫然と鑑賞しているだけでは、そこにどのような意味があるのか容易には理解しがたいかもしれない。しかし、目立った演出も何もないこの映画は、見る側が探究心をはたらかせて積極的に映像に向き合っていくことで、さまざまな意味を発見し、理解し、考察を深めていくことが可能なのである[6]。

もうひとつ例を挙げたい。スプレイ・ヴェレズ両監督による『マナカマナ 雲上の巡礼』（一一八分、二〇〇七年）である。「ネパールのジャングルの奥深く、ヒマラヤを望むヒンドゥー教の聖地マナカマナ寺院は雲上にたたずむ。巡礼者たちは、かつて三時間かけた山道を今は片道一〇分のロープウェイで登る。映画はその道のりをワンカットで切り取っていく[7]」という実験的な作品である。ナレーションもBGMも何もなく、ロープウェイのゴンドラ内に定置したカメラが捉えた十一組の乗客（そのうち一組は人間ではなく山羊）の姿だけが、この映画のほとんどすべてとなっている（画像4-1）。そこには筋の通ったストーリーも、明快なメッセージも、容易には見出すことはできない。この映画は徹底的に何も語らない。登場する乗客たちのなかには一〇分間の

画像 4-1 『マナカマナ 雲上の巡礼』

出所：プレスキット　http://sel.fas.harvard.edu/manakamana_presskit_final_web.pdf（2018 年 5 月閲覧）

あいだ無言を貫いた者さえいる。観客にできることは、一見したところ退屈にさえ感じられるであろう五往復半の車内の映像に、自分から接近し、問いかけ、その答えや意味を感じとろうと努力することのみである。観察映画の発想のなかには、社会調査や社会学研究に非常に近いものがあるといえるだろう。(8)「観察されたもの（データ）」によって語らしめる。作り手は過剰な演出はせず、「観察されたもの」のありのままの姿を最大限に活かして作品化し提示する。それをどう解釈し理解するかは、作り手の解釈や主張が示されていたとしても、受け手が自身の視点から吟味し再検討できる余地が開かれている。(9)

つまり私たちの映画づくりが目指すのは、「社会調査映画」、つまり「社会学者による観察映画」ないし「社会調査にもとづく観察映画」にほかならない。そしてそれは、私たちが考えるビジュアル・エスノグラフィのひとつの理想形なのだといえるだろう。

三　八月六日のさまざまな〈時間〉を見る

映像のなかの〈時間〉――場面・シークエンス・物語

映像のなかに刻み込まれているのは、実にたくさんのさまざまな人びとが、平和記念公園という舞台の上で、さまざまなことをしている姿である。祈る人、なにかを訴える人、なにかを感じている人。とりたて何もしていないような人の何気ない振る舞いも見ることができる。それらの一つひとつの映像は断片的である。そうした断片が集まってできた映像群は巨大な混沌となっている。

私たちの映画は、このような混沌のなかから〈時間〉の流れとその意味をすくい取ろうとするものである。映像で〈時間〉の流れの再現を試みる最も単純なやり方は、すべての断片にメタデータとして刻印されているタイムスタンプを利用して、撮影された時刻の順に二五〇〇ショットを整序することである。しかし、このような単純なクロノロジカル・オーダーで並べられた映像を通覧すると、現実感覚を失うような、非常に不思議で奇妙な印象を受ける。なぜなら、十二名の調査員がそれぞれの場所で撮影していた互いに無関係なものが、入れ替わり立ち替わりに連続して映し出されるからである。時刻という一本の物差しは、きわめて客観的で普遍的なものである。しかし、この物差しを無理やり当てはめることでは、平和記念公園という場において確かに流れていた現実の〈時間〉を再構成することはできない。

映像に収められたさまざまな断片は、適切なコンテクストに位置づけられるかどうかによって、それが無意味な混沌に見えることもあれば、深い意味を持つ重要な出来事に見えることもある。ここでいうコンテクストとは、周囲の広がりという空間的文脈と、前後に継起する出来事との関係という時間的文脈の、そのいずれもが含まれる概念である。たとえば、人が両手を合わせて頭を垂れるという動作をするとしても、その文脈によってまったく違う意味をそこに認めることができる。原爆慰霊碑の前か。供養塔の前か。元安川の川面に向けてのものか。静かな早朝か。緊張のピークとなる式典の時間か。誰もいない深夜か。一人か。それとも集団でか。隣にいるのは誰か。垂れた頭を上げた後、なにをどのように行うか。その祈りの前になにが起こっていたか。その後にはどのような出来事が続けて起こるのか。映像に写されたものを理解するには、こうしたコンテクストが決定的といってよいほど大きな役割を果たすことは明らかである。

映画とは、さまざまな断片が取捨選択され、それらがつながれてできるものである。映画制作における「つなぐ」という操作は、時間的文脈、つまり意味の継起の関係を表現することにほかならない。一連の継起関係のまとまりを、あるいはそうした関係を表現するビデオ映像のひとまとまりを、ここではシークエンス（sequence）と呼ぶ。こうして構成されるシークエンスをさらにつなぎ合わせていくと、八月六日の未明から深夜までを通覧する一本の長い映像が得られる。しかしそれだけではまだ、未明から深夜までの一日の〈時間〉の推移の意味を明瞭に表現できる映像として成立するとは限らない。言い換えれば、必ずしも物語のある映像として成立するとは限らない。必要なのは、時間的な流れに濃淡を与えるような際立つ場面である。いくつかのそうした場面がシークエンスの上に配置されることで、私たちの映像は、平和記念公園の〈時間〉を捉えた映画としての輪郭を定めていくことになるだろう。

いくつかの場面

八十一時間の映像のなかには、〈時間〉の流れのなかの核に位置づけることのできそうな場面がいくつも含まれていたが、なかでも特に強い印象を受け、映画としてのストーリーを構成するのに大きな役割を果たした場面が三つあった。

そのひとつ目は、原爆ドーム前で読経する僧侶の集団を小学生ぐらいの女の子が眺めており、その脇で妹とおぼしき幼い女の子が遊んでいる場面である（シーン4-1）。この場面を収めたクリップは五分二十秒にわたって続いている。幼い子のたどたどしい足取りと仕草、屈託のない笑顔が非常に可愛らしく、また、僧侶を眺める女の子の好奇心が印象的に感じられる。それと同時に、平和を訴える僧侶たちの強固な意志――あるいは強固な意志に装われるなにか――を見て取ることができる。周辺には反戦などを訴えるバナーやプラカードが並べられている。無垢なるものと固い意志。この強烈なコントラストは五分を超える長回しで捉え続けられていた。さらにいえば、幼い子がしきりに地面に落ちている小枝かなにかをいじっているが、この地面を介して、七十年前の惨禍に斃れ地下に眠る無数の人びとの魂と、地上に生まれて間もない新しい

シーン 4-1　遊ぶ幼い女の子

シーン 4-2　灯籠流しを元安川の対岸から見物しようとしている家族

命とが交わりをもとうとしているようも見えた。被爆から今日、そして未来へとつながる時間の流れの結節点が、この地面に象徴的に現れているように感じられた。

二つ目は、灯籠流しを元安川の対岸から見物しようとしている家族を捉えた場面である（シーン4-2）。この映像は劣悪な条件のもとで撮影されたこともあって、そのままではほとんど漆黒で何もわからない。画像だけでなく音声の状態もきわめて悪い。しかし、コンピュータで補正を強くかけてみると、暗闇のなかから驚くべき光景が浮かび上がってくる。就学前か小学校低学年程度と思われる三人の子どもたちが、カメラを構えて灯籠を撮影しようとしている父親に迫り、原爆や原爆死者のことを次々に尋ねている。少女は父親に尋ねる。「みんな息できんかった？」「死んでから天国にいってきて、ここに？」。少年は尋ねる。「生き残った人おった？」「なんで日本戦争に負けたん？」「アメリカ飛行機から原爆落とした？」 父親の答えは残念ながらよく聞こえないが、どこか歯切れが悪いように見える。子どもたちと向き合うのを避けているようにも感じられる。小さな子どもたちは、この場所で過去に起こったことを必死に理解しようとしている。胸を締め付けられるような場面であった。そして、世代を超えて今もなおインパクトを及ぼし続けている原爆なるものの一面を、象徴的に示しているように感じられた。

三つ目は、原爆供養塔の前でキリスト教の賛美歌「いつくしみ深き（What a Friend We Have in Jesus）」が歌われていた場面である（シーン4-3）。原爆供養塔の周辺は宗教色の強い空間である。例年八月六日の早朝には、神

シーン 4-3　賛美歌を歌う人びと

道・仏教諸派・キリスト教諸派が合同して「原爆死没者慰霊行事」が行われる（広島戦災供養会 2017）。この場面は、そのなかでキリスト教が担当する時間を捉えたものである。「いつくしみ深き」は、キリスト教両派いずれにおいても最も親しまれている賛美歌のひとつで、特に結婚式や葬儀においてよく歌われるものである。

供養塔前の行事に限らず一般的にいって、広島において比較的大きな存在感を示している宗教は仏教（特に浄土真宗）である。八月六日（あるいは五日）の平和記念公園においては、さまざまな宗派の宗教者が数多く集結し、それぞれのやり方で原爆犠牲者への思いや平和への願いを訴える。なかでも仏教（特に日蓮宗）の僧侶による太鼓の音と読経の声は、この日の平和記念公園にあまねく鳴り響いており、ほとんど通奏低音ともいえるほどである。

思うに、日本の宗教文化になじみがない者にとっては、公園中に響きわたる仏教僧の太鼓の音は、異様なもの、呪術的なものに聞こえたとしても不思議はないであろう。そのようなコンテクストのなかで微かに聞こえてくる「いつくしみ深き」のメロディは、逆に日本の宗教文化のなかに生きる者にとっては、違和感を感じさせることであろう。

拭いがたい違和感を発しつつも、平和記念公園のなかに東西の宗教文化が「共存」している。それぞれが、それぞれのやり方で、犠牲者を悼み平和を祈っている。両者が本質的に交わることは決してないであろう。しかし原爆を憶え平和を願うという一点において、この日の平和記念公園という〈時間〉と〈空間〉を共有し、そこで結びあってもいるのである。

このような微妙な関係性のなかに、東西それぞれの文化とその隔たり（とつながり）が象徴的に現れ出ているように感じられた。また、この風景は東西それぞれの視点から、それぞれ違った意味を読み取ることができるであろうと感じられた。私たちがまなざそうとしているこの時空間の意味を、東西の宗教文化を捉えたこの映像を手がかりにすることで、反省的に感じ理解することができるのではないかとも思われた。

映画『アバーブ・ザ・グラウンド』

こうして八月六日の平和記念公園を捉えた一本の映画がつくられた。それはもちろん私たちの調査研究の成果としてまとめられたものであるが、アカデミック・コミュニティに届けることのみを想定しているわけではない。そうであると同時に、社会学や社会調査には関わりがない人びとにも届けられる映画でもあろうとしている。

タイトルは『アバーブ・ザ・グラウンド（Above the Ground）』である。[10] 原爆から今日まで、広島の地で起こったさまざまな出来事の積み重ねをイメージしたタイトルである。地下に眠る犠牲者の魂、破壊の事実が刻まれた考古学的地層、いま私たちが立っている地面、原爆が炸裂した空、爆撃機エノラ・ゲイが飛翔した高度一万メートルの上空、そして永遠へと続く天国。広島の地面は、さまざまな歴史や〈時間〉が折り重なった重層構造のうちの、ひとつの層であるように思われた。

内容についてはここでは多言しない。何はともあれ、本書の映像作品集に収録したこの『アバーブ・ザ・グラウンド』を鑑賞していただきたい。六一分間の音と映像がなにをどう描き出せているか、実際にその目で確かめていただきたいと思う。

四　社会調査映画の可能性

これまで論じてきた私たちの映画づくりの経験をふまえて、社会調査と映画制作の関係、あるいは「社会調査映画」の可能性について、若干の考察を試みたい。

まず最初に提起したいのは、それはフィクションなのかノンフィクションなのか、という問題である。もちろん『アバーブ・ザ・グラウンド』はノンフィクションという位置づけになる。平和記念公園で観察され撮影された映像のみを使用している。しかし映像の特性上、そこに映されていることが「事実」であると安易に了解するわけにはいかない[11]。また、個々のシーンについてだけでなく、映像の編集の仕方、ストーリーの構成（事実の再構成）の仕方においても、こうした問題が関わってくることに注意しなければならない[12]。しかしだからといって、データとしての映像の信頼性や妥当性にこだわり抜くのも、映画制作の観点からいえば得策とはいえないだろう。なぜなら、そもそも映像による表現とは、映像の持つ多義性や曖昧さやそのなかにあるイメージの豊かさに特徴づけられるものであり、そうした特徴を積極的に生かすことで、映像・映画に固有の強みを発揮することが可能になるはずだからである。つまり、事実性に拘泥することは、映画としての表現の幅を狭める危険にもつながるのである。データ・ハンドリングの厳密性か。映像表現の追究か。両者はトレード・オフの関係にあるのではないだろうか。社会調査映画を制作しようとする時、学問研究としての存立基盤はどこに定めればよいのだろうか。

もうひとつ提起したいのは、議論や表現における意味の限定に関わる問題である。一般的にいって学問研究においては、調査や考察を重ねることで概念を磨き上げ、その意味を確定し、ゆらぎのない正確さを追究していく。意図を厳密に正確に伝えようとすることは、学問研究にとってきわめて重要な基本である。しかし映像となると、こうしたマナーに従うことは大変に難しくなる。無理に従おうとした場合、映像であることの強みが失われてしまい、そもそもなぜ映像を利用したのかさえわからなくなる恐れも大いにある。

社会調査映画の制作を試みた経験をふまえて考えてみても、いずれの問題とも解決への道筋を示すことは簡単ではない。

特に前者のアポリアについては、あえて目を瞑り、曖昧な立場をとることしか思い浮かばない。開き直りかもしれないが、どちらつかずの立ち位置を「第三の道」であると再定義し、その積極的意義を探し出すことが、現実的な方向性なのかもしれない。

後者の問題については、簡単に解答を示しえない点では変わらないが、事情はやや異なる。というのも、そもそも意味の限定とはなんのためであるのかを考えてみると、違った捉え方が可能だからである。学問研究において意味の限定を追究するのは、そうすることで学問的コミュニケーションを円滑に効率よく展開できるからであろう。つまり、意味の限定そのものよりも、そうすることで有意義な議論の輪を広げていくことが、より重要なことなのである。とすれば、映像や映画における意味の不明瞭さや不可知さは、必ずしも欠点とはならない。『選挙』や『マナカマナ』を例に観察映画について議論した時に述べたように、映画の「わからなさ」は見る人の主体的な探究心や理解するための積極的な努力を促すこともありうるからである。とりわけ、社会的現実の多様性や多義性をそのまま捉えて提示するような観察映画においては、映画への見る者の主体的な関与や、映画を介した作る側と見る側のコミュニケーションが期待できるのではないかと考える。

とはいえ、社会調査映画の可能性はあるかと問われるとしたら、わからない、あるとは断言できない、と答えるしかないというのが偽らざる現段階での結論である。曲がりなりにも一本の社会調査映画を作り上げてはみたものの、『アバーブ・ザ・グラウンド』が学界に、映画界に、あるいは世間一般に、どのように受け入れられるのかは十分に展望できているとはいえない。まだやるべきこと、考えなければならないことは、数多く残されている。取り組むべき今後の課題としなければならない。

最後に、きわめて個人的で私的な視点から、『アバーブ・ザ・グラウンド』の試みを振り返っておきたい。特に記しておきたいのは、これまで行ってきた調査研究やその執筆活動と比べて、今回の映画制作はまったく違う経験となったことである。さまざまな違いがあったが、特に新鮮な驚きを感じた点が二つあった。

ひとつは、自分でこの作品を鑑賞して「美しい」と感じることができることである。少し話がそれるが、社会学研究や社会調査に取り組み続けている自分の動機は、社会や人びとの姿に「美しさ」を感じること、その一筋縄ではいかない「美しさ」の謎に惹かれていることにある。しかしそうであるにもかかわらず、自分の論文が美しいと感じたことは、基本的にはない。ところが『アバーブ・ザ・グラウンド』には、自分が広島に感じてきた「美しさ」がそのまま現れ出ているように感じられた。これは一表現者として満足できる経験であった。

もうひとつは、自分の作品でありながらも何度でも繰り返し鑑賞できていることである。自分の書いた論文を読み返すことはほとんどない。それに対し、映像作品の場合、何度見ても新たな発見をしたり新しい感想を抱くことができる。研究の最終成果としてまとめたつもりの映画が、新たな気づきを生み出したり、新たな問いを発し続けている。作品それ自体がこのようなエネルギーを発することができるのは、映像というメディアの持つ力、あるいは映画という表現形態が持つ力によるものであろう。

社会調査映画のユニークさ、おもしろさは、永く問いを発し続ける力を持つことにあるのではないだろうか。そこに明確な結論はないかもしれない。しかし、映像のなかに隠されている未知の結論を、私たちは観客として、いつまでも探究していくことができるのである。

注

（1）私たちの調査は観察・ビデオ撮影だけを行ったのではない。それと関連する内容のインタビュー調査なども行っている。たとえば第十章はそうした調査の成果のひとつである。

（2）一人ひとりの撮影者の自由に任せるスタイルの撮影だけではなく、特に興味深い場所を定点観察するための撮影も行っている。供養塔の前、原爆ドーム付近、原爆慰霊碑の前において、三脚を立て固定したカメラで数時間に及ぶ連続撮影が実施された。それらの映像を用いて、特定の場所における変化の検討や、そこに集まる人びとについてのなんらかの定量的な計測や分析などを行うことをも可能である。第九章においてそのような分析を試みてはいるが、まだ映像を十分に活用しきれたとはいえない。今後の課題としたい。

（3）もちろんこのモデルは極端に単純化したものであり、これだけでフィールドでのビジュアル調査の態様を十分に理解することはできない。たとえば、ただちに想起される重要な要素として、観察・撮影行為における再帰性の問題がある。ビジュアル・データの「史料批判」として、撮影という営みがいかに映像を生産しているのかについて、より詳細な検討をするべきであろう。こうした点については第七章において改めて議論したい。

（4）インスタレーションによって表現するというアプローチは、私たち共同研究チームでの議論のなかから生まれたものであるが、そのアイディアはメンバーの土屋大輔が考案し私たちにもたらしてくれたものである。土屋を中心としたインスタレーション制作の取り組みについては第六章を参照されたい。

（5）社会調査の核となるのはデータ収集とデータ分析だと一般に見なされているように思われるが、それらに勝るとも劣らないほど「表現」することも本質的な意味を持っていると考えている。調査表現の問題については松尾（2017）なども参照されたい。

（6）想田は自身の観察映画についてさまざまな機会に語っている。たとえば想田（2015）では、彼の映画制作の実際についての説明や、観察映画の意義についての考察などが展開されている。

（7）公式サイトより引用。http://www.hunt-the-world.com/program/（二〇一八年二月閲覧）

（8）グリムショーとラベッツは、観察映画を実験的民族誌のひとつとして位置づけ、人類学の流れとの関わりでそれを理解しようとしている（Grimshaw and Ravetz 2009）。

（9）そこでは「観察」とはいかなる行為なのか、どのようにして「観察」がなされているのか、「観察されたもの」をいかに選択し再構成していくか、などといった問題が重要になってくるが、こうした問題が立ち上がってくる点においても社会調査と通底しているといえるだろう。

（10）海外での展開をあらかじめ見込んで、タイトルをはじめとする言語的表現については、はじめからすべて英語を使用することにした。

（11）映像の事実性については第二章での議論を再び想起していただきたい。

（12）『アバーブ・ザ・グラウンド』は、二〇一五年八月六日とその前日を時系列的に追う構成となっているが、じつはいくつかのシーンで、時間軸との対応という面では「事実」とはいえない映像を利用している。ほとんどの観客が八月六日の出来事と了解するであろうタイミングで、ごく少数であるが、五日と七日に撮影した映像を利用している。また、八時十五分に打ち鳴らされる平和の鐘の音は、翌二〇一六年の式典で録音した音源を重ねている。はたしてこの処置はノンフィクションからの逸脱だろうか。研究の流儀に対する違反行為だろうか。議論の余地があることは確かである。

（松尾浩一郎）

コラム③ 映像作品紹介『アバーブ・ザ・グラウンド』

http://www.shin-yo-sha.co.jp/video/hiroshima-1.htm
パスワード：6AUG

ドキュメンタリー映画『アバーブ・ザ・グラウンド』は、被爆から七十年の時を経た、平和記念公園における八月六日の日常を描く。しかしその日常は、普段メディアを介して垣間見る平和的な姿とは大きくかけ離れている。慰霊者を写真や映像に収めようとメディアでごった返す八月六日の早朝の風景や、深夜にもかかわらず若者たちを中心に多くの人びとが祈りを捧げに集まる原爆慰霊碑前の情景。喧騒的な雰囲気と静寂とした時間とが、当日の日常に一体となって表出している。

八月六日の平和記念公園の日常を一つひとつ観察すればするほど、広島の「平和」は複雑に見える。しかしそれは、「平和」へのまなざしは無数であることを伝え、風化することなく、社会を読み解く素材が満ちていることを呈示している。本作は、観察映画として、民族誌映画として、その日常を最もリアルに、かつ自然に映し出している。

（鈴木雅人）

第五章　社会調査映画『アバーブ・ザ・グラウンド』の挑戦

一　映画界との交点

私たちが制作した映画『アバーブ・ザ・グラウンド（Above the Ground）』は、第四章でも述べられているように、「映画」という表現形態をとったこと、海外にも届けるという意図のもとにつくられていることが、その大きな特徴となっている。実際に、アメリカの映画界に近い場所にも拠点を置いて、本作の制作は進められている。本章では、このアメリカ側の視点から、『アバーブ・ザ・グラウンド』がどのように制作され、観衆にどのように観られ、どのような成果と課題を得たのかについて論じる。

『アバーブ・ザ・グラウンド』は、被爆都市広島での社会調査を基盤とする、ビジュアル・エスノグラフィの研究成果である。本作は、二〇一五年八月六日、被爆七十年目の平和記念公園を舞台に、そこで繰り広げる人びとの群像劇を描くドキュメンタリー映画となっている。私たちは、本作を「社会調査映画」として位置づけ、世に送り出したのである。

社会調査を基盤に制作されたドキュメンタリー映画はどのような作品となるのだろうか。またそれに対して鑑賞者からどのような反応を得られるのだろうか。社会調査として撮影された映像を単なる映像資料として活用するだけでなく、映画として、またひとつの芸術作品として世に送り出すなかで、どのような意義と課題が見えてくるのだろうか。

社会学の題材として映画を論じる先行研究や映画の社会学的評論などは多岐にわたるが、実際の映画制作の経験と結びついた社会調査や社会学の先行事例はほとんどない。社会調査を基盤とし、さらにそれによって記録された映像素材だけを用い制作された『アバーブ・ザ・グラウンド』は非常にユニークな試みである。それは社会学界から見てだけではなく、映画界から見てもそうであるといえる。そこで本章では、主に映画界の視点から『アバーブ・ザ・グラウンド』を読み解くことで、社会調査映画の映画としての意味を論じていくことにする。また、本作を制作し世に送り出す過程で私たちがアメリカで体験した、鑑賞者からの反応、映画監督・プロデューサーからの評価や、私たち自身が見出した課題などについて考察することで、社会調査を用いた映画づくりの可能性について明らかにしていきたい。

二　『アバーブ・ザ・グラウンド』を読み解く

ドキュメンタリー映画『アバーブ・ザ・グラウンド』は、約六一分の長編映画である。本作は二〇一五年八月五日から七日の平和記念公園とその周辺にスポットを当て、ビジュアル・エスノグラフィの方法をとり、十二名の調査員と四つの定点カメラによって撮影された映像記録をもとに制作されている。被爆七十年目を迎える八月六日の平和記念公園の日常が、時系列に描かれる。それゆえ本編では、テレビメディアが放映することのない映像が多分に含まれている。たとえば、報道カメラマンやメディアでごった返す八月六日の早朝の風景や、深夜にもかかわらず若者たちを中心に多くの人びとが祈りへと集まる原爆慰霊碑前の情景など、映画としての物語性を超えて、場面ごとの映像だけで楽しめるような工夫が随所に組み込まれている。

『アバーブ・ザ・グラウンド』は映画として制作され、映画として広く世間に提示されることが念頭に置かれている。そこでこれから、いったん社会学研究の視点と枠組みを取り払い、本作をあくまでも映画として位置づけて読み解いてみよう。

まず、本作では「観察映画」のスタイルがとられている[1]。観察映画の特徴は、ナレーションやテロップによる説明、背景音楽が一切ないドキュメンタリー映画だということにある。『アバーブ・ザ・グラウンド』でも、説明はほとんどなく、インタビュー場面やナレーションは一切用いられていない。バックミュージックが重ねられることもない。

特に、インタビュー場面がまったく使用されていないことは、本作の特徴となる挑戦的な試みであるといえるだろう。なぜなら、十数時間を超える豊富なインタビュー映像が撮影されており、そのなかには普段メディアが映像に収めることのない人びとの素顔が多分に記録されていたからである。毎年の八月六日が騒々しいものになることに深い嫌悪感を抱く地元住民たちの声や、初めて八月六日の平和記念公園を訪れその混沌とした様相に衝撃を受ける観光客や家族連れの声、さらには自身のトラウマと向き合うため一人慰霊に訪れにきた若者の声。私たちのインタビュー映像には、毎年八月六日の平和記念公園の多様性と多義性を物語る数々の貴重な断片が十分に記録されていた。しかし、これらのインタビュー映像は一切用いられることはなかったのである。

その理由は二つある。ひとつは、鑑賞者には、当日に繰り広げられる群像劇へ自由なまなざしを差し向けてもらうためである。作り手が提示する単一の解釈へと導くのではなく、眼前に広がる平和記念公園の光景をどのように見つめるかを、鑑賞者に委ねたのである。鑑賞者一人ひとりが積極的に発見できるような、観察映画ならではの広がりと厚みをより深化させたかったのである。

もうひとつは、カメラに収められた群像劇が醸し出す神秘的な光景、それ自体である。炎暑の下、夥しい人混みのなかで一心不乱に祈りを捧げる人びとや、夕暮れ時となり灯籠を大切に抱えながら元安川を静かに

シーン5-1　8月6日深夜の原爆慰霊碑前

見つめる親子の背中など、映像に映し出されているさまざまな神秘的光景は感動的であった。まさしく、広島における〈原爆の現在地〉が眼前に広がっているように感じられたのである。それゆえに、言葉での説明を挿し込むのではなく、その神秘的な光景そのものを、できるだけ手を加えずそのまま伝えようとしたのである。

こうした試みを象徴する場面が本編後半に登場する。本研究プロジェクトの発端のひとつでもある八月六日深夜の原爆慰霊碑前の一場面である（シーン5-1）。この場面は、六日の夜から七日の未明にかけて、灯籠流しの賑わいが去った後、ちらほらと若者を中心に人が原爆慰霊碑前に集まってくる光景を捉えたものである。この場面を描くのに用いた映像は、定点観測によって記録を目的とした「完全なる観察者」の映像である[2]。それゆえに描き出されているこの一場面は、若者たちが深夜に原爆慰霊碑前に導かれるかのように現れ、ただ一心に静かに祈る神秘的な光景を、まさしく、ありのままに伝えている。どのような雰囲気のなか、どのような面持ちで彼らは慰霊碑前へと歩み寄るのか、その光景にさまざまなまなざしを差し向けることができる。本編全体を通して、このような「完全なる観察者」の映像が多分に組み込まれており、観察映画としてその趣向を強く取り入れている。

一方で、『アバーブ・ザ・グラウンド』を民族誌映画（Ethnographic film）の枠組みのなかで捉えることもできる。一般的に民族誌映画とは、ある特定の地域や民族、分析対象とする特定社会の文化的現象を記録した映画である。一八九八年の人類学者A・ハッドンによるトレス海峡での撮影調査から始まり、商業映画としての成功も収めたことで知られるR・フラハティ監督によるイヌイットの生活を描いた無声映画『極北のナヌーク』（原題 Nanook of the North 一九二二年）や、人類学者N・シャグノンによる南米のヤノマミ族をドキュメントした『アックス・ファイト』（原題 The Ax Fight 一九七五年）が挙げられる。では、これらの民族誌映画と『アバーブ・ザ・グラウンド』は、どのように関連づけられるだろうか。

民族誌映画の多くに共通する特徴として、特定社会の文化や慣習を描くため、その対象は主に人びとの群像劇になるということがある。映し出される群像劇から、鑑賞者は徐々にその特徴を感じとり、深く根付く文化や慣習を映像から理解していくことになる。本作も「七十年間にわたるヒロシマの生の営みと文化の蓄積」を視覚的に描き出すため、八月六日の平和記念公園上で繰り広げられる群像劇を撮影したものである。民族誌映画のように、映画で描き出される対象は群像劇であり、その群像劇からは普段目にすることのない広島の姿が浮かび上がってくる。

そしてまた、本作の編集過程にも民族誌映画としての性質を見ることができる。映像人類学者であり民族誌映画監督でもある大森康宏は、記録を目的とした民族誌映画づくりの特徴として、その映画の編集に際し、以下の点を述べている。

（劇映画と異なり）記録映画、特に情報提供を目的とした映画の場合には、撮られる側の人人に演技づけすることは避けて、現実の事象に合わせて撮影する場合が多い。その時に映画全体のテーマをあらかじめ設定することができても、画面構成まで決定することは難しい。したがって、完全なシナリオを作成できない記録映画は、撮影されたフィルムを編集し映像情報にまとめあげることになる。（大森 1984:572）

このように民族誌映画では、一般的な映画づくりとは異なり、はっきりしたシナリオやストーリーを描き

シーン 5-2　原爆投下時刻 8 時 15 分の黙祷

出すことが困難である。困難であるがゆえに、断片的に撮影された映像を紡ぎあわせひとつの「モンタージュ[3]」映像のように、「(制作者が意図するテーマを) 方法的に、組織的に、そして計画的に視覚経験できるように、再構成する」ことになる。

『アバーブ・ザ・グラウンド』は、特定の主人公を設定したストーリー立ての展開ではない。その代わりに、当日に見受けられた群像劇が場面ごとに切り替わり、その多様性と多義性が強調されるよう、一つひとつの場面に人びとのさまざまな相互行為が描かれている。そしてまた、鑑賞者が視覚経験できるよう、撮影者がそれら相互行為に接近する映像や、さらにはその相互行為が繰り広げられる広場を歩きながら通過する映像など、鑑賞者が実際に八月六日の平和記念公園に降り立った感覚を得られるような演出がなされている。

このモンタージュの手法を発展させてつくられた場面がある。原爆投下時刻八時十五分の黙祷の場面である (シーン5-2)。この一場面だけ、時系列進行の展開を破り、さまざまな視点から撮られた映像を共時的に紡ぎ合わせ、八時十五分を告げる鐘が幾度も響きわたる。それゆえ、この場面ではさまざまな黙祷の瞬間を見ることができる。それまで楽しそうに話し合っていた若い男女のカップルが急に足を止め黙祷を捧げる瞬間や、公園内に集まって腰を下ろしていた人びとが時刻とともに一斉に立ち上がり黙祷を捧げる瞬間、人びとが原爆死者を模すダイ・インを行う瞬間など、さまざまな黙祷の瞬間が連続的に展開される。鑑賞者はこのモンタージュ演出から、時間的法則や物理的制約を超えて、さまざまな地点から黙祷の場面に立ち会うことができるのである。このように、民族誌映画として本作では、場面ごとに描かれる人びとと相互行為を多面的に鑑賞することができるだけでなく、さらには鑑賞者が八月六日の平和記念公園を視覚経験できるような工夫が随所に組み込まれている。

ここまで論じると、ヒロシマを題材に製作された数多くの映画・映像作品群のなかで『アバーブ・ザ・グラウンド』がどのような特色を帯びているかが明らかとなってくる。観察映画として、また民族誌映画として本作を読み解くことで、八月六日平和記念公園の日常を垣間見ることができる。そしてそこには、七十年もの歳月を経て蓄積された文化を見出すことができる。

『アバーブ・ザ・グラウンド』は、ヒロシマを題材に人びとのライフストーリーや問題意識、平和活動をドキュメントした作品群とは大きく異なるかもしれない。しかしその一方で、繰り返し本作を観賞することによって、ヒロシマに対して再発見と再解釈ができるよう設計されている。

三　アメリカ人の反応

さて本節から、『アバーブ・ザ・グラウンド』を鑑賞したアメリカ人の反応について紹介する。私たちは、二〇一六年から二〇一七年にかけて、アメリカのカリフォルニア州ロサンゼルス郡、またオレンジカウンティ郡において集中的に発表を行った。ここで取り上げる鑑賞者は、現地の映画学校に通うアメリカ人学生たちを対象としている。日頃から映画を勉強している学生から得られたコメントは、かなり深く内容へ踏み込んだものも多くあった。

少し苦い経験から繙くことになる。当初は映画学校の授業時間を借りるかたちで『アバーブ・ザ・グラウンド』の発表を行ったため、対象者に本編すべてを鑑賞してもらう機会は非常に限られた。そこで発表では、主に黙祷の場面や深夜の原爆慰霊碑前の場面、さらには昼間の原爆ドーム前での喧騒場面などを六分三十秒にまとめたダイジェスト映像集を用いた。そしてまた、学術的な意から逸れてしまうと感じつつも、娯楽映画のキャッチコピーに倣い、学生たちを強く惹き付けるような単語やフレーズを取り入れながら映画を発表していった[4]。研究発表とは異なり、鑑賞者をいかに直感的におもしろいと感じさせるかが要であった。

非常に制約のある発表ではあったが、アメリカ人学生の反応からは、二つの重要なことが見えてきた。それは大きな課題でもあり、成果への手がかりでもあった。

ひとつは、ヒロシマや平和の印象が、期待し想定していたようには伝わらないということである。両者に対して鑑賞者が想起する一般的なイメージは、被爆後の凄惨な光景や戦争を体験した日本人とアメリカ人が握手を交わす瞬間などであり、『アバーブ・ザ・グラウンド』が描く八月六日の平和記念公園の日常から、アメリカ人学生たちにヒロシマや平和を想起させるのは簡単ではないように窺えた。特に、深夜の原爆慰霊碑前の映像が、彼らにとってことさら特徴的な場面に映らなかったことは、記録映像をそのまま映画に用いる際の、ひとつの限界を示唆しているといえよう。それは後述するが、映画表現としての技術的な問題と関連している。前節で紹介したように本作ではあえて「完全なる観察者」としての視点を用いたが、鑑賞者からは訪れる慰霊者により接近した映像やインタビュー映像を盛り込むべきだとの意見が多く挙がった。

もうひとつは、切り取った映像のなかで黙祷の場面や原爆ドーム前での喧騒の場面といった、大多数の群像劇に焦点を当てた映像がアメリカ人学生たちへ好印象を与えたことである。この二つの場面は、アメリカ人学生の興味を強く惹く映像であることがよく窺えた。コメントでは、「人びとが一斉に黙祷するという瞬間は強いインパクトがあった」、「デモ隊の怒声が飛び交うシーンが印象に残った」といったように、八月六日の日中に撮影された映像のなかでも強いエネルギーを発する場面が彼らに強い印象をもたらしたようである。特に黙祷の場面から好印象が得られたことは、本作において最も色濃く独自性を発揮した場面が鑑賞者に強く響いたと捉えることができる。

こうした反応をもとに、よりアメリカ人らの関心を引き出せるよう、新たな方策を考えることにした。しかし学術的な発表と異なり、直感的な意識が強くはたらく鑑賞者から、どうすればより強い関心を引き出すことができるのだろうか。そこで私たちは、視覚的に直接訴えられるようなポスターとトレーラー（予告編映像）を制作することにした。

ポスターづくりでは、映画の内容を伝えるのではなく、映画に込められているメッセージを表現することにねらいを定めた。完成したポスターは、画像5-1のものである。灯籠の灯りによって鎮魂の雰囲気に包まれる原爆ドーム前を、ゆっくりと歩き見つめながら、大切そうに自分の灯籠を抱える子どもの姿がある。この一枚の写真は、映画のモチーフを象徴したものである。

画像 5-1 『アバーブ・ザ・グラウンド』のポスター

トレーラーづくりでは、内容に一歩踏み込んで、鑑賞者から好評を得た黙祷の場面、原爆ドーム前の喧騒の場面を織り交ぜただけでなく、ヒロシマがイメージされるよう、被爆直後の広島市の写真や、本編の導入になるようなメッセージを挿入した[5]。単なるダイジェスト映像とならないよう、限られた時間のなかでいかに強い印象を与えられるかを重視した。

この方策が奏功したのか、ポスターとトレーラーを用いた発表では、鑑賞者から比較的良い反応を得た。トレーラー鑑賞後に、本編すべてを鑑賞したいと言ってくれた学生や、さらにはこれまで彼らの関心を引き出すのに苦労した深夜の原爆慰霊碑前の場面や静かな祈りの場面にまで視線が及び、より関心を見せていた。

私たちは、ヒロシマについて日本とはまったく異なる認識が持たれているアメリカという場所で、『アバーブ・ザ・グラウンド』の発表を行い、鑑賞者からさまざまな反応を得てきた。そして私たちもまた、制作者として本作を何度も鑑賞し、発表を繰り返していくなかで、『アバーブ・ザ・グラウンド』が描く八月六日の平和記念公園の日常から再発見できたことがある。それは、八月六日の平和記念公園の日常という空間の中で展開される新たな関係性である。八月六日当日、白昼の平和記念公園内では、慰霊者のほかに、観光客やデモ隊、宗教者グループ、メディア関係者といったさまざまなアクターが、喧騒性を帯びた群像劇を繰り広げていた。その一方で、日が沈んだ頃から、公園内には静寂とした鎮魂を醸し出す、祈りに訪れた人びとによる群像劇が展開された。つまり、八月六日の平和記念公園の日常には、白昼の喧騒と深夜の静寂という相反する二つの様相が、二項対立的に存在している。一見、混沌とした平和記念公園の日常空間だが、観察映画、そして民族誌映画の特色を帯びた本作を通し、このような二項対立の関係性を明瞭なかたちで見出すことが可能となったのである。

四　映画技術に関する課題

一方で、『アバーブ・ザ・グラウンド』の本編すべてを鑑賞してくれた人のコメントや、アメリカの映画プロデューサー、映画監督などからの評価は、社会調査映画としての本作に今後の課題や可能性を示唆するものに富んでいた。本節では彼ら映画人たちの批評をふまえて、社会調査を用いた映画づくりの可能性について考察をさらに進めていきたい。

本編を鑑賞した映画監督やプロデューサーのコメントは、二つの点に大きく集中していた。一つ目は、人びとの「表情」についてである。本編において、特に熱を帯びた群像劇が繰り広げられる場面において、それらの行為をなす人びとの「表情」がカメラから離れすぎているという意見が多く寄せられた。

シーン 5-3　原爆ドーム前で怒号を浴びせあう右派と左派のグループ

行進するデモ隊や元安橋付近で懸命に平和活動に勤しむ学生グループ、太鼓を絶えず打ち鳴らす宗教団体、合唱するグループなど、一人ひとりの「表情」をより接近して見たい、といった意見が多く挙がった。これは前節で紹介した鑑賞者からも意見として挙がっていた。シーン5-3は、原爆ドーム前で右派と左派のグループがそれぞれ怒号を浴びせあう場面である。これは、カメラを三脚で固定した定点観測の映像を用いた場面でもある。この場面に対し、壇上でかけ声を発している人はどのような表情なのか、その声に集まる人びとはどのような表情で聞き入っているのかなど、群像劇を繰り広げる人びとの「表情」にカメラが離れてしまっていることに、コメントが少なからず寄せられた。

そして二つ目は、映像内の「音」についてである。単なる音質の問題だけでなく、カメラを向けた被写体、相互行為から発せられるつぶさな「音」が不足していたことに多くの指摘が及んだ。

本作では、何気ない相互行為にも目を向け、さまざまな日常風景を描き出している。たとえば、ベンチに腰掛け広場を見つめながらなにかをつぶやいている中年のグループ、地元住民とおぼしき人たちが将棋を指している風景、外国人観光客に初老の日本人男性がジェスチャーを交えながらなにかを説明している場面など、当日に見受けられたさまざまな風景が映し出される。映画人たちは、それら何気ない一場面にも一つひとつ深く関心を向けていた。そしてそれら日常風景から聞こえてくるつぶさな音こそ、彼らが最も関心を寄せていた「音」であった。

この「音」の問題については、撮影段階からすでに私たちも懸念していた課題でもあった。そこで、日中の映像では、どの場面でもセミの鳴き声が響きわたるよう工夫し、撮影者一人ひとりが体験した臨場感をより強調する演出を施した。しかし映画人の意見からは、映画における音の表現として、実際に聞こえてきた周囲の音を演出するのではなく、カメラを向けた相互行為、被写体の音にこそ接近し、その音に注力が行き渡るまで強調することが肝心なようであった。

この点は、記録映像と映画とでは音の役割が明確に異なることを示唆している。記録映像であれば周囲の環境音もまた重要な要素であるが、映画としては映し出される対象に集中し、しっかりと音の焦点を絞る工夫が必要であった。

一方で、映画人の反応から特筆すべきことは、これら技術的な課題がありつつも、八月六日の平和記念公園の日常と、そこに表出するさまざまな非日常的群像劇にねらいを定め撮影するという、私たちのプロジェクトの社会学的な視角と試みは、多くの好評を得たことである。この評価は非常に大きな意味を持つものと思われる。なぜなら、このプロジェクトの基盤となる社会調査と社会学的意義が、映画づくりの観点からも十分な企画性と発展性があると評価されたからである。このことは、社会調査にもとづく映画づくりの可能性について、はっきりとした展望が開けていることを示唆しているのではないだろうか。社会学的探求のもと、普段気に留めることのなかった相互行為やその日常に注目し、それらを撮影して記録映像にまとめる。そして記録映像をもとに、一本の映画作品へと昇華させることは、本質的に異なる成果へと転換されてしまうことを意味しない。社会調査にもとづく映画づくりこそ、学問としての分野を横断して、映画人の期待に応えることのできる可能性を秘めている。

五　調査表現としての映画

社会調査を基盤に制作されたドキュメンタリー映画『アバーブ・ザ・グラウンド』は、観察映画として、また民族誌映画としての特色を帯びた、ヒロシマを題材とする映画である。本作は、被爆七十年目の八月六日の平和記念公園で繰り広げられる群像劇に焦点を当て、その日常を描いている。本作に対する彼らの反応を考察し明らかになったことは、たとえ文化的な差異があろうと、『アバーブ・ザ・グラウンド』は鑑賞者へ八月六日の平和記念公園の日常に、これまで気づくことのなかった再発見を促してくれる。そのひとつに、当日の日常風景からは、白昼の喧騒と深夜の静寂の相反する二つの様相が一日を通して展開され、鑑賞者は普段気にとめない広島の日常に新たなまなざしを差し向けることが可能となる。そしてまた、私たちが実践した社会調査の成果として完成した映画は、社会学的意義や学問としての領域を越え、映画人から多くの関心を引き出す作品となった。

コメントを寄せた映画プロデューサーの一人から、次回作について促された。被爆八十年目の八月六日の平和記念公園へ改めて撮影に臨んではどうだろうかと。八月六日の平和記念公園の日常自体が、映画づくりとして注目すべき非日常的な舞台に映ったのかもしれない。さらには、本研究グループが実践した社会調査に、映画づくりの流れから、より継続的に挑戦していくことに期待を寄せた言葉であったに違いない。

注

（1）想田和弘監督の『選挙』（二〇〇七年）や『精神』（二〇〇八年）、S・スプレイ、P・ベレズ監督の『マナカマナ 雲上の巡礼』（二〇〇七年）のほかに、F・ワイズマンの『高校』（原題 High School 一九六八年）や『肉』（原題 Meat 一九七六年）が代表的な観察映画として挙げられる。観察映画とはどのようなスタイルであるかについては、想田（2015）や本書第四章を参照されたい。

（2）社会学者の佐藤郁哉（2006）は参与観察について、調査員は「完全なる参加（者）の極と完全なる観察（者）の極とのあいだをゆれ動く」ものであるのだと説明している。本文で取り上げられている定点観察は、被写体がカメラをまったく意識しないよう原爆慰霊碑前から少し遠ざけられた場所に設置され、調査員が絶えず確認しなくてすむよう自動撮影によって記録された。それゆえ、インタビュー中や実際に人びとが通過する際も周りに意識されることなく観察を行っていた。

（3）ここで言及する「モンタージュ」とは、一つひとつ相関性のない場面やショットを連続的に紡ぎ合わせ、制作者が伝えたい内容やメッセージを表現する手法を指す。大森（1984）は、特に民族誌映画制作において、このモンタージュ論を強調している。その理由のひとつに、記録を目的とした映画の性質上、撮られる映像は事前に予測できなかったものや偶発的に撮影できたものが多分に含まれるため、制作者はいかにしてそれらから相関性を見出し表現するかによって、鑑賞者側の作品理解へと直結するからである。

（4）アメリカ人学生に対して、一言で映画の説明とその見どころを伝えることが要求された。私たちは当初、Chaos（混沌）という言葉を本作で描かれる八月六日の広島を理解するキーワードとして提示したが、試行錯誤の末、最終的には Hiroshima's peace is no longer peaceful.（広島の平和はもはや平和とかけ離れてしまっている）、つまり「平和記念公園の平和性を改めて問う」というメッセージを強調していった。

（5）以下のような七つの句を挿入した。August 6, 1945: The atomic bomb dropped on Hiroshima. / August 6, 2015: Hiroshima today. / Many in Japan look at Hiroshima as a symbol of peace. / But, how truly peaceful is Hiroshima- / How do they remember that fateful day each year- / This is a story about how Hiroshima remembers August 6th. / What should their "Symbol of Peace" be-

（鈴木雅人）

第六章　調査表現としてのビデオ・インスタレーション

一　社会調査からインスタレーションへ

二〇一五年八月六日の平和記念公園にて私たちが実施したビジュアル調査は脱中心性をひとつのキーワードとしていた。まず、私たちが捉えようとする調査対象がそうであった。八月六日の平和記念公園では公園内の各所で多様な人びとが多様な行為を繰り広げており、それらは広島市行政やマスメディアが描き出す「ドミナント・イメージ」（第二章参照）では捉えられきれない光景である。また、こうした対象を捉えようとする私たちの調査も脱中心的な性格を有していた。個人による調査でもなければ、ひとつの現象を捉えるのでもない。調査は十二名の調査員による集合的観察で行われ、各エリアに調査員が配置されてはいたが、それぞれがある程度の自由に撮影を行った。さらにいえば、この調査によって得られたデータも多様である。公園内のさまざまな場所で撮影された、さまざまな人びとによるさまざまな行為の光景は、確かに「ドミナント・イメージ」に留保を促し、覆すものである。しかし、だからといってそれに対抗する唯一のイメージを提示するかというとそうでもない。各調査員が撮影した映像はそれぞれが八月六日の平和記念公園のリアリティを映し出してはいるけれども、いずれも断片的なものでしかない。つまり、私たちが取り組んだ調査では、調査対象となるもともとの現象が散在しており、調査員もそれに合わせて分散し、そして得られたデータも多様――つまりはバラバラ――であった。調査を実施した私たちが直面したのは、このような調査とその成果をどのように表すことができるかという問題であった。

その答えのひとつは、調査で入手したデータ（映像）を分析の対象として、報告書や論文を作成することである。合計八十時間を超える映像データの一秒一秒が貴重なデータであり、分析の材料となる。平和記念公園のどこで、いつ、なにがあったのか。それらを整理し、考察を加えていくことで、見えることがある（第三部参照）。こうした調査の成果報告は、社会調査においてはきわめて自然な表現形態であろう。だが、私たちの調査が有していた脱中心的な性格は消失あるいは減少することになる。

私たちが出したもうひとつの答えは映画づくりであった（第四章参照）。個々の映像をつなぎ合わせ、ひとつにするという手法は、平和記念公園内で観察された多様な光景を多様なままに表現することができるからだ。また、映画（観察記録映画）という形態であれば、何かひとつのストーリーラインで個々の映像を強引にまとめあげる必要もない。実際、私たちの映画では公園内の映像が大まかな時系列で並べられ、鑑賞者は二〇一五年八月六日の平和記念公園でどのような人びとがなにをしているのかを目の当たりにするが、その意味は鑑賞者に委ねられている。

映画という調査表現には成果報告として物理的な利点もある。たとえば、映画をＤＶＤといったメディアに入れておけば、簡単に持ち運びが可能である。また、上映もプレイヤーとプロジェクターがあればどこでも行うことができる。さらに、本書に付帯する映像のようにインターネットでアクセスできるようにすれば、世界中のどこからでも鑑賞することができる。

しかし、私たちは映画という調査表現では表せないものがあることを自覚していた。第一に空間的な広がりである。映画は映像によって奥行きを出すものの、物理的には二次元である。そのため、あちらの場所ではなにがあり、こちらではなにがあるということを直接表すことはできない。実際の平和記念公園は十二ヘクタールという空間的な広がりがあり、訪れた人びとはその広さを歩いて実感することになるが、映画によってそれを表現することはどうしても限界がある。第二に時間の共時性である。同じ平和記念公園の中であっても、各地で異なる人びとの異なる行為が展開されている。だが、映画でそれを同時に表現することは難しく、どうしても時差が生じる。映画はなにを提示するのか順序を定める必要があり、同時刻に起こったことでもそれらを同時に表現することはしない。第三は、空間的広がりや時間の共時性とも関連するが、鑑賞者の自由度である。実際の平和記念公園を訪れた人びと（調査員を含む）であれば、ある時にはある場所にいて、また別の時刻には別に場所に行ってということが自身の判断で可能である。私たちが実際の調査で行ったように、ある音やある人びとの行動に引かれてその場所に向かうということが、映画という表現形態ではできないのである。映画ではその解釈を鑑賞者に委ねることはできても、鑑賞者自らが「見る」ものを選ぶことはできず、製作者が提示するものをそのまま受けることになる。

このような課題を解決するために私たちが選んだのが、インスタレーション・アートである[1]。インスタレーションとは、場所や空間それ自体を芸術の作品として展示するもので、鑑賞者はその空間を自ら体験する。調査員たちが撮影した映像を一定の空間の中に散りばめ、それらを共時的に映し出すことで、鑑賞者は二〇一五年八月六日の平和記念公園の刻々と移り変わる光景を擬似的に体験することができる。さらに、インスタレーションであれば、空間的な広がりを持つため、鑑賞者の自由度は上がる。自ら動くことで、どの時間にどの場所の映像を見るかを自分の意志で決めることができるのである。

二 「レプリカ交響曲」の制作と展示

「レプリカ交響曲《広島平和記念公園八月六日》（二〇一五年）」は、私たちの調査で得た映像を用いたビ

表6-1　ショット・リスト

映像名	撮影者	撮影時間	継続時間	撮影地点
Q7-37	松尾	07:59 - 08:00	01′34	市街
C6-1	八木	07:42 - 07:43	00′24	公園北
C6-2	八木	07:44 - 07:48	04′34	公園北
C6-3	八木	07:50 - 07:51	00′57	元安川
C6-4	八木	07:56 - 07:02	06′21	元安川右岸
D2-5	後藤	07:41 - 07:42	00′39	原爆ドーム
D2-6	後藤	07:42 - 07:42	00′01	原爆ドーム
D2-7	後藤	07:42 - 07:44	01′37	原爆ドーム
⋮	⋮	⋮	⋮	⋮
C7-1	定点	05:43 - 08:37	2′53′36	供養塔南

デオ・インスタレーションである。実際の平和記念公園を模した空間・時間こそがこの作品だ。およそ百平方メートルの空間に十七台のディスプレイをあちらこちらに設置し、それぞれが異なる映像を同時に映し出すものである。これらの映像は、公園内の各所の同じ時間帯の映像となっている。本作品は上映開始から終了まで二十一分十秒である（本作品の概要は展示の準備から公開風景までをダイジェストで捉えた映像『シンクロニシティ』とコラム④を参照されたい）。

ここでは本作品を三つの段階に分けて記述する。撮影された映像データの整理、「レプリカ交響曲」の空間と映像の設計、そして実際の展示である。

映像データの整理

まずビデオ・インスタレーションを制作するうえで必要不可欠だったのは、調査で得た映像データの情報を整理することである。ここでは大きく二つの作業があった。ひとつは映像を撮影した時間ごとに整理することであり、もうひとつは時間ごとに分けた映像を場所ごとに整理することである。

これらの作業の基盤としたのは「ショット・リスト」である。ショット・リストとは、撮影された映像の情報を文字によって説明するもので、一つひとつの映像に撮影時間や撮影者、大まかな地点、そして撮影者によるコメントを付けてリスト化したものである（表6-1）。つまり、ショット・リストはすべての映像データの概要を把握するための目次である。

ショット・リストをもとに映像を撮影された時間ごとに分類をする。私たちの調査で撮られた二〇一五年八月六日の映像は、午前二時から翌七日午前二時までである。その範囲の中で、ショット・リストを一時間ごとに分割することで「どの時間にどの程度の量の映像が存在するか」が明確になる。実際、私たちの調査で得た映像の量は時間ごとに大きく異なっていた。公園内で撮影された映像のショット数は八月六日午前二時から徐々に増え、午前八時前後、特に広島市によって黙祷が呼びかけられる午前八時十五分前後で最大となった。その後は映像の数は減少し、正午頃に最も少なくなる。午後の時間帯に入ると、映像の数は徐々に増加し、午後六時から八時頃に二つ目の山を迎えた。この時間帯は公園内を流れる元安川で灯籠流しが営まれており、その撮影が増えたために映像が多くなったと考えられる。灯籠流しが終わると、調査員も徐々に撮影を終えていったため、それとともに映像の数も減少した。そして、翌日七日の午前二時、深夜の原爆慰霊碑を取材していた調査員が撮影を切り上げたところで最後の映像が終わる。このように、私たちの調査は、午前八時十五分と灯籠流しが大きな山場であったことが、ショット・リストの整理から明らかになったのである。

次に、映像の量の遷移をふまえ、映像を撮影地点ごとに分ける作業を行った。どの映像がどこで撮影されたのかを整理し、それを平和記念公園の地図の中に書き込んでいく。時間によって映像の数も変化するため、十五分から一時間ごとに一枚の地図を用意し、複数の地図をそれぞれの時間帯に対応させる。これが「ショット・マップ」である（図6-1）。ショット・リストとショット・マップを相互に参照することによって「いつ、どこで、誰が、どんなものを」撮影していたのかが明確になる。

ショット・リストからショット・マップを作成する過程、つまり撮影された映像を時間と場所に分類する作業がインスタレーションの土台をつくるために不可欠であった。

時間　　　AM 07:31-07:59
調査員数　12（内、定点カメラ 4）
映像総数　(64)

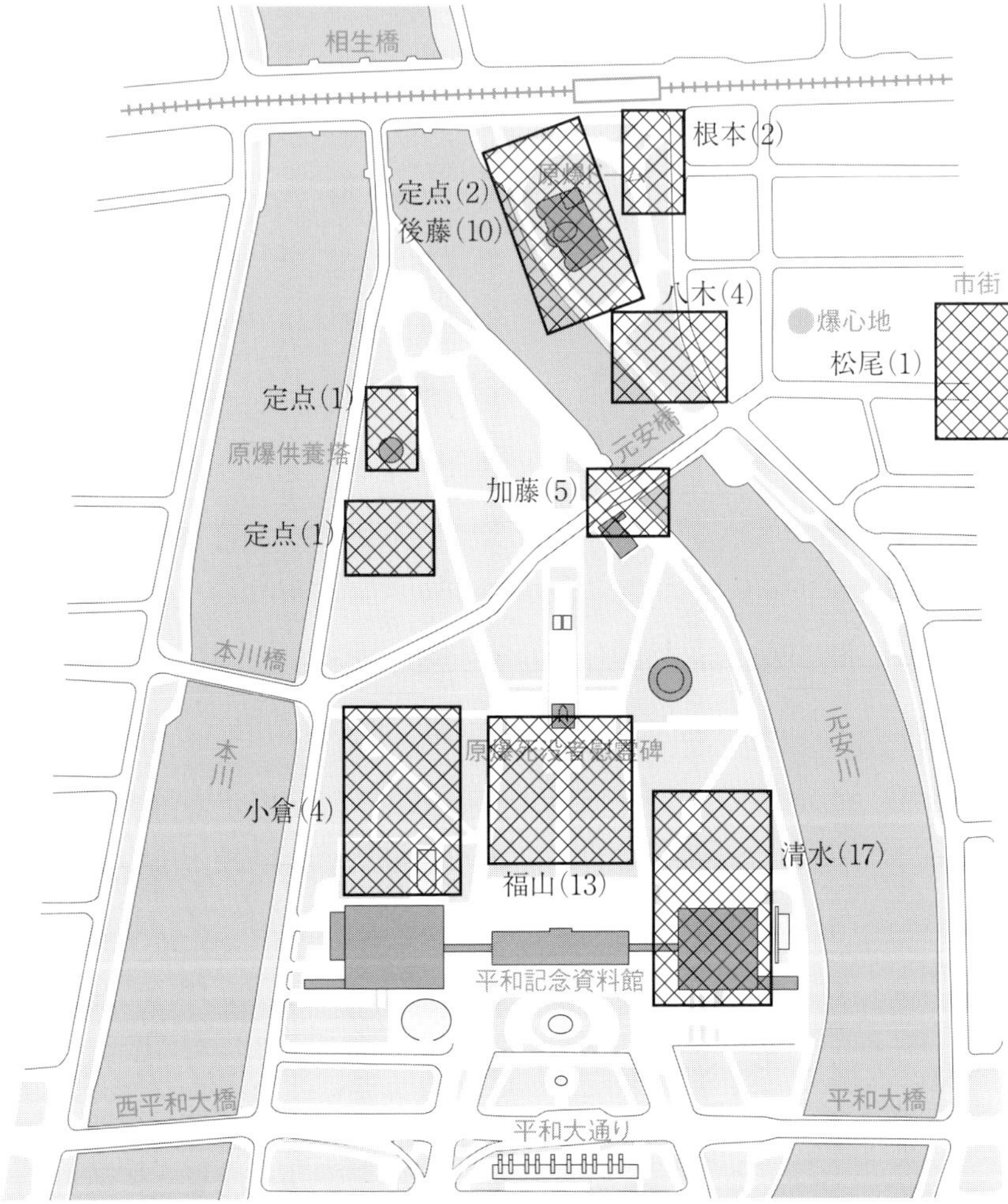

図 6-1　ショット・マップ

「レプリカ交響曲」の空間と映像のデザイン

第二の工程は「レプリカ交響曲」の設計である。ここでは二つのものを設計した。ひとつは調査と鑑賞者の具体的な接点となる物理的な空間の設計であり、もうひとつは二十一分十秒の映像（群）の設計である。

インスタレーション空間の設計は図6-2のとおりである。一言で表すと、平和記念公園のミニチュアとなるように、ディスプレイとそれらを載せる展示台が配置されている。ただし、展示空間の構造や鑑賞者の移動の利便性などをふまえ、正確な模型ではなく、大まかな配置を似せることで実際の平和記念公園を模すことをねらった。この点では縮尺に正確に則ったミニチュアというよりもデフォルメともいえる。

本作品には十七台のディスプレイを用いている。ディスプレイは多ければ多いほど良いというわけではない。というのも、過多なディスプレイは見る者――平和記念公園を訪れたことのない者を含む――にとって過度な情報を与えることになる。だが、その数が不十分であれば、この調査で得た成果の全容がわからなくなってしまう。八月六日の平和記念公園の時空間を過不足なく映し出すために、十七台のディスプレイが適当であった。

ディスプレイはこのインスタレーションを鑑賞する人が八月六日の平和記念公園を擬似的に体験できるように配置された。そのため、ひとつの場所からすべてのディスプレイの映像を一望できないようになっている。十七台のディスプレイは高さ一メートルほどの展示台の上に設置され、さまざまな方向を向いている。実際に図6-2の空間に自身が立っているところを想像してほしい。扉から入り、まず見ることができるのは「原爆慰霊碑正面」「原爆慰霊碑西側」「元安川」の付近、遠くに「原爆ドーム」の映像が小さく見えるだろう。別の画面を見るため、たとえば「原爆ドーム東~北」の辺りまで移動し、入口の付近を見つめてみよう。先ほどまで見えていた画面は見えなくなる。一方、移動したことによって「供養塔北側」はしっかりと見える。「原爆慰霊碑東側付近」もぼんやりと見え、わずかではあるが「公園西側周辺」にも動きが感じら

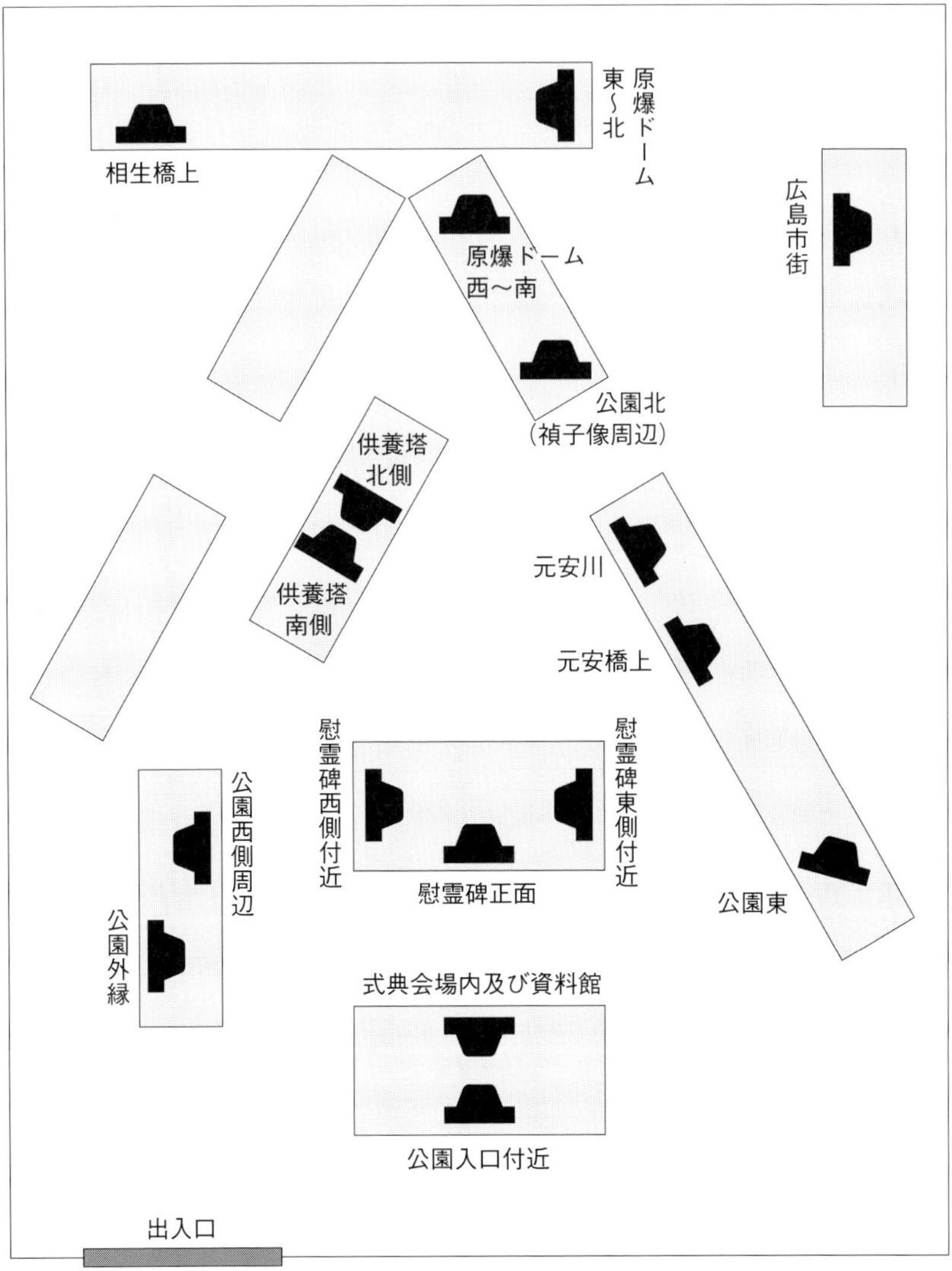

図 6-2 『レプリカ交響曲』の空間設計図

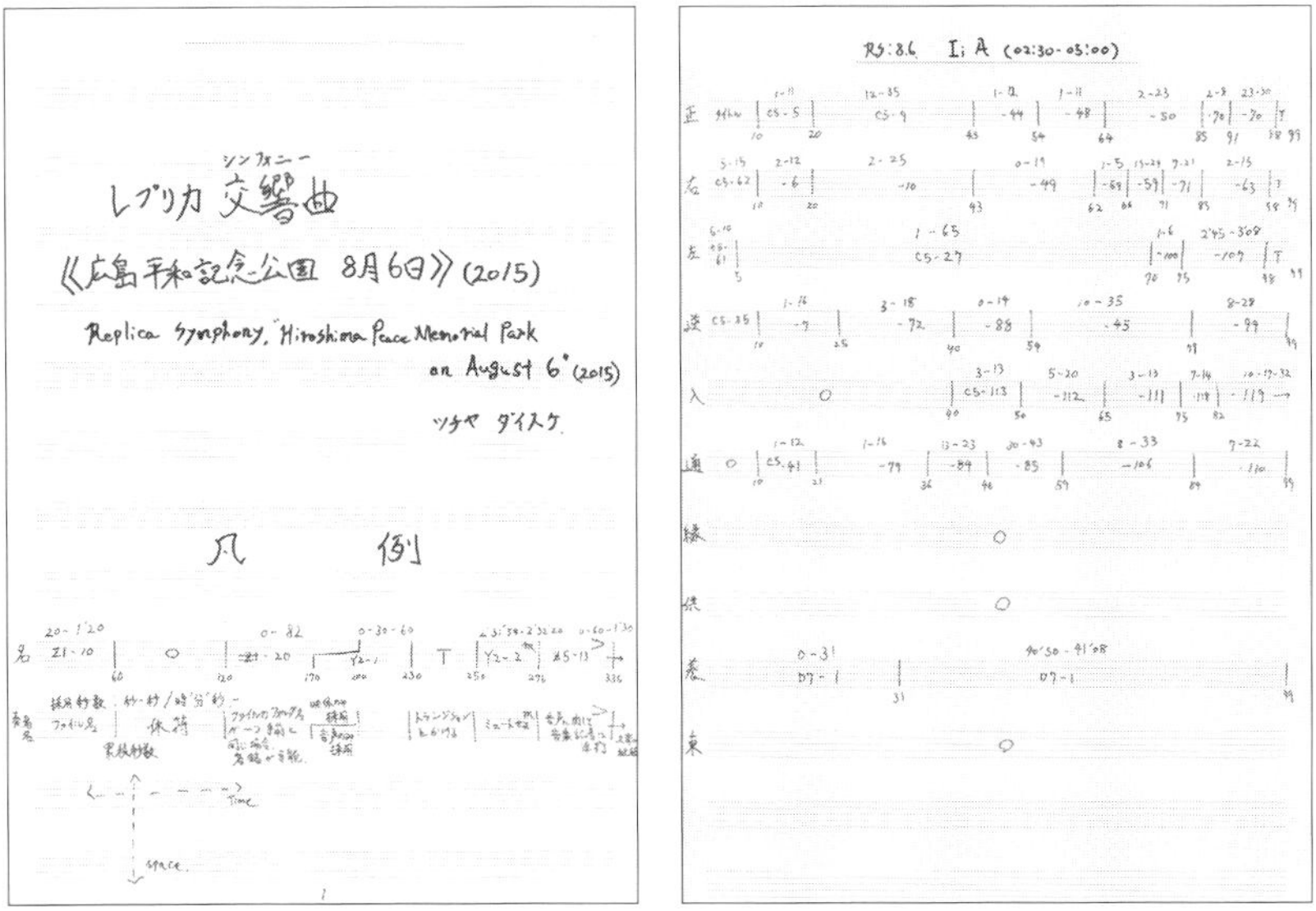

図6-3　レプリカ譜面（土屋大輔作）

れる。少し首を動かせば「広島市街」が目に入るが、同時に見られる画面はなくなるだろう。現地で行われた調査がそうであったように、本作品も平和記念公園を上から一望することはできない。そのため、鑑賞者は、展示会場で手渡される平和記念公園の地図と照らし合わせながら歩き回る必要がある。

　映像の設計は、平和記念公園を模した空間に配置される十七台のディスプレイの一つひとつになされる。だが、通常の映像編集とは異なり、単に十七の映像を制作するだけではなく、それらが時間的に同期するように設計しなければならない。

　そのための設計図として用いたのが譜面である。「レプリカ交響曲」という作品を構成する「楽譜」といえよう。「レプリカ譜面」と私たちが名づけたこの楽譜は、空間を表す縦軸と時間を表す横軸で構成される。図6-3にあるように、各五線譜の冒頭には「正」「東」といった文字が付されている。これらは制作上つけたディスプレイの名称（「原爆慰霊碑正面」「公園東付近」など）の略記である。横軸には撮影された映像（の一部）を並べている。たとえば、「C5-27」はショット・リストにある「C5」の「27」番の映像である。

また、その上に付されている数字（「1-65」など）は撮影された映像の中の時間であり、映像の中のどの場面を用いるのかを表している。また、各映像の境界線の下に記載されている数字は設計された映像における時間である。「C5-27」の始まりに「5」、終わりに「70」と記されているのはこの譜面の映像群が始まって五秒経過時に「C5-27」が流され、七十秒まで続くという意味となる。

レプリカ譜面では、同じ時間帯に撮影された映像が場所ごとに配置される。映像データの数量の変化をもとに、「レプリカ交響曲」は五つの楽章――夜明け前・早朝・日中・夕方・夜――に分けられる。図6-3に示した譜面は第一楽章であり、八月六日午前二時から午前五時までの実際の時間が九十九秒に圧縮されている。縦軸と横軸を設定することで、楽章の中において、およそ同じ時間に撮影された映像は同時に映し出されることが表現される。[2]

厳密に言えば、レプリカ譜面は音楽の楽譜と同じではないものの、音楽の概念を援用している。たとえば、画面上の調査員不在を示す黒味[3]は休符として表現されている。また、特に厳密に時間を合わせる八時十五分などはユニゾンとして捉えた。クレッシェンドやフォルテなども映像の音量調整として設定したが、実際には多用していない。

レプリカ譜面をもとに組み立てられた映像群は、その音を重ねて「交響曲」を演奏する。もう一度この空間に足を踏み入れたところを想像してほしい。複数のディスプレイがあり、それぞれ異なる映像が流れている。つまり各ディスプレイからそれぞれに異なる音が放たれている。すべての映像は八月六日の夜明け前から深夜まで時系列どおりに並んでいる。夜明け前の静けさに混じって報道関係者によるカメラのシャッター音が鳴り響く。徐々に公園にやってくる人びとが増えてゆき、雑踏が聞こえ、暑い夏を象徴するセミの声の合唱が広がる。その狭間に、デモに参加する人びとのかけ声、楽器が演奏される音色、あるいは静けさにたたずむ風景、これらの音が折り重なる。折り重なった音は交響曲のように鳴り響く。ひとつのディスプレイに近づけば、そこから発せられる音がよく聞こえる。そのぶん、他のディスプレイの音は後景化する。だが、そうした音も交響曲を構成するひとつの音色として聞き分けることができるだろう。こうした音の重なり合いは、実際の平和記念公園では聞くことはできない。その点において、本作品は調査員では経験できなかったことも経験することができる。

シーン6-1　実際の展示風景（松尾浩一郎撮影）

インスタレーションの展示

空間と映像の設計をもとに、実際の展示を行う。シーン6-1と図6-4は展示風景や平面イメージである。本作品の具体的な映像（群）の展開はおよそ次のようになっている。

八月六日午前二時半の時点から本作品は始まる。「原爆慰霊碑正面」のディスプレイには線香台に灯る火が映される。原爆慰霊碑の前にはすでに報道の関係者がカメラを持って待機している。ときおり聞こえるシャッター音は、その場所に人が祈りに来たことの合図だ。まだセミの声も聞こえない静寂のなかで祈りに来る人びとをマスメディアが取り囲む。そんな彼らに不満を漏らす声も聞こえる。一方で「公園西側周辺」のディスプレイからはベンチで夜明かしをする人びとの話し声が聞こえる。また、調査で定点カメラが設置されていた「供養塔北側」のディスプレイも映像が灯され、一人、また一人と祈りをあげに来る姿が映される。

夜が明け始める。ディスプレイが映し出す景色は次第に青く、白く

図 6-4 『レプリカ交響曲』の平面イメージ

なっていく。平和記念式典会場の入口にも人が集まり始める。六時半の開場を静かに待つ人や、警備の人びとがやってくる。およそ午前五時、原爆慰霊碑の周囲にも人が増えてくる。「元安橋上」ではボーイスカウトの子どもたちや橋を行き交う人びとが映される。「原爆ドーム」周辺にも人が集まり始める。式典会場においては聞こえない、さまざまな集会やデモなどのかけ声が響く。「原爆慰霊碑」のディスプレイから式典リハーサルの音が流され、「原爆ドーム」の周辺でも演奏する人びとが現れる。「公園北」では鐘の音も鳴る。午前八時が近づくに従ってざわめきが最高潮に達する。

八時十五分、「黙祷！」の発声はスピーカーを通して平和記念公園のあらゆる場所に響く。この瞬間を映すディスプレイは十一台、「原爆慰霊碑正面」にいた調査員は黙祷に合わせてビデオカメラを持ったまま手を合わせたようだ。そのカメラが捉え続けていた空が映る。ある人びとは目の前の「供養塔」に向かい、公園各地では式典に参列していない人びとが式典の方向に向かって祈り、「原爆ドーム」周辺では活動家たちがプラカードを掲げながら、目を閉じる。他方、平和記念公園の外となる「広島市街」のディスプレイには普段と変わらないように大通りで信号待ちをする人びとが映る。

式典が終わると、各所では小さな行事が展開される。「原爆ドーム」付近では子どもが募金を呼びかけ、「公園入口付近」には旧制女学校の追悼行事が映し出される。

正午を過ぎると各所の行事も落ち着き「式典会場」の片付けが始まる。セミの声に今度は工具の音が重なる。「元安橋」の上ではまた別の人物が自作の曲を歌う。「資料館」には大勢の人が集まる。

夕方が近づいてくると、公園内は再び慌ただしくなる。灯籠流しに向けて「公園東川周辺」には灯籠に願いを書き込む人びとが映し出され、「相生橋上」には公園に向かって歩いてくる親子が映される。「公園外縁」のディスプレイには、公園からは離れた場所にある野球場のナイターの様子が流れ始める。「元安川」には人びとが押し寄せ、少しずつ灯籠が流れ始める。

灯籠流しが終わる午後九時頃から映像群も終わりへと向かう。橋には家路につく人びとが映され、「原爆ドーム」の周辺では灯されていたキャンドルが片付けられる。「公園北」周辺には、すっかり人がいなくなっている様子が映る。ディスプレイが一つひとつ消えていくなかで、最後まで灯っている「原爆慰霊碑」には深夜になってもぽつりぽつりと祈りをあげに来る人が映し出される。すべてのディスプレイが消えたところで「レプリカ交響曲」はまたあの日あの場所の映像を午前二時半まで巻き戻す。

以上のような流れはあるが、本作品をどのように鑑賞するかは基本的に見る者に任されている。ひとつのディスプレイに注目して見続けるのもいい。また音が聞こえる方へと足を動かし続けるのもありだろう。また、複数のディスプレイが見えるように距離をとって眺めることもできる。だが、いずれにしても一回の上映では一通りの経験しか得られない。そのため、繰り返し展示に入り、歩き方・見方を変えてみてもよいだろう(そうできることが本作品の意義でもあるのだから)。実際の展示においても鑑賞者は思い思いの方法でインスタレーションを体験していた(4)。

調査表現により鑑賞者が調査の経験に巻き込まれる。アートだからこそ、既存の成果報告の形態にとらわれることなく、私たちのユニークな調査を表現することが可能となるように思われる。

三　八月六日の平和記念公園を再提示する

ビデオ・インスタレーション「レプリカ交響曲」が描き出すのは、二〇一五年八月六日の平和記念公園という時空間の表象＝再提示(re-presentation)である。十七台のディスプレイに映し出される個々の映像は平和記念公園各所の光景の断片であり、それは八月六日の一日を表すよう時系列に沿って展開する。そして、これらの映像群は実際の公園を模した空間に配置されることで相互補完的に公園全体の一日を映し出そうとする。

この点において、本作品は調査で得たデータを分析し、なにかを解明する調査報告ではない。むしろ、この調査報告は、分析される対象の時空間を提示しようとしている。つまり展示を通じて私たちが現地で理解したことを表現するというよりも、調査の対象となる時空間を再現し、それを人びとに擬似的に体験してもらうことで、彼らに八月六日の意味を分析することを促すのである。

もちろん「レプリカ交響曲」はあくまで二〇一五年八月六日の平和記念公園という時空間の表象＝再提示であって、実際の時空間そのものではない。本作品が製作される過程は作為の積み重ねである。実際に流される映像のもととなる個々の映像ショットは十二名の調査員によって撮影されている。その調査員たちは大まかに公園内の各所に配置され、ある程度自由に被写体を選んだ。つまり、調査員の周囲三六〇度の中でどの方向を向き、なにに焦点を当て、どのくらいの時間撮影するのかはすべて調査員の作為である。また、撮影された映像はインスタレーションを制作される過程でさらに取捨選択される。そのため、「レプリカ交響曲」の映像が提示するのは私たちの調査の成果の範囲内でしかない。

それでも「レプリカ交響曲」は開かれた調査報告である。鑑賞者は展示空間を自分の関心に沿って歩き回ることができる。十七台のディスプレイがあるなかで、どの場所でどの時間帯を過ごすのかを自分で決めることができる。流される映像群は作為の結果ではあるものの、どの映像をつなぎ合わせていくのかはその鑑賞者次第であり、自分が見た（つなぎ合わせた）映像を対象としてそれらがなにを描き出しているのかを考えることができる。私たちが提示する「答え」を受動的に知るのではなく、自らがそれを探すのである。鑑賞者はその場に立ち、映像を見て、音を聞き、動き回ることで、二〇一五年八月六日の平和記念公園で人びとが繰り広げる諸々の光景を擬似的に体験する。八月六日とはなにか。原爆とはいったいなんであるのか。個々の映像が映し出しているものの意味を考え、そして映し出されていないものに思いを馳せながら、そうした問いを考える場を「レプリカ交響曲」は提供するのである。

注

（1）調査・研究のアウトプットとしてアートを用いるのはアートベース・リサーチ（ABR）と呼ばれる。ABRは、主に社会学や教育学における実証主義批判を背景に「（科学）言語のみによる研究活動では観察、把握、理解、伝達しえない生の有り様を探求するために、多様なアートワーク実践を研究活動の主軸に据え、従来の人文科学では実現されえなかった知や経験そしてその学びや公開の新たな仕組みを開拓、展開すること」を志向する考え方であり、実践である（Keio ABR 2017:251）。

（2）多くの場面で十七台のディスプレイの映像は同じ時間帯の映像を用いている一方、その時間は正確に同期されてはいない。一分や一秒といった細かな時間の同期は不可能であった。ただし、八月六日午前八時十五分という時間はかなり正確に同期させることができた。

（3）本作品では、映像制作の言葉で「黒味」と言われる画面を積極的に用いている。黒味とは黒い画面で、映像が映っていない箇所のことである。本作品において黒味が示唆するのは、特定の時間に特定の地点において調査員が存在しなかったということである。一般的にひとつの画面で映像が映される場合には黒味は多用されることはないが、十七台のディスプレイを活用する本作品では結果的に黒味を多く用いることになった。

（4）実際の展示は二〇一六年七月二日から三日にかけて東京藝術大学にて開催されたカルチュラル・タイフーンのプロジェクト・ワークス（土屋ら 2016）、および二〇一七年三月四日から五日にかけて一橋大学にて行われた国際会議「岐路に立つグローバリゼーションと歴史実践」の関連行事（Tsuchiya and Hiroshima Visual Ethnography Project 2017）として実施された。実際に訪れた人びとの感想には次のようなものがあった。「テレビや本でしか見たことがない、現地にいったことのない私が音や映像でその場にいる気持ちにさせられました。特に音が良かったです。八月六日の夏の暑さを感じられたような気分です」「最初はどう見たらよいかわからず、少々とまどっていましたが、すぐにおのずと見方がわかるようになりました。ラディカルな想像力をひらいてくれる素晴らしい展示だったと思います。場の多元性を感じながら、八月六日のヒロシマをさまざまな角度から見つめることで、普段は不可視化されている見えづらい部分に思いを馳せることができました」「セミの鳴き声、合唱、歌（音楽）空間に響きあっていて、この場所（こちらの展示スペースのこと）には決して一元的なコンセプトにとどまってしまわない空間が立ち上がっているように思う。ここにいる人びとがさまざまな時間（それは思いも含めた）を過ごしているように感じる」。

（根本雅也・土屋大輔）

コラム❹　映像作品紹介『シンクロニシティ――レプリカ交響曲』

http://www.shin-yo-sha.co.jp/video/hiroshima-2.htm
パスワード：6AUG

またあのセミの声が聞こえる。

『レプリカ交響曲』制作における初めのアイディアは、層、レイヤーだった。複数の映像を、時間・空間に関わらず同時に展示することで調査員たちの経験が重層的に折り重なっていくイメージだ。このアイディアが洗練されていくなかで本作品は調査の経験を凝縮した時間と空間のイメージとなり、調査の経験をなぞる作品として結実した。しかし、層のイメージが消え去ったわけではない。本作品は鑑賞者によって多層的な経験の媒介となっていく。一人ひとりこの作品を歩く経験が異なり、ある個人のためのあの日あの場所を経験させてくれる。

展示の様子が収められたこの映像はダイジェストであり、それ自体が鑑賞者の経験の層のひとつでもある。映像の中には複数のディスプレイと、それを鑑賞する人々が見える。調査員の経験のシンフォニーと鑑賞者が織りなすのは多様な経験の層だ。ぜひ、この画面の中の音を聞き分けてほしい。一度目で追えなかったスクリーンがあれば、もう一度初めから再生して見直してほしい。必ず、新しい経験を発見し歩くことができるはずだ。そしてまた、あなたにも、あのセミの声が聞こえてくるだろう。

（土屋大輔）

第七章　〈群像〉をまなざす〈群像〉
――イメージ生産の再帰性と集合的無意識

一　イメージ生産の再帰性

映像（moving image）を撮影・視聴することで、私たちは、フレーム（画面）内の人びとの行為や相互行為、それらがなされる空間的・時間的文脈を子細に観察し、考察することができる。

さらに、映像には、カメラを通してまなざされる被写体の動きだけではなく、撮影者のまなざしの軌跡、身体的動作、発話も、それと関わる仕方で記録されている。映像制作そのものが、撮影者と被写体の関わり合いの営みであるからだ。

それでは、カメラを媒介になされる、撮影者も含めた人びとの関わり合いは、その産物としての映像にどのように表れるのだろうか。

「被写体」と「被写体」の関わり合いは、フレームの横軸に沿って運動するため、映像の〈横の動線〉として表れる。また、「撮影者」と「被写体」の関わり合いは、フレームをつらぬく奥行きの軸に沿って運動するため、映像の〈奥行きの動線〉として表れる（図7-1）。

ドキュメンタリー映像の制作と読解の際に重要になるのが、〈横の動線〉に〈奥行きの動線〉が交わる構

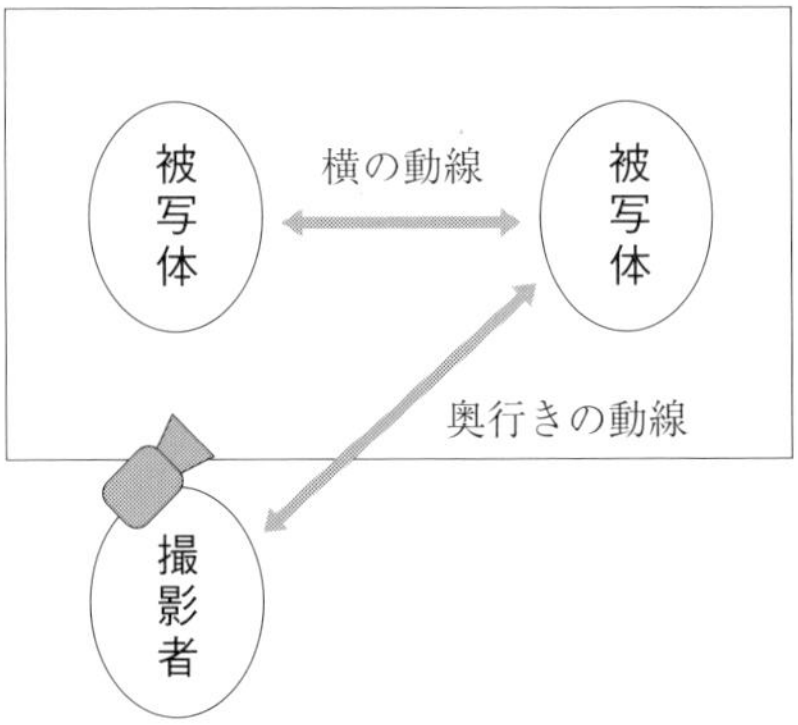

図7-1　〈横の動線〉と〈奥行きの動線〉

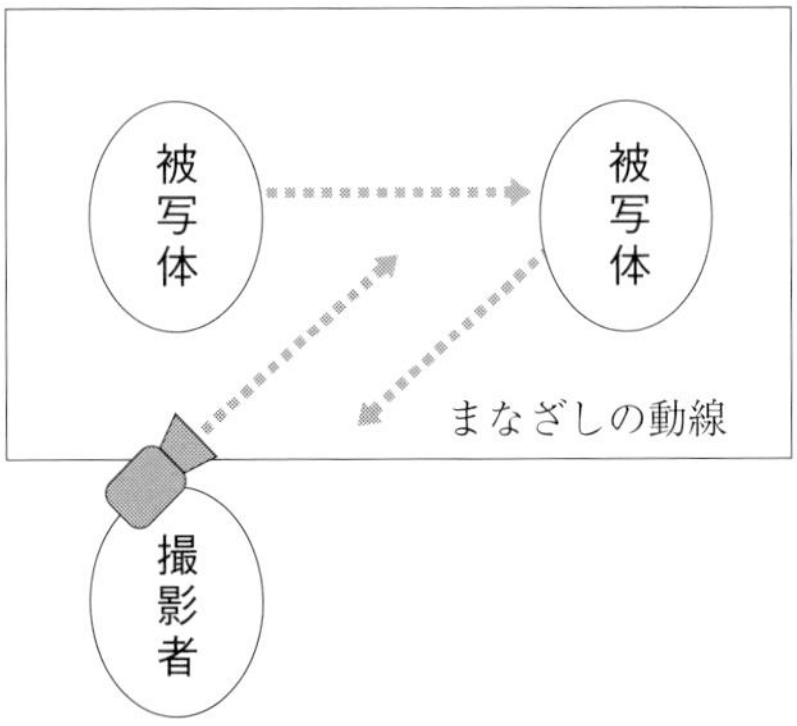

図7-2　〈まなざしの動線〉

図における、次のようなイメージ生産のあり方である。（A）撮影者の関与によって、フレーム内の出来事の因果関係と被写体の行動が変わる。（B）撮影者の声や身体がフレームインしてイメージ化され、映像それ自体が変化する。（C）撮影者の視線の動きである〈まなざしの動線〉がカメラのパンやズームにともなって映像に記録されるとともに、場合によっては、その動きに応じた被写体の〈まなざしの動線〉がイメージ化される（図7-2）。（A）や（B）は撮影者と被写体のホットな関わり合いの表れであり、（C）は両者のクールな関わり合いの表れであると言える。いずれにしろ、どのような動的関係もイメージとして表出するのが、映像の根本的特性である。

フィクション映画やテレビドラマ、あるいは観察映画と呼ばれるようなドキュメンタリー映画は、大抵の場合、〈奥行きの動線〉やカメラに向かってくる被写体の〈まなざしの動線〉を撮影段階でなるべく防ぐか、映像に記録されたそれらを編集段階で削除したうえで映像作品を制作している。しかしたとえ、それらが明確にイメージ化されない場合でも、カメラのポジショニングやフレーミング、パンやズーム、撮影の持続時間などを通して、撮影者の行為は常にイメージ生産に関与している。

撮影調査の実践は、自己エスノグラフィ(autoethnography)の様相を帯びるのである。自己エスノグラフィは、「自叙伝的な記述とそれをとおした研究に属し、個人と文化を結びつける重層的な意識のありようを開示するものである」が、「自分自身の経験を対象化して、自己について再帰的にふり返り、自己-他者の相互行為を深く理解しようとする」再帰的エスノグラフィの方法と重なり合う(Ellis and Bochner 2000=2006:135-137)。

再帰性(reflexivity)という観点から考えると、第一に、「行為作用がみずからにたいして影響を及ぼしていく」(Beck et al. 1994=1997:215)という意味で、イメージ生産は自己再帰的なものである。撮影者は、自身の行為作用によって変化する被写体の行為やイメージのありようをカメラを通して観察することで、自身の行為作用をモニタリングし、絶えず修正している。第二に、撮影した映像を編集や上映の過程で撮影者や撮影チームのメンバーが視聴する営みは、映像を介して、撮影時の出来事やその際の撮影者の感情・思考を省察するという意味で、自己再帰的である。(1)

二〇一五年八月四日から七日の四日間、私たち十二名の調査メンバーは、平和記念公園に集う人びとを、ある時は観察という仕方で、ある時はインタビューという仕方で撮影した。私たちは、平和記念公園の〈群像〉をまなざす〈群像〉であった。

平和記念公園を訪れる人びとは、家族、学校集団、旅行者集団、社会運動団体、宗教団体などさまざまであるが、それぞれのうちに、子と親、生徒たちと先生、旅行者らとガイドなどの関係性がある。来訪者はこうした人間関係を背景に、平和記念公園や平和記念資料館を歩き、原爆死没者を慰霊し、原爆について語り合う。そして私たちは、彼・彼女らの行為にカメラを通して関わっていたのである。

被写体同士の〈関係〉に撮影者が〈関係〉していく二重の動きは、調査時に撮影された八十一時間のすべてのショットに表れていたものだった。このなかから、五人の撮影者のいくつかのショットを撮影者ごとに

シーン7-1　禎子像と五人の女性

編集して制作したのが、映像作品『〈群像〉をまなざす〈群像〉』である。

本章では、この映像作品に収録されたショット群を分析するが、着目したいのは、被写体としての人びとの行為や相互行為とともに、それらに関わる撮影者の行為やまなざしの作用である。

二　映像に表れるものたち——撮影者と被写体の関わり合いを通して

眼と耳を澄ませる観察としての撮影

最初に、清水もも子の撮影した映像を見てみよう。

二組の親子とその同伴者であろうか。原爆の子の像（禎子像）前で、五人の女性がこちらに向かって正対している。その近くでパフォーマンスとして奏でられている弦楽器の響きの持続がなければ、微動だにしない彼女らの姿は、写真と見間違えるかのようである。清水のカメラがズームアウトすると、フレームの下方に、しゃがんで彼女らを写真カメラに収める男性の後ろ姿が映し出される（シーン7-1）。それと同時に、五人の女性の正対姿勢が崩れ、一人の女性が男性の撮影した写真の出来を確認しに行く。

このショットは、長年写真を撮り続けてきた清水が、ビデオカメラを写真カメラのように用いていることをまず示している。そして、清水のまなざしは、男性写真カメラマンのまなざしと重なり合っている。両者のまなざしの先に佇む五人の女性のうち二人は、小学生ほどの少女であり、その後方にそびえているのは、被爆による白血病で亡くなった少女・禎子の像である。少女を子に持つ親たちが、禎子像を背景に記念撮影を行ったのは、偶然ではないだろう。男性カメラマンがしゃがんでいたのは、女性たちとともに禎子の全体像を写すためであったと考えられる。

シーン7-2　元安橋を行き交う人びとと佇む女性

以上の短いショットのうちにも、娘と母親の関係、それを意味づけるように屹立する禎子像との関係、それらを見つめる男性カメラマンと清水のまなざしの関係など、いくつもの関係性が重層的にイメージ化されていることがわかる。

安易に被写体に接近することのない清水の映像が、〈奥行きの動線〉をはっきりと描くことは少ない。清水は被写体に、自身の身体ではなく、カメラのズームイン機能を多用して近づいている。清水の被写体に対する身体的・技術的な関わり方はクールなものであり、その帰結として映像が徴表しているのは、〈横の動線〉と〈まなざしの動線〉である。

清水のカメラのまなざしに被写体が気づかない場合、撮影者としての清水は、あたかも透明な存在であるかのように、平和記念公園の時空を漂い、人びとの行為を見つめている。とりわけ朝方の元安橋は人通りが激しいため、橋の欄干に清水が撮影ポジションを定めると、橋の上の人びとのせわしない移動と無数の靴音だけが、見え、聞こえてくる。

こうした状況のなか、橋の中央で両手を後ろに回して立ち尽くしている女性の不動のたたずまいが、逆に際立って映る（シーン7-2）。その姿を、清水は長時間見つめている。顔を左右に振りながら、目の前をさかんに行き交

シーン 7-3　サンバのリズムに合わせて体を揺らす中央の男性

シーン 7-4　手をつないで踊る女性二人組

う人びとをまなざす女性は、ここで待ち合わせをしているのである。元安橋は、日常を暮らす人びとが平和記念公園の聖域に越境する際の架け橋であり、一日の出発点である。元安橋の映像に映った人びとの表情はみな、どこかしら緊張感を漂わせている。

清水のカメラのまなざしに被写体が気づいた場合、被写体のカメラ方向への〈まなざしの動線〉が映像に記録されている。とりわけ平和記念資料館内の撮影では、撮影者と被写体の身体的距離が近くなるため、被写体のうち何人かは、ときおり清水のカメラに視線を送っている。しかし、そのまなざしの持続は短い。撮影者と被写体のまなざしの瞬間的な交差は、「焦点の定まらない相互作用」（Goffman 1963=1980）の一例である。

清水が〈奥行きの動線〉の多くを禁欲した結果、彼女のカメラが拾い集めたのは、インタビュー撮影にお

郵便はがき

恐縮ですが、
切手をお貼り
下さい。

101-0051

（受取人）

東京都千代田区神田神保町三―九
幸保ビル

新曜社営業部行

通信欄

通信用カード

■このはがきを，小社への通信または小社刊行書の御注文に御利用下さい。このはがきを御利用になれば，より早く，より確実に御入手できると存じます。
■お名前は早速，読者名簿に登録，折にふれて新刊のお知らせ・配本の御案内などをさしあげたいと存じます。

お読み下さった本の書名

通 信 欄

新規購入申込書 お買いつけの小売書店名を必ず御記入下さい。

（書名）	（定価）￥	（部数）　部
（書名）	（定価）￥	（部数）　部

（ふりがな）
ご 氏 名　　ご職業　（　歳）

〒　Tel.
ご 住 所

e-mail アドレス

ご指定書店名	取次	この欄は書店又は当社で記入します。
書店の住 所		

ける語り以上に、平和記念公園に流れる環境音としての音楽であった。公園の至るところで演奏されている音楽は、その場に居合わせた人びとのふるまいを方向づけ、八月六日の平和への希求を表現している。

元安川のほとりで、サンバ調の歌がスピーカーから流れている。旅行者であろうか。大きなリュックを背負って元安川を眺めるフレーム中央の男性は、サンバのリズムに合わせて体を揺らし始める（シーン7-3）。清水のカメラはその男性にズームインしたあと、左にパンする。すると、外国人女性二人組が、手をつないで踊る姿が映し出される（シーン7-4）。曲が終わるとともに、女性の一人が、フィナーレのジェスチャーを体全体で表現する。この場を共有する人びとの身体は、環境音としての音楽のグルーヴを通して同期している。

元安川の親水テラスに設置されたコンサートのステージに、一人の青年ラッパーが登場する。彼は、次のように言葉を紡いでいく。「僕は昔から、まともに人の目を見て会話をするということができなかったから、いつのまにか頭のなかや体の底から流れてくるリズム、ビートってものに、言葉を当てはめてしゃべるという癖がついた」。「そのなかで、嫌なことをいいことに変える唯一の魔法！」。彼がこう叫んで左手を振り上げると、清水の捉える映像のフレーム上方に、原爆ドームが映り込む（シーン7-5）。

彼の言葉が原爆ドームの光景と重なると、そこに重層的な意味が立ち現れてくる。その重なり合いの解釈は観客一人ひとりに委ねられているが、平和記念公園でイベントを行うことの意義は、かつてここに原爆が投下されたことの意味と、今ここで繰り広げられている出来事の意味の、いくつもの相互

シーン7-5　青年ラッパーと原爆ドーム

シーン 7-6　元安川岸辺の昼食の光景

連関にあるはずだ。「かつて」と「今」を想像力によって組み合わせるのは、その場に居合わせる人びとのまなざしであり、さらに言えば、撮影された映像を視聴する者のまなざしである。(2)

じつは清水は、このとき被写体となった青年ラッパーのファンであった。原爆ドームを背景に彼を目撃したことの偶然に清水自身、驚いたという。パフォーマンスの終わった青年に、清水はインタビュー撮影を試みる。青年は清水に対して、こう語っている。「この人〔パフォーマーとしての自分〕は、この日イベントに出ているくらいだから、きっと広島に思いがあって来ているだろうなって、勝手にフィルターをかけて見てもらったら、もしかしたら俺は何も考えてなくて、ただ自分のことを歌っているだけなのに、これは、あのときのなんとかのことのようだって、たとえば重ねて感動する人もいるかもしれないですし。僕、それは人間のいいところだと思っていて」。

「悲しみを輝きに変えて、愛を歌おう」。複数の女性たちによる合唱が、昼下がりの元安川の岸辺に響いている。清水のカメラは、左手の川から右手の芝生一帯方向にゆっくりとパンする。ベンチに腰をかけて弁当を手にする、一人の男性の姿が映し出される（シーン7-6）。多くの被爆者が飛び込んだというこの川のほとりは、今、愛を歌う合唱の音色に包まれた昼食の光景として輝きを放っている。

ホットな相互行為としての撮影

次に、岩舘豊の撮影した映像を見てみよう。

平和記念公園の正門駐車場から歩いてくる海外のボーイスカウト・ガールスカウト集団が、平和記念資料館の入口付近にいる岩舘のカメラの前を通り過ぎる。岩舘の存在に気づいた者は笑みを浮かべ、ある者は岩舘に手をふる（シーン7-7）。被写体たちのふるまいは、岩舘のカメラに対してというよりも、撮影者である岩舘自身に対してなされている。岩舘によれば、このとき、ある若者が手をふってきたので岩舘もふり返すと、いつの間にかそうした相互行為が繰り返されるようになったという。

シーン7-7　手をふる海外のボーイスカウト・ガールスカウト集団

シーン7-8　ピースサインをし始める幼稚園児たち

続いて岩舘は、足元方向にカメラをフレーミングする。そこには、幼稚園年長ほどの二十名前後の子どもたちが、地べたに座りながら待機している。ばらばらだった子どもたちの視線とピンク色の帽子のツバは、つぼみが咲いて花びらをのぞかせるように、次々と岩舘のカメラ方向に収斂し、まとまりを見せていく。子どもたちは岩舘のカメラに対しておどけ、ピースをする（シーン7−8）。

以上のシーンは、撮影者と被写体の関わり合いが「儀礼的無関心」を通り越して、「焦点の定まった相互作用」に移行していることを示している（Goffman 1963=1980）。これを可能にしているのは、撮影者と被写体の身体的な距離の近さであり、映像の〈奥行きの動線〉においてなされる両者のホットな関わり合いである。

広島市立高女原爆慰霊碑前で、数名の女子中学生らがノートを手に、じっと聞き耳を立てている。フレームの右端に映る女性が、慰霊碑に関して説明をしている。岩舘のカメラがさらに右にパンすると、「E=MC²」と書かれた箱を抱く三人の少女の描かれた慰霊碑が表れる（シーン7−9）。この慰霊碑は、連合軍の占領下にあった一九四八年に建立されたため、「原爆」の文字を使用することができず、代わりに原子力エネルギーの公式を刻んだものである。

シーン7-9　「E=MC²」と書かれた慰霊碑を囲む女性たちと撮影者

このとき慰霊碑を囲んでいたのは、女子生徒の背後にいる一人の男性教師と岩舘以外、すべて女性であった。そして、慰霊碑の象徴する少女たちの死を語る女性と女子中学生らの関係に、岩舘はカメラのズーム機能を用いることによってではなく、その関係の輪のなかに入り込み、ポジショニングを定めることで関わっている。

岩舘の撮影者に対するホットな関わり方は、映像の〈奥行きの動線〉を明確に描き出す。本川のほとりにある広島二中原爆慰霊碑前で岩舘は、一人の男性とカメラを介して向き合う。岩舘「よろしくお願いします」。男性「はい。じゃ、なにをしゃべろう」。男性が笑いながらこう言うと、「えっと……まず……」と口にする岩舘のカメラは、まだ焦点の定まらない相互行為にとまどいを見せるように上下にブレる。しかしすぐに、「ここにはですね。じつは八月六日の時点で」と述べる男性の言葉とともに、一度しゃがんだ男性が起き上がって岩舘のカメラに正対すると、岩舘のカメラポジションも定まり、男性が語り出す。男性「これは広島二中の慰霊碑なんですが、一年生がここの近くの建物疎開で、ここに集合しよったんですよ」。岩舘「ううん」。男性「集合した時点で、八時十五分の原爆が落ちた」。

フィールドで聞き取りをすればわかることであるが、語り手の「問わず語り」と言えるようなものは、実際にはほとんどない。岩舘のうなずきが、男性の長い語りを引き出している。映像の〈奥行きの動線〉が被写体に最も深く交わるとき、インタビュー撮影が成立し、持続するのである。

同じ場所で、岩舘は一人の女性に対してインタビュー撮影を行う。バストショットで捉えられた女性は、次のように岩舘に語る。「私はもう、十数年、被爆の手記を朗読してるんですね、いろんなところで。でも、十年前から比べたら、私たちもずいぶん歳をとりました。そして、被爆者も歳をとって」。女性は続けて、「でも、若い人にこれを引き継いでもらわなくちゃいけない」と話す。このとき女性は、はっきりと〈カメラではなく〉岩舘の顔をまなざし、ほほえみかける。「私たちは、だから、証言者、今がんばってる証言者の人たちや、亡くなった人たちのバトンタッチ役って、私は思っていたので」。少し間をおいて女性は、「若い人を育てたいっていう思いがあって」と述べ、再度、岩舘に対して朗らかに笑いかける。

女性の言う「若い人」には、目の前にいる岩舘自身や、この映像を見ることになる若者たちも含まれているのだろう。このショットの〈奥行きの動線〉は、被爆証言の「バトンタッチ」という世代間の相互行為をも示唆している。

シーン 7-10　自転車への接近

シーン 7-11　自転車に戻ってきた男性のもとへ

あたりの暗くなった二十一時の原爆慰霊碑前で、岩舘の映像の〈奥行きの動線〉はまず、「自転車」という被写体と結びつく（シーン7−10）。この時間帯に自転車に乗ってここを訪れる者は地元の人間であり、かつ仕事帰りの若者が多いだろうと推測する撮影者のまなざしが、自転車に接近するのである。

映像の奥行きの軸上を動いていく岩舘のカメラは、止めていた自転車に戻ってきた男性にフレーミングし、そこで停留する（シーン7−11）。岩舘「すみません。一橋大学の大学生なんですけども」。男性「はい、はい」。岩舘「ちょっと、七十年目の八月六日ということで、来ている人にお話をうかがってるんですけど」。男性「はい」。岩舘「今ちょっと見てて、自転車でスッと来られて、サッとお祈りに行かれたのが、ちょっと印象的で」。男性は笑いながら、「ああ、そうですか」。岩舘「毎年、来られてるんですか」。男性「毎年来てますね、やっぱり。

広島生まれ、育ちです。どうしても仕事なんで、ほんとは、まあね、記念式典のときに来たいんですけど、どうしてもこの時間帯で。やっぱりまあ、夜になったら灯籠流しとか、あれがやっぱりきれいだし、すごく祈りみたいなものを、すごく感じるんで」。男性は岩舘に、「毎回自転車で、仕事帰りに」訪れていることを打ち明けている。

シーン7-12 慰霊碑前でロウソクに火を灯す男性の後ろ姿

シーン7-13 碑文の意味を解釈する男性

〈奥行きの動線〉の端緒としての〈横の動線〉

映像の〈奥行きの動線〉のあり方にも、撮影者それぞれの行為の特性が作用している。加藤旭人の撮影した一シーンを例に、それを見てみよう。加藤の被写体に対するアプローチは、次のように映像に表れている。

元安川東岸にある広島県農業会原爆物故者慰霊碑前で、ロウソクに火を灯す男性の後ろ姿を、加藤のカメラは道路越しにまなざしている（シーン7-12）。加藤が道路を渡った頃には、男性はやや南下して、毛髪碑という石碑に刻まれた短歌をじっと読んでいる。そこには、こう記されている。「黒髪も　いのちのあらむ　朝に日に　刈りしを集め　ここにまつらむ」。男性は、その一句一句を右手の人差し指でゆっくりとなぞりながら、小さな声でつぶやく（シーン7-13）。映像の〈横の動線〉においてなされている男性の碑文の解釈行為を、加藤もまた、カメラのまなざしを通して解釈しているのだろう。映像の〈奥行きの動線〉はまだ、男性のふところには交わらない。

男性は碑に向かってこうべを垂れたあと、碑の後ろ側に回り、そこに記された説明文を読んで、こう言う。「ああ、床屋さんの、床屋さんの組合か。広島理容師会。昭和三五年三月」。加藤「ううん」。碑の意味を読みとった男性の〈まなざしの動線〉は、初めて加藤のカメラに向かい、被写体と撮影者の〈奥行きの動線〉が動き始める。このタイミングでようやく加藤は、歩き出した男性のもとに近づき、言葉を投げかけるのだ。加藤「今日は、あの、どちらからいらしたんですか」。男性「僕、山形」。加藤「山形、じゃあ、遠いですね」。男性「遠いねえ」。加藤「しかも、こんな暑いのに。もともとはなにか、広島と縁があるんですか」。男性「あの、平和大会に」。加藤「ああ、平和大会の」。男性「昨日からね、原水禁の」。加藤「あ、原水禁で」。男性「平和大会」。加藤「団体でいらっしゃった?」　男性「まあ、団体で……私は、今回は個人でね」。

この際のインタビュー映像によると、男性は数回、「原水禁の、原水協の統一大会」に参加していたが、「三回目はない。不幸なことね」と語っている。男性は、反核運動の内部分裂騒動からは離れて、現在は「山岳信仰の地」で「修験師」として活動しているという。男性「弘法大師とかね、お釈迦様とかね、近づけないと思うけどね。だけども結局、彼らが八十六年間、九十年近くかかって悟りを開いたっていうね。そういう人間の道っていうか、善道っていうね。その道をやっぱり、少しでも生きているうちに……」。

もしも加藤のカメラがすみやかに〈奥行きの動線〉を描いていたとすれば、「個人」として碑に向き合い、そこに刻まれた短歌を深く読みとり、祈りを捧げる男性の行為は、これ程までに長く映像に表れることはなかっただろう。〈奥行きの動線〉の構築の前段階として、また、その意味のコンテクストとして、〈横の動線〉の観察が重要なものになっている。

シーン 7-14　韓国人慰霊碑前でしゃがみ込む女性

まなざしの持続が浮き彫りにするもの

本節の最後に、撮影の持続時間の長さがイメージ生産にどのような影響を及ぼすのかについて、高山真の映像を事例に考えたい。

韓国人原爆犠牲者慰霊碑の空間をロングショットで捉えた高山のカメラは、両手でしっかりと固定されたまま、二分四十秒のあいだ、長回しを続ける。八月六日の午前十時半、いくつもの花束に囲まれた慰霊碑前には誰もいない。セミの鳴き声と、付近で慰霊碑に関して説明するガイドの声が微かに聞こえるだけである。この静かな空間に、リュックを背負った女性が、一人訪れる。慰霊碑に向かってとぼとぼと歩いていく女性は、脱帽しながら慰霊碑にたどり着くと、両手を地面につけた前屈姿勢でしゃがみ込む（シーン7-14）。慰霊碑を見つめて両手を合わせた女性は、立ち上がって慰霊碑前のスペースを空けると、自身は慰霊碑の右端に移動し、一分近く慰霊碑をまなざしている。フレームのなかには、まばらではあるが次第に人が増え始めていく。

女性の一挙手一投足の〈動き〉は、韓国人慰霊碑の場の〈静けさ〉を異化しており、逆に、閑散とした場の気配は、韓国人慰霊碑に祈りに来た一人の女性の行為の意味を際立たせている。

着目した対象に長時間フレーミングする高山のまなざしの持続は、ひとつのフレームのなかに対照的なイメージがぶつかり合うのを映像に記録している。

あるショットでは、高山が左手に持つ「キリスト者　平和の集い」と題された賛美歌の歌詞カードが大きく映し出される。会場のスピーカーからは、以下のようなアナウンスが流れる。「はい、ただ今より、二〇一五年キリスト者・平和の集いを開催します。毎年、原爆供養塔前で行われるこの集会は、広島県宗教連盟に属する各宗派が、五日のカトリックに始まり、神道、仏教各派が順番に、原爆で亡くなられた方を覚え、慰霊、追悼、供養、祈念するもので……」。歌詞カードの背後には、この場を行き交う人びとの靴と地面に映る影のみが、いくつも動いている（シーン7-15）。

一分四十三秒持続するこのショットは、手前で固定化された〈テクスト〉とその背後で運動する〈ムービング・イメージ〉のコントラストであるとともに、足元でうごめく無名の靴と影たちの集合体である。それはわざわざ、「慰霊、追悼、供養、祈念」といったように、宗派ごとの祈りの命名を列挙するアナウンスが言わんとしている、脱宗派的な祈りの集合性であるようにも見える。

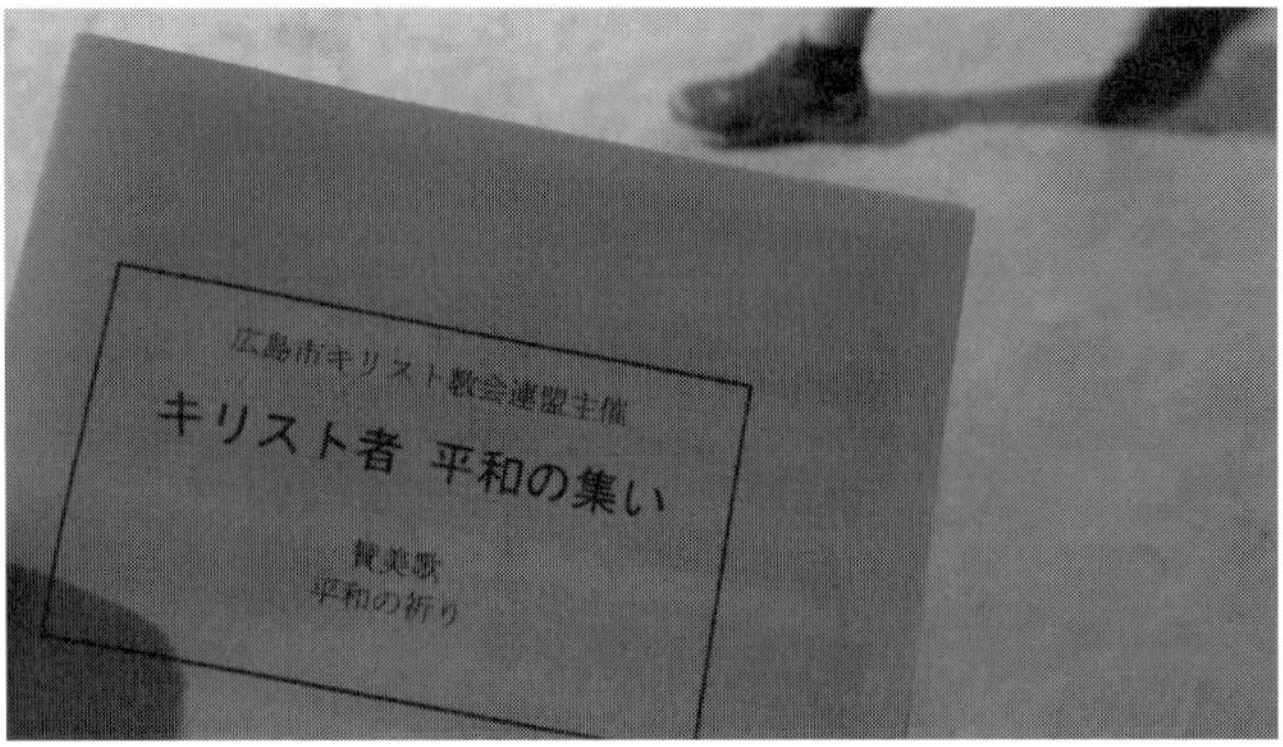

シーン 7-15　テクストとムービング・イメージ

暗闇に包まれた元安川のほとりで、親子であろうか、男性と少女・少年らが静かに会話を交わしている。少女「天国行ったの？」男性「やけどして……川に入って」少年「なんで？」少女「息できんかった？」少年「一人だけ、生き残った人おった？　一人だけ生き残った？」――この間、彼・彼女らの目前に流れる川を、灯籠の火と一隻の小舟がゆらゆらと漂う（シーン7-16）。

一分五十四秒続くこのショットは、元安川や灯籠の火が象徴している〈彼岸〉と私たちの存在している〈此岸〉の対比を映し出していくのであり、高山のまなざしの持続は、両者が〈死〉の領域と〈生〉の領域のコントラストであることを浮き彫りにする。

シーン 7-16　此岸の親子と灯籠の火

シーン 7-17　光と闇の交錯

元安川の水面を流れる灯籠の火と、それを岸辺からまなざす家族の対比も、同様のものである。二人の幼子と彼女らを抱きかかえて灯籠を指さす母親の姿が、暗闇のなかから写真撮影のフラッシュによって、ときおり浮かび上がる（シーン7-17）。〈光〉は〈闇〉を通して、〈生〉は〈死〉によって照らし出されていく。

夜のレストハウス前を人びとがまばらに歩くなか、広場の中央に寝そべって写真撮影を行う一人の男性を、彼がその場を離れるまで、高山は三十六秒のあいだ、まなざし続ける。ビデオカメラを両手で支え、男性の行為の一部始終を見

シーン7-18 写真撮影を行う被写体の男性と地面に映る撮影者の影

つめる撮影者の姿が、広場の地面に影として映り込む（シーン7-18）。このとき、被写体と撮影者の関係は、〈光〉と〈影〉のコントラストとして浮かび上がっている。人びとを遠くからじっと見つめる不動の〈影〉は、あたかも〈彼岸〉から〈此岸〉をまなざす者であるかのように、どこまでもうっすらとしている。

三 眼に見えないものの表れ
――まなざしの「ふところ」と「彼方」

撮影者の世界観と映像

八月六日の平和記念式典に参列し、カメラを回していた福山啓子の映像には、奇妙なショットがある。式典の壇上に向かって正対する福山のカメラは、参列者の群像を捉えていたのだが、いよいよ八時十五分を迎えると、「黙祷」のアナウンスとともに途端にティルトアップして、会場の屋根とその彼方の空を映すのである（シーン7-19）。誰もいない上空に向けられたカメラの映像には、静まり返った会場に響きわたる鐘の音だけが持続している。

このときの撮影者の〈まなざしの動線〉は、福山の意志によって描かれたものではないだろう。福山は、八時十五分の人びとの黙祷のありさまを撮影する任務を担っていたのであり、それがなされなかったのは、福山が自身の黙祷行為に集中するあまり、撮影に意識を向けられなかったためである。つまり、このショットは、福山がとっさにとった無意識的な身体動作の反映物であり、福山のヒロ

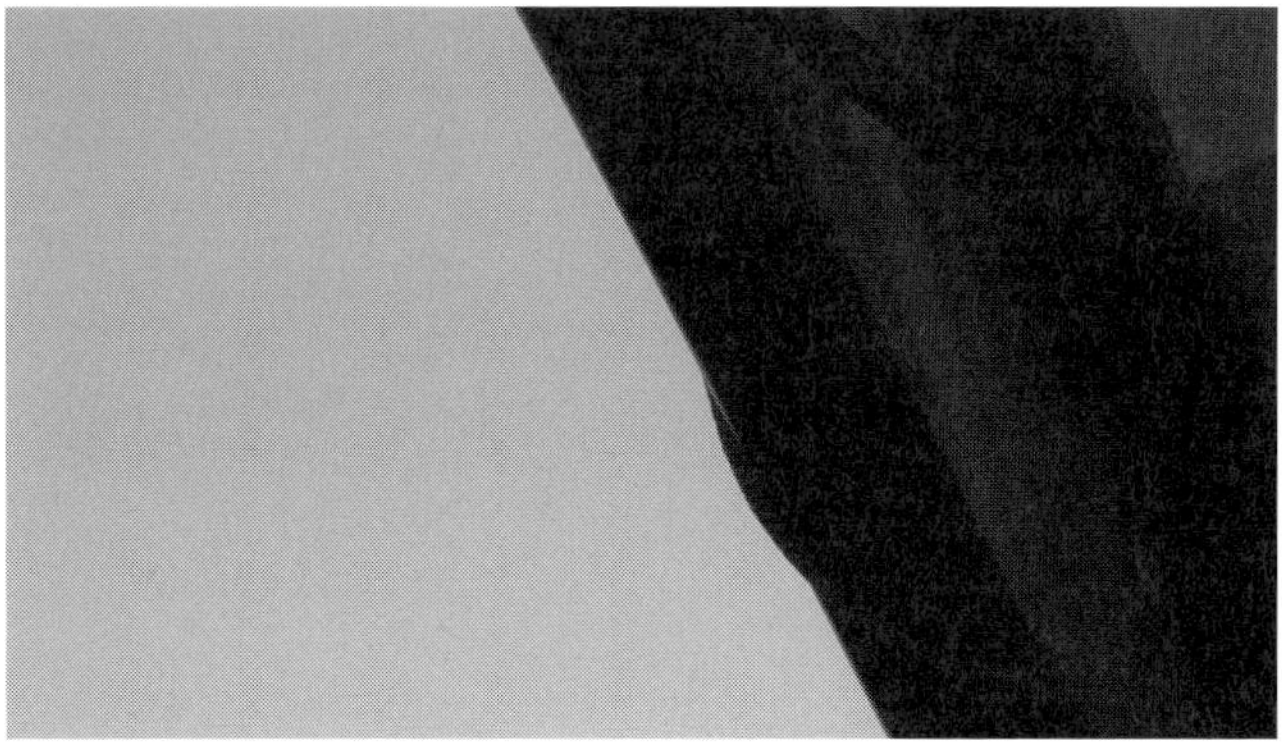

シーン7-19 ティルト・アップするカメラ

シマに対する祈りの表れでもあった。映像は、撮影者の深層心理の次元も含めた態度の総体を映し出すのである。

福山のヒロシマに対する関わり方と撮影された映像との関係を、さらに考えてみよう。

劇団の演出家・脚本家である福山は、被爆者が被爆時に体験した場面を証言をもとに絵画に描く広島の高校生の活動を取材し、その物語を二〇一五年に舞台化している。福山は取材の過程で、「高校生たちの真摯な姿勢にうたれ、この取り組みをぜひ多くの人に知ってもらいたい」と思うようになったという[3]。福山が作・演出した演劇『あの夏の絵』は、美術部員の高校生三人が、被爆者の体験を聞き取る営みを通して、原爆が人びとにもたらしたものとその記憶、そして自分たちの内面の葛藤に向き合いながら、それらをキャンバスの上に具体化していくというものであった。

同年に平和記念公園で福山が撮影した映像には、ヒロシマの歴史を知ることを通して、祈りを通して、原爆と向き合おうとする若者たちの姿が数多く記録されている。福山は、平和記念公園をひとつの舞台にして、そこに生きる若者たちのドラマをまなざしているのだ。

福山のまなざしは、中学生や高校生の集団に着目すると、カメラの左右のパンとズームインを伴って、若者たちのいくつもの顔のあいだを泳いでいく。「祈りの表情にとても惹きつけられた」という福山が見つめているのは、原爆をまなざす若者たちの内的感情を具体化しているキャンバスとしての顔なのである(シーン7-20)。

ある若い女性が、左手で髪の毛をいじりながら、碑に刻まれた峠三吉の詩を、こうゆっくりと口にしてなぞる際の神妙な表情を、福山のまなざしは見逃さない（シーン7-21）。「ちちをかえせ　ははをかえせ　としよりをかえせ　こどもをかえせ　わたしをかえせ　わたしにつながる　にんげんをかえせ」。原爆を体験し

シーン 7-20 若者たちの祈りの表情

シーン 7-21 峠三吉の詩を口にしてなぞる女性

シーン 7-22 原爆慰霊碑前で祈るボーイスカウトの青年

た者の「かつて」を、「今」に生きる者が自身のからだと心を媒介にしてなぞるとき、祈りが芽生える。USAのワッペンを身につけたボーイスカウトの青年が、原爆慰霊碑前でひざまずき、組まれた両手にずっとこうべを垂れて目を閉じる横顔を、福山のカメラはかなりの高倍率でまなざしている（シーン7–22）。祈る者の、眼に見えない心の動きは、顔の表情や身体的ふるまいを通して表れている。[4]

まなざしの「ふところ」と「彼方」

平和記念公園の人びとをまなざす撮影者の、同様に眼に見えない心の動きは、被写体への関わり方のリフレクションとして映像に表出している。私たちは、五名の撮影者の映像を分析しながら、このことを検証してきたのであった。

撮影者の興味関心の対象、対象へのアプローチの仕方、被写体との関わり方や対話の仕方、すなわち撮影者のコミュニケーションのあり方の総体を、撮影された映像によって、私たちは知ることができる。映像は、撮影者の身体的・精神的な眼の動きの記録であり、撮影者のハビトゥスやメンタリティを濃密に反映しているのだ。[5]

社会学にとって重要なのは、撮影者の世界への関わり方に応じて、撮影者の身体性や心的傾向性が、解釈可能なものとして他者に開かれることである。そのような回路を、映像テクノロジーの学術的利用は切り拓くだろう。撮影者の世界に対する半ば意識的、半ば無意識的な行為の表れとして映像を読み解くことは、社会学における人間探究の新たな方法となる可能性がある。

ポール・リクールは、『フロイトを読む——解釈学試論』のなかで、精神分析が対象とする夢や欲望を、解釈行為と結びついた「開いた語」として考察している。リクールは、「直接の意味のなかに別の意味が与えられていると同時に隠されている」という「二重の意味の領域」としての「象徴」が、解釈に向かってどのように開示されているのかに関して、次のように表現している。「ヘラクレイトスが言うように、『デルフォイの神託をいただく師は、語らず、隠さず、意味するのである』」（Ricoeur 1965=1982:7-20）。リクールが引用したヘラクレイトスの言葉を借りるならば、「撮影された映像は、語らず、隠さず、意味するのである」。映像は、原データの段階では言語にすらなっておらず、なにも語っていないが、なにも隠してはいない。それは、解釈を志向する象徴として開かれており、なにかを意味している。

さらにリクールは、こうも述べている。「ある人が夢み、予言し、あるいは詩作するところで、別の人は起きて解釈する」（Ricoeur 1965=1982:21）。筆者の見方では、撮影とは、「夢み、予言し、あるいは詩作する」ことであり、撮影された映像を編集し、分析し、言語化する行為とは、「起きて解釈する」ことである。

リクールによれば、「常に欲望が意味するものを韜晦しているのか、それとも、それは時として、聖の発現ないし啓示となるのか」は、二重の意味を持つ言語の重要な問題であった（Ricoeur 1965=1982:8）。映像は、撮影者の精神作用を屈折して映し出すのか、それとも、その直接的な啓示となるのかについては、映像の解釈学において、言語学における以上の論争を引き起こすだろう。

ところで、眼に見えないものは、まなざしの「ふところ」のほかにもうひとつある。それは、まなざしの「彼方」に潜んでいる。

これまで検討してきたように、映像には、被写体のまなざしとそれを見つめる撮影者のまなざしの二重の運動が記録されているが、それらのまなざしの集積はどのようなものであり、なにと結びついていたのだろうか。

被写体がなにかを見つめている場面を考えてみよう。そのまなざしの先には、大抵の場合、慰霊碑や像、原爆ドームや元安川がある。それらは、「今ここ」にはいない原爆死没者を象徴しており、率直に言い換えれば、被写体のまなざしの「彼方」には、原爆によって亡くなった死者たちがいる(6)。

撮影者は、被写体の視線の方向につられて、そのまなざしの先にパンやズームをし、フレーミングすることが多い。撮影者もまた、平和記念公園の集まりの文脈に身を委ねている人間であると考えるならば、このまなざしの二重運動は、次のことを示している。

平和記念公園の至るところにある原爆死没者の象徴の数々は、平和記念公園の人びとの無数のまなざしを、ある一定の方向に規則づけている。それらは、人びとのまなざしを「死者への関心の動き」として引き出し、意味づけているのである。そのようにして構造化されたまなざしの集合性は、平和記念公園を何気なくさまよい、気散じしている個人のまなざしをも、死者への関心の水路へと呼び寄せている。平和記念公園のまなざしの集合性が特異であるのは、日常生活においては後景化している「地」としての死の領域を、「図」として前景化させ、浮かび上がらせる効力を持つからだ。

私たちが撮影した映像は、「眼に見えない死者」と「眼に見えない生者の心」を、今ここで動くものを通して映し出している。私たちがカメラを介して見つめる平和記念公園の人びとのまなざしの彼方に、私たちは死者を見ていたのであり、その二重のまなざしのふところには、死者への祈りがある。

四　集合的無意識と映像——撮影したのは誰か

前節の最後に私たちは、イメージ生産に関わるすべての人間を無名化し、それらのまなざしを集合的な現象として捉え直すという地平に到達した。この捉え方を徹底化するならば、これまでの分析を覆すような問いを提起しなければならない。その問いとは、「撮影したのは誰か」というものである。

本章では、個々の撮影者ごとに映像を分析し、撮影者の行為作用と撮影されたショットの相関関係を見てきた。つまり、私たちは、調査で撮りためられた映像群をいわば微分し、極小時間としてのショットの運動を撮影者個人の被写体に対する関わり方に還元して説明してきたのである。

しかし、言うまでもなく、撮影者単独の行為がイメージを生産しているのではないことも、また明らかになった。平和記念公園で起こる出来事は、常に時間と空間の文脈に規定されていたし、そのとき／その場に居合わせた被写体同士の関わり合い、そして撮影者と被写体の関わり合いを通してカメラに映り込んだ無数のものの偶然の符合が、重層的な意味を紡ぎ出していた。

これまで便宜上、分析のためのカテゴリーとして、撮影されたショット群を撮影者ごとに区分してきたが、撮影者の存在は実際には、固有名を付すべき主体というよりも、八月六日の平和記念公園でうごめくものの結節点であったといえる。それは半ば個人的で、半ば非個人的な表象である。そうしたものを、「ペルソナ（仮面）」と呼ぶこともできるだろう。「集合的心の一断片」という意味でC・G・ユングが用いたこの概念は、「何を個人的心的素材とみなし、何を非個人的なそれとみなすべきかという厳密な区別をあえて立てようとするならば……たちまち途方に暮れてしまう」ような際に有効なものとなる（Jung 1928=1995:66）。

もちろん、ユングの心理学用語を、そのままのかたちで平和記念公園におけるイメージ生産の営みに適用することはできない。しかし、重要なのは、非個人的なものである集合的無意識と個人的な意識人格のあいだで揺れ動くものとして、ユングがペルソナを用いていることだ。デュルケーム学派の影響を受けたユングは、「個人がもっぱら単独で個別の存在であるだけではなく、社会的存在でもあるように、人間の心も単一でまったく個体的な現象であるだけではなく、集合的な現象でもある」（Jung 1928=1995:51）と指摘している。

撮影者のまなざしの「ふところ」のさらに深い次元では、撮影の際には撮影者が気づくことができず、撮影者の個人的な無意識にも還元することのできない、撮影のなされた時と場所、周囲の人びとの行為、目の前の光と音の運動が織りなす集合的ななにかが感受されていたはずであり、これを「集合的無意識」と呼ぶのならば、その一断片である撮影者を介して描かれた世界は、この集合的無意識によって作られていたと言うことができる。さらに興味深いのは、そのようにして生産された映像には、集合的無意識を構築する時と場所、人びとの行為、光と音の運動が映し出されるという再帰的な循環である。

注

（1）以上に述べたイメージ生産の再帰性に関しては、後藤一樹（2018:233-238）で詳細に論じている。この視座は、四国遍路のフィールドで筆者が取り組んできた映像社会学的調査・研究において構築されたものであるが、複数の人間による平和記念公園の撮影実践の考察を通して、より確かなものとなっていった。

（2）平和記念公園の「今ここ」から、原子爆弾の投下された一九四五年八月六日の「かつて」へと、想像力をさかのぼらせていく対話や相互行為、その表れとしての映像に関しては、後藤一樹（2017:101-106）を参照されたい。

（3）福山啓子「『あの夏』を描く夏」、青年劇場ホームページ（http://www.seinengekijo.co.jp/s/anonatu/anonatu.html）、二〇一八年二月二一日閲覧。

（4）「光」としての映像は、眼に見える「今・ここ」のみを記録する。「音」としての語りが、眼に見えない「かつて・どこか」を意味しえるのに比すると、この点は映像の限界であるようにも思われる。しかしながら映像は、この特性によって、言葉では表現しにくいものを社会的交通の回路に乗せることができる。主体の内的心理においてはたらく祈りが、その身ぶりを通して視覚的に映像に表れるとき、それはモノローグの域を超え出て、他者の解釈行為に向かって主体の外部に開かれるのである（後藤 2017:66-67）。

（5）この驚くべき映像テクノロジーは、使われ方によって諸刃の剣となろう。一九二〇年代に九・五ミリ映画と一六ミリ映画が開発され、戦後に八ミリ映画が普及すると、映画は一般市民が「観る」ものだけではなく「撮る」ものとなり、アマチュア撮影者の世界観が小型カメラを通して表現されるようになった（後藤 2014）。このことは人類にとって画期的なものであり、今やペンのみではなく、カメラが社会の民主化を促している。近年のデジタル技術の向上は、アマチュア撮影者を飛躍的に増やしているが、カメラが今以上に小型化し、ウェアラブル・カメラの形態をとるようになると、以下のような映像テクノロジーの利用もまた、現実味を帯びてくると考えられる。日常空間において生活者の撮影した映像が、消

シーン 7-23　焦点が合わずにボケた慰霊碑

シーン 7-24 慰霊碑前で祈る人びとへの焦点化

費行動のビジュアル・データとして商品開発や販売促進に用いられるような事態。企業の人事採用担当者が、就職希望者にビデオカメラを渡し、撮影の「自由課題」を与えたあと、彼・彼女らの撮影した映像をチェックするといったような全人格的採用試験の実施。国家権力が、国民一人ひとりの感情、性的指向、反権力性を含めて、その深層心理まで管理するために、国民の撮りためた映像を個人番号に紐づけて収集するようなシステムの誕生——。現段階では、被写体の個人情報の保護が第一に議論される一方、撮影者の深いレベルでの個人情報が映像を通して公開される点については、ほとんど認知されておらず、法的整備も不十分である。同じフィールドにおける十二名の撮影者の映像を集中的に見るという筆者らの経験は、現在ではごく稀なものであり、まだこうした撮影法や視聴法が一般化していないためであろう。

（6）この点について考えるに興味深いイメージとなっているのが、次のショットである。カエルの鳴き声が響く夜の原爆慰霊碑の背後から、岩舘のカメラは慰霊碑方向にズームインしていき、慰霊碑に列をなして祈りを捧げる人びとを捉えようとする。そのまなざしが、慰霊碑を囲むアーチを通り抜けようとするとき、カメラの焦点が合わずに慰霊碑はボケしてしまう（シーン7‐23）。次第にピントを合わせていくカメラは、慰霊碑前で祈る人びとをはっきりと捉える（シーン7‐24）。カメラのフォーカス機能はオートにしてあったため、このショットのぼやけるタイミングは偶然ではあったが、筆者には、ぼやけていく慰霊碑が、映像に映らないはずの「死者」たちの「今ここ」という逆説を、むしろ象徴的に表現しているように見えた。人びとが祈る行為においては、その行為の対象が眼には見えず、映像のフレーム内で不在の他者＝死者が空白として描かれることは不思議な現象であるとともに、原爆をまなざすことの核心的な意味を示唆している（後藤 2017:95-101）。

（後藤一樹）

コラム⑤ 映像作品紹介『〈群像〉をまなざす〈群像〉』

http://www.shin-yo-sha.co.jp/video/hiroshima-3.htm
パスワード：6AUG

平和記念公園の群像を撮影した十二人のイメージ生産の過程が、映像に記録された。本作品はその事例として、五人の撮影者のいくつかのショットを撮影者ごとに編集し、字幕による解説を付して制作したものである。

本作品は、以下のような私たちの撮影実践のありようを浮き彫りにするだろう。

私たちは第一に、広島を物象化しつつ原爆を投下したエノラ・ゲイの「超越的なまなざし」に抗して、「虫の目」となり、地上の人びとを具体的に捉えた。第二に、報道機関の謳うような「客観的視点」をあえて手放して、一人ひとり異なる「主観的視点」に立ち、平和記念公園の集いに主体的に参加した。第三に、ひとつの中心点から客体たちをまなざす「一望監視」（フーコー）の視覚構造に反して、平和記念公園に拡散する「動く複眼」の視座から、被写体たちの自由な動きと関わり合った。

こうして生産されたのが、ヒロシマの〈記憶〉に関わる私たちの〈記憶〉、〈群像〉をまなざす〈群像〉のドラマである。（後藤一樹）

第Ⅲ部　八月六日の平和記念公園という場所

第八章　元安橋
――平和記念公園の境界

中沢さんが産業奨励館の前に来た時、もう中島は一面の火の海。凄まじい焔に包まれていた。慈仙寺ノ鼻の相生橋の根もとから、元安橋の川原には炎に追われて蠢めく人の姿がいっぱい見える。川の中に入っている人もある。川を距ててはどうにもならない。焔の音にまじって助けを呼ぶ声が聞える。(志水清編『原爆爆心地』1969)

七十年前の今日なん? 八月何日? みんなここに避難? ここに来たん? 昔? 今日の夜? (二〇一五年八月六日夜、元安川のほとりで、子どもたち)

われわれが境界と名づける空間形態は社会学的機能なのである。(ゲオルグ・ジンメル『社会学』1908)

一　爆心地に架かる橋

広島は太田川河口部の三角州を占めるように築かれた都市である。背後には中国山地へと連なる山裾が迫り、南面するのは広島湾である。山々と海に囲まれてできた三角形の平野は狭く、面積はわずか三〇平方キロメートルほどにすぎない。この三角州のほぼ中心に、広島という町の都心部がある。

太田川はこの三角州を南北に流れる六本の川筋に分かれている。東側から順に、猿猴川、京橋川、元安川、本川、天満川、そして太田川放水路がある。放水路の開削は一九六七年のことであり、それ以前は、代わりに福島川と山手川があった。つまり一九四五年の原爆投下の時点では、現在よりさらに一本多い七本の派川があったということになる。いずれにせよ、今も昔も、広島は川とともにある都市なのだといえるだろう。

南北方向に流れる川筋と直交するように、中心市街地は東西方向へと発展してきた。近世以降の広島で最も繁華な地区となったのは、太田川三角州を東西に貫通する西国街道沿いである[1]。西国街道の賑わいは現在にも継承されている。たとえば、今日の広島を代表する繁華街として日々多くの人びとを集めている本通商店街は、まさにこの西国街道の一部をそのまま引き継いだものである[2]。

そもそも近世以前においては、治水の問題などのために、太田川河口デルタは生活の場としては利用しやすい土地ではなかった[3]。近世になってそのような場所に開通した——正確にいえば従前の山沿いルートから移設された——西国街道は、広島という都市の発展を支える重要な基盤となった。

西国街道は、幾筋にも別れた太田川に橋を架けることで、広島の町の背骨をつくっていった。毛利輝元が広島に入城した一五九一（天正一九）年ごろには、猿猴橋、京橋、元安橋、本川橋（当時の名称は猫屋橋）、天満橋（小屋橋）が相次いで架橋されている。明治期になってもまだ、太田川三角州に架かる橋は他にはわずかしかなかった。[4] これらの橋は、いくつもの中洲に分かたれた広島を、ひとつにつなぎとめる重要な役割を果たしてきた。架橋されてから四百年余りが経過した現在でも、いずれも現役の橋として広島という都市を支え続けている。

画像 8-1　大正期の元安橋（著者蔵）

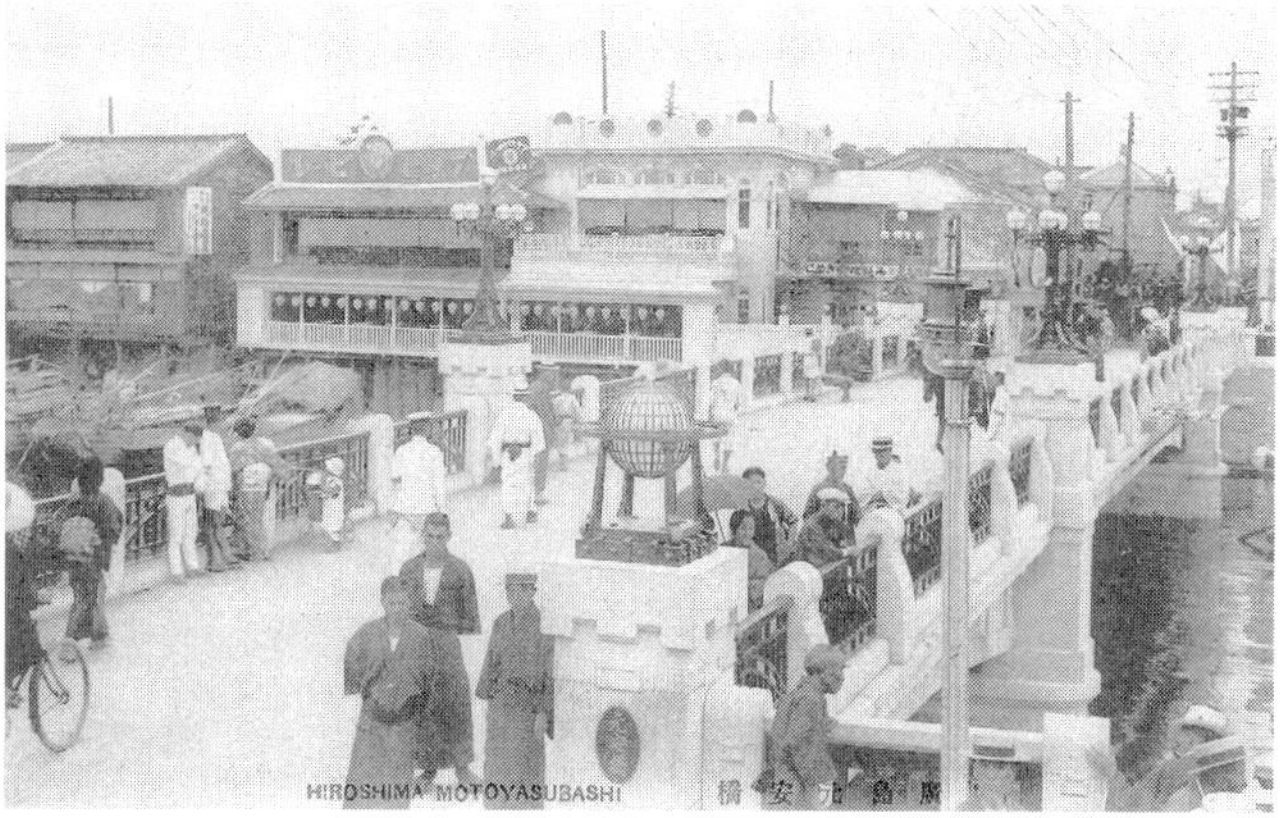

画像 8-2　昭和初期の元安橋（著者蔵）

特に注目したいのは、元安川に架かる元安橋である。この橋は広島の重心ともいうべき、特別な意味を持つ場所であった。

画像８-１は一九一五（大正四）年ごろに撮影された一枚で、[5] 元安橋の西詰から東側を展望したものである。中央奥に見える擬洋風の建物は広島郵便局である。さらにその奥の方向へ進むと本通商店街へと至る。この写真では判然としないが、元安橋東詰付近には、この地点が広島の中心であったことの証となる「広島市里程元標」が据えられていたはずである。

画像8-2は昭和初期に撮影された一枚で[6]、画像8-1とは逆に、元安橋の東詰から西側を展望したものである。川にせり出すように、飲食店や旅館などが稠密に軒を連ねていることがわかる。この地は元安川と本川に挟まれた比較的狭い中洲となっており、そこには中島本町と呼ばれた町があった。

画像8-1と画像8-2からもうかがわれるように、元安橋の両岸はともに早くから開けた繁華街であった[7]。大正期の中頃までは、元安橋西岸の小さな中洲にある中島本町こそが、広島随一の盛り場であった[8]。その賑わいは昭和以降、特に戦時体制下において急速に失われ、都市の中心は元安川の東へと移動していくことになるが、一九四五年八月五日までは空襲に遭うこともなく、中島は広島を象徴する歴史的都心であり（北川1998:13）、元安橋は近世都市的世界と現代都市的世界の接点であり続けていた。

一九四五年八月六日にここで起こった出来事について書くのは難しい。確かなのは、午前八時十五分に、元安橋からわずか一三〇メートルという地点の上空で、原爆が炸裂したことである。そしてそれが数十万もの人びとを直接突き刺したことである。

爆心地から半径五〇〇メートル以内においては、そこにいた人の九八・四パーセントが命を落とし（広島市長崎市原爆災害誌編集委員会 1979:64）、五六〇八棟あった建物のすべてが全焼全壊している（広島市1971a:195）。この区域内には元安川と本川が流れており、四つの橋が架けられていたが、そのうち本川橋と新橋は落橋している。元安橋は、隣接する相生橋とともに、かろうじて渡橋が可能な状態を守っていた（広島市 1971b:12-17）。

この日、広島中が火災に覆い尽くされていくなかで、生き残っていた人びとが多く向かったのは、川と橋であった。炎から逃れ向こう岸に渡るために、あるいは熱傷と渇きを癒す水を求めるために。

一九八五年被団協調査(9)の被爆証言三八九三件を検討した松尾雅嗣らによると、そのうち「約八五〇件の証言が何らかの形で川や橋に言及している」(松尾・谷 2007:8)のだという。おそらく生を求めてたくさんの人びとが川と橋に向かったのであろう。しかし彼ら彼女らがそこで見たのは死の光景である。それらの証言のうち「約四分の一が、川を埋め尽くさんばかりの死体に言及している」(同)のだという。

市内に遍在する川と橋はさしあたりの避難先となったが、そこからさらに先へと避難しようとする試みの出発点ともなった。その次の選択肢となるのは、渡橋することか、渡河することであろう。しかし、川と橋は「さらに避難を続けようとする被災者にとっての障害」(松尾・谷 2008:4)になることもあった。そこで断念する人、挫折する人、力つきる人など、人びとの運命は分かれた。

……橋の上でかさなりあって死んでいる……
……多くの人が苦しさのあまり橋の上から身をなげていた……
……橋のむこうの対岸はめらめらと火の海、行くことも帰ることも出来ず……
……やけどがピリピリ痛み、己斐橋を渡る時橋の上身動き出来ず……
……火焔からのがれた無数の黒い人々が渡る順番を待っていた……
……橋の上に横たわっていた人を、渡る時にふみつけざるを得なかったが……
……燃えている橋を渡って逃げたが、その橋はわたしが渡り終わったとたん、落ちてしまった……
……みんなで渡り終えた橋が焼け落ちてしまった驚き……

(松尾・谷 2008:9-13)

爆心地から少しでも遠くへと逃げようとする人だけでなく、逆に、家族を探すなどのためにあえて爆心地に向かおうとする人もいた。一九六〇年代後半に爆心地復元調査[10]を行った湯崎稔らは、爆心地の旧住民などおよそ千人に聞き取り調査を行うなかで、この日に元安橋を渡って中島へ入ったという者五名、同じことを試みながらも火災に阻まれるなどして渡橋を断念したという者二名と出会い、それぞれの当日の行動や様子を詳細に確認している（志水編 1969:53-103）。

一九四五年八月六日、広島の川と橋は死と生の境界となった。川を渡るという日常においては自明の機能を十分に果たせなくなっていた橋は、爆心地から遠ざかろうとする者にとっても中に入ろうとする者にとっても、〈向こう側〉につながりたどり着く可能性と不可能性が渦巻く、未確定的（uncertain）かつ臨界的（critical）な場所になったのである。

二　八月六日に元安橋を渡る人びと

今日、元安橋は変わらずそこにある。橋梁自体は一九九二年に架け替えられた新しいものだが、旧橋が竣工した一九二六（大正一五）年時点の姿を忠実に模したデザインとなっており、むしろこの橋こそこの場所が持つ長い歴史を感じさせる（画像8-3）。

画像 8-3　現在の元安橋（松尾浩一郎撮影）

両岸の風景は大きく変わった。元安橋にほど近い元安川東岸に威容を見せていた産業奨励館は原爆ドームになった[11]。西岸の中島地区は、もとあった町の痕跡を文字通り完全に消している。原爆以前にはおよそ九〇〇世帯、四五〇〇人が暮らしていたこの地区は、おおむね全域が、平和記念公園へと姿を変えている。[12]
　そこにあった生活や地域社会を切断することで、平和記念公園はつくられている。よく知られているように、この公園の計画・設計は、丹下健三らによるものである。広島の戦後復興事業の目玉として新設された

画像 8-4　平和記念公園内の西国街道（松尾浩一郎撮影）

百メートル道路――つまり平和大通り――に直交させた軸線の先に原爆ドームを望むプランは、藤森（1999）がいうように、都市計画史上の傑作として高い評価を集めている。しかしそれは、原爆で焼かれる以前の中島地区の町割や生活を無視し、真っ白なカンバスに描かれたプランだからこその美しさなのである。[13]
　現在の平和記念公園には原爆以前にさかのぼれるものはきわめて少なく、モニュメントとして残っているのではなく現に利用されているものに限れば、元安橋西詰で奇跡的に原爆に耐えた鉄筋コンクリート造の建物一棟[14]と、もとの西国街道をなぞるように公園内に改めて通された道筋のみである（画像8-4）。この道もありし日のような繁華街としての機能は失っているが、元安橋を介して本通りなど東側の中心市街地と結びつき、また、市域の西方へと至る通過交通路として、地域住民の日常生活を支える一定の役割を果たしている。
　平和記念公園は、管理者である広島市が聖域化政策[15]をとっていることもあり、花見の時期などの一部例外を除くと、都心部にある大規模公園とは思えないほど落ち着いた雰囲気であることが普通である。年間を通して多くの観光客が訪れており、たとえば、園内の平和記念資料館の入

館者数は毎年百万人をはるかに上回っているのだが、その人数の多さに相応しいような賑わいがそこにあるとはいえない。

このようななかで、毎年八月六日だけは様相を一変させる。普段とは桁が違う数万もの人びとが平和記念公園に集まってくる。この日は公園内外での道路規制や駐車場の制約があり、いつものようにバスや車で来訪するのは難しく、ほとんどの人は徒歩でやってくる。

多くの人は市街中心部の方向から元安川を渡って平和記念公園に入っていく。そのためのルートには相生橋、元安橋、平和大橋の三つがある。平和記念公園の北端に架かる相生橋は、交通量の多い国道である相生通りに直接つながっているが、公園にとっては裏口にあたるためか、人の流れが大きく膨らむようなことはあまりない。公園の南端近くに架かる平和大橋は、都市計画の図面上では公園の正面となる平和大通りにつながるのだが、中心市街地から見るとやや遠回りになるためか、あるいは他の二つ橋とは異なり原爆ドームを近くに望むことができないためか、主たるルートだと言い切れるまでの人の流れは見られない。かくして、これらの橋のなかで突出して長い歴史の蓄積を持つ元安橋が、八月六日の平和記念公園へのアプローチとして特に重要な存在となるのである。

私たちは〈原爆をまなざす人びと〉をまなざす調査を行うにあたり、重点的に観察する地点のひとつとして、この元安橋を選んだ。というのも、これまで述べてきたような歴史的背景から見ても、八月六日の平和記念公園への入口という点からも、この橋は特別な場所なのではないかと思われたからである。

橋上は人びとを観察調査するには非常にユニークな場所となる。わずか十六メートルの幅員に無数の人びとが集中し、橋長五十六メートルのあいだを誰もがほとんど同じルートを歩いて通過していくのであるから、観察者は視点場も視点も一切動かさずとも、めくるめく光景を捉えることができるのである。

橋は二つの世界をつなぐ象徴的な場所である。元安橋がつなぐのは、広島の中心市街地に広がる日常世界の社会秩序と、元安川の向こうの中洲にある平和記念公園という原爆に関わる場所である。人びとは元安橋を渡ることで、自らをそのような場所へと投じていく。彼ら彼女らは、元安橋という境界をどのように越えていくのだろうか。

シーン8-1　元安橋・8月5日15時21分

この日のこの場所に立った三人の調査員それぞれの視点から、その姿を捉えてみたい。

元安橋での風景① ―― 橋の向こうに求めるものはなにか

平和記念公園の八月六日は特別な日である。その数日前から徐々に日常とは違う雰囲気が見え隠れし始める。前日の八月五日になると、橋の傍の元安川親水テラスに設置されたステージで平和を訴える音楽イベントが終日開催されるなどして、明らかに非日常的な光景が広がっていく。

五日の時点ですでに多くの人びとが行き交うようになっている。平和記念式典に出席するため遠方から訪れたとおぼしき団体が目立つ。前日のうちに資料館や園内の見学を済ませておくということだろうか。揃いのTシャツ、揃いの帽子、揃いのワッペン、旗とのぼりが、次から次へと眼前を横切る。

制服を着た高校生たちが、橋上で核兵器廃絶を訴える署名を集めている。午後三時頃、そこに数人からなる右翼団体が現れる。橋の中央に陣取り、原爆ドームを背にして街頭演説を始める（シーン8-1）。平和記念公園は聖域だという理由で、広島市は公園内でのデモや街頭演説を禁じている（広島市2006）。しかし、法規上での平和記念公園の範囲は元安川の両岸に広がって

シーン8-2　元安橋・8月6日6時18分

いるなかで、元安橋は盲点のように公園から外されているのである。中心市街地の幹線道路を街宣車で走るのではなく、あえてこの場所を選んで街頭演説をしている彼らは、公共空間における自己呈示の勘所を押さえているという点では、かなり良いセンスを持っているのかもしれない。署名を求める声、演説、怒号、音楽、通行人たちの会話、遠くからは平和記念式典のリハーサルの音、さまざまなものが橋の上でないまぜに聴こえてくる。

このように前日のうちに高まった騒然とした雰囲気も、夜とともにいったんは消えていく。そして、八月六日当日、元安橋は非常に静かに朝を迎える。早朝の五時半頃、たいへん静かな橋の上ではあるが、そのなかにも独特の緊張感が漂い始めている。警備員や警察官の行列、白シャツ姿で揃えた市職員の集団、メディアのクルーたち、私服警官らが間欠的に通り過ぎていく。しかしまだ人はまばらである。自転車に乗った近隣住民風の人や、犬の散歩をしている人などが、平和記念公園とは逆の中心市街地の方向へと橋を渡っていく（シーン8-2）。橋の上でさまざまなすれ違いが生じている。橋上に交通規制がかかり車両通行止となる六時半頃までは、まだ日常生活の平穏と特別な日の緊張とが交錯している。

六時半を過ぎる頃には、いつのまにか平和記念公園に向かう人の流れができている。ボーイスカウトたちが献花用の花一輪と式典プログラムを一人ひとりに手渡している。一瞬ではあるが小さな出会いが橋上で生まれ、繰り返されている。七時頃にもなれば、公園に向かう人びとはもはや奔流となり、雑踏といってもよい状況となっている（シーン8-3）。この橋を通過する数え切れないほどの人びとの表情は多様であり、喜怒哀楽のすべてを見ることができるが、やはり多いのは緊張感を漂わせた面持ちであろう。平和記念式典に急ぐ人びとは心なしか歩みを早めていく。

平和記念式典の開始時刻は八時である。しかし七時を過ぎた頃にもなると、会場はすでに満員を超えている。今これから元安橋を渡る人たちは、よほどの幸運がない限り、座席はおろか、立ち見ができる良い場所さえ確保することは無理だろう。それでも人の流れは途切れない。

シーン8-3　元安橋・8月6日7時3分

シーン8-4　元安橋・8月6日8時15分

式典が始まる。公園内の会場からラウドスピーカーに乗って、吹奏楽の演奏や司会者の声が遠く聴こえてくる。それでも平和記念公園に向かう橋上の流れは途切れない。

元安橋にも八時十五分が訪れる。打ち鳴らされる平和の鐘の音と、司会者による「黙祷」との合図の声が、遠くの会場から聴こえてくる。それとともに、よどむことなく一方向に流れていた人びとの秩序が破られる。

ドミトリーにでも宿泊してきたの

だろうか、トロリーバッグに寝袋をぶら下げ急ぎ足で歩いていた女性は、合図が聴こえた刹那、表情を硬くして遠く式典会場の方向に一瞬足を踏み出しつつも、すぐに踵を返して元安川の先に見える原爆ドームに向き、頭を垂れて黙祷する（シーン8-4）。連れの女性と笑顔で談笑しながら――やや場違いな印象を与えつつ――歩いてきたストローハット姿の若い女性は、合図が聴こえた後しばらくしてから立ち止まり、おもむろに原爆ドームに向いて手を合わせ、静かに黙祷を始める。しかし全員が同じ行動をとるわけではない。原爆ドームとまったく逆にある式典会場の方向に向けて手を合わせ、頭を下げている人も少なからずいる。立ち止まらず歩き続ける人もいる。この瞬間に及んでも、立ち止まり黙祷する人びとをかき分けるように、自転車を押して[16]中心市街地の方へ歩いていく人さえいる。

　一分間の黙祷を終える合図が聴こえるとすぐに、橋上の人の流れは再び動き始める。何ごともなかったように、平和記念公園を目指して人びとは歩いていく。前述したストローハット姿の若い女性は、黙祷おわりの合図が聴こえた瞬間に笑顔に取り戻し、「暑い、暑い、暑い」とつぶやきながら歩いていく。

　八時十五分に破られた元安橋上の秩序とはなんだったのだろうか。そこを通過した人の大半は、おそらく〈原爆をまなざす〉ために平和記念式典に参加しようと公園を目指して歩いていたはずである。八時十五分という最も象徴的な時刻を、目的地への途上である元安橋で意図せざるかたちで迎えてしまった時、そこにいた人びとの〈まなざし〉のベクトルは、狂った磁石の針のように揺らぎ、回転した。それはなぜなのだろうか。

　ただ単に、遅刻してしまったという事実をにわかに突きつけられ、慌てただけなのかもしれない。もしかしたら、むしろもっと深い問題に根ざした出来事だったのかもしれない。というのも、〈原爆をまなざす〉ための時空間として、八月六日の平和記念公園はほんとうの真正性や妥当性を持っているのだろうか。なぜ人びとはこうして橋を渡って、広島市が主催するひとつのイベントにすぎない平和記念式典に出席し、そこで黙祷するのだろうか。

式典会場の中核にある原爆慰霊碑には、三十万人以上の名前が記された原爆死没者名簿が納められてはいる。しかし、原爆慰霊碑に向けて黙祷しさえすれば、それで良いのだろうか。八月六日八時十五分の原爆慰霊碑がすべてなわけでは決してない。公園内の原爆供養塔、元安川の向こうの原爆ドーム、川と橋、さらにいえば広島の町全体が原爆の痕跡なのである。

おそらく人びとは、元安橋を渡ることで、平和記念公園にあるはずの原爆なるものにアプローチしようとしていたのだろう。しかし、八時十五分の元安橋に、橋を渡る途上という宙に浮いた状態で居合わせることになった人びとにとっては、この橋はいったい何となにを結ぶものなのか、見当識を一瞬失うような経験をしていたのではないだろうか。

元安橋での風景②――ヒロシマの多義性を見る

八月六日の日中、私は元安橋のたもとに立っていた。喪服を着て、黒い日傘をさし、足元にクーラーバッグを置き、首には冷却材を入れたハンカチを巻いて、小さなビデオカメラを回していた。かなり特異な格好だと思うのだが、橋という場所が目的地ではなく通過するところだからか、声を掛けて来る人もなく、周囲の目線をあまり気にしないで、立っていることができた。

暑い暑い日だった。この日に広島に立つ人は皆、「あの日もこんなふうに暑かったんだろうな」と思うことだろう。被爆七十年のこの日、橋の上をたくさんの人が通っていった。国籍も、年齢も、考えも、目的もそれぞれに異なる何千もの人が、ただ「八月六日」ということだけを共通項に行き来していた。私はビデオカメラのファインダーを覗きながら、その量と多様性に圧倒される思いだった。

シーン8-5　元安橋・8月6日9時11分

シーン8-6　元安川・8月6日11時40分

橋からは原爆ドームが川越しに見え、絶好のシャッターポイントとなっている。立ち止まって原爆ドームを眺め、スマートフォンで、あるいは大きな望遠レンズつきのカメラで、あらゆる年齢層の男女が原爆ドームを撮り、あたりを見回して、また立ち去っていく。三脚を置いてじっくり撮る人も、原爆ドームを背景にピースサインをして写真を撮ってもらう人もいる（シーン8-5）。生真面目な顔で写真を撮る人も、観光気分のように見える人も、同じように原爆ドームを撮っていく。放送局のクルーは、橋の欄干に太いケーブルを何本も這わせ、夜の灯籠流しの撮影に備えているようだ。

市の職員らしき人びとがネームプレートを下げて集団で歩いて行く。市役所にとっては何日も前から会議や準備を積み重ねて総出で迎える本番の日なのだろう。警官や警備員も集団で歩いていく。さまざまな人びとが歩いて行く。

遠くを見ると、川に入って泳いでいる人がいる（シーン8-6）。なにが目的なのかはよくわからないが、どうも遊びで泳いでいるのではなさそうだ。数人の年配の男性のグループで、旗が立っているが、なにが書いてあるかまでは見えない。

シーン8-7　元安橋・8月6日11時35分

シーン8-8　元安橋・8月6日10時51分

橋の真ん中ほどには、ギターを抱えた若い人が一人座り込み、平和をテーマにしたオリジナルの歌をずっと歌い続けている（シーン8-7）。帽子を被っただけで、日影があるわけでもないのに、照り返しの強い橋の上で、具合が悪くならないのだろうかと心配になるくらい長いこと歌い続けている。歌詞もよく聞き取れない。けして上手い歌ではないけれど、この暑さと太陽の下で歌い続けるパワーには脱帽させられる。彼はなぜここで歌うのだろう？　たぶん八月六日だからなのだろう。

橋から原爆ドームに向かって手を合わせ、長いあいだ祈っている年配の女性がいた（シーン8-8）。原爆

シーン8-9　元安橋・8月6日10時58分

シーン8-10 元安橋・8月6日10時18分

ドームや、川の両岸を指さしながら、連れの女性にいろいろと説明している初老の男性もいた。声をかけてなにを話しているのか聞きたいと思った。それはできなかったのだが。

子どもの手を引いたり、乳母車に乗せたり、親子連れもたくさん通っていった（シーン8-9）。親子でなにを話すのだろう。そういえば、あまり泣いている子どもを見かけなかった。駄々をこねる子どもも見なかった。車椅子の人も何人も通っていった。旗やハンドマイクを持った団体の人も通っていった（シーン8-10）。さまざまな主張があった。黄色や黒の衣を着た僧侶も通っていった。

そこに楽しいお祭りがあるわけではない。金儲けができるわけでもない。市の行事がそこの中心であるにせよ、その他に膨大な人がそれぞれの「行事」を持ってそこに集まり、大勢の人がそれに参加し、あるいは見に、あるいは通過しにやってくる。

足音、話し声、シャッター音、切れ切れの音楽、セミの声。風が無く、暑い。照り返しが熱い。保冷剤がどんどん溶けていく。人、人、人。

米山リサ『広島――記憶のポリティクス』の日本語版序文に、「象徴やイデオロギーは〔中略〕その多義性ゆえに、強力に人々を揺り動かす記号でありつづけてきた。しかし、被爆体験やヒロシマの意味を純化させ、その指示対象を限られたものへと封じ込めてしまうことによって、『風化』は加速してきた」という文がある。東西冷戦の終結によって、全面核戦争の危機は去り、戦争は文明化された国の間では事実上消滅していった、という記述がその後に続いているが、この序文が書かれた二〇〇五年から、世界は大きく変わっている。今では日本政府が繰り返し「北の核」の恐怖を煽り立て、日本も核武装すべきだと公言する事態になっている。アメリカの相対的な地位の低下による世界の覇権争いの激化によって、第三次世界大戦の危機さえ口にされるようになってもいる。

「ヒロシマの風化」は進んだのだろうか。確かに広島県内でも平和教育の時間数は減り、平和記念資料館の展示はよりソフトなものへと変えられようとしているように見える。平和記念公園を一歩出れば、そこに八月六日を見つけ出すことは容易でないかもしれない。

しかし元安橋を通過する人びとを見ていると、ヒロシマの多義性はまだ失われていない、と確かに感じられたのである。ある部分だけを見ているとわからないかもしれないが、通過するたくさんの人びとを見続けていることで、そのことが逆に明らかになったような気がしている。

元安橋での風景③――Aさんとの出会いの記憶から

八月六日、夜の八時半をまわった頃、私は元安川の周囲を歩きながら、灯籠流しの様子を撮影していた。

シーン 8-11　元安橋・8月6日22時8分

シーン 8-12　元安橋・8月6日22時00分

シーン 8-13　元安橋・8月6日20時44分

夜の元安川の周辺は、日も暮れ夏のうだるような暑さも少し落ち着き、灯籠の幻想的な光、集まり往来する溢れんばかりの人びとの流れ、足音や話し声、ときおり流れる音楽などが混じりあった、厳かというよりも開放的な雰囲気が漂っていた。

ライトアップされた原爆ドーム、街灯、流れる灯籠の光。それぞれの光が夜の闇とコントラストをなしながら、昼間の喧騒とも夜の静けさとも異なる独特な風景を作り出している（シーン8-11）。セミの鳴き声が通奏低音のように響くなかで、人びとはそれぞれ肩の力を抜きながら会話をしている。ときおり聞こえてくる子どもの声が印象的だ。夏の普段着というラフな服装の人が多く、それぞれが思い思いの時間を過ごしている。灯籠を流す人、灯籠流しを静かに眺める人、風景をスマートフォンのカメラに収めようとする人、平和記念公園へ向かう人、家路につく人、川の周囲を散策している人などが行き交う（シーン8-12）。一人の人も多いが、どちらかというと、友人やパートナーや家族と連れ合って訪れる人が多い。子どもを肩車しながら川べりを歩く家族連れの姿が見える。誰もがリラックスしているように見える。警備員でさえ気軽に写真撮影に応じている（シーン8-13）。

シーン8-14 元安橋・8月6日20時52分

そのような風景のなかで、私はちょうど元安橋の上を撮影しながら歩いていた。そして、橋の西詰にあるレストハウスの付近を撮影していた時、ある一人の人に呼び止められた。それは、私の大学時代の先輩であるAさんだった。思わぬ場所での予期せぬ出会いに驚かざるをえなかった。

Aさんは関東地方出身で、東京の大学を卒業し就職すると、すぐに広島に配属され、元安橋で偶然に私と出会った時点では、広島に移り住んで三年目を迎えていた。Aさんは、広島に来てから毎年八月六日には平和記念公園を訪れており、この日は三回目であった。

Aさんは一日の会社勤めを終え、「特別な日」である今日の平和記念公園に一人祈りを捧げに来たという。ノーネクタイのスーツ姿というラフな装いに身を包み、仕事終わりではあるものの、疲れた様子はまったく見せず、むしろ静かな充実感を漂わせていた。

これもなにかの縁だと思い話を聞いてみると（シーン8-14）、Aさんは、平和記念公園に来た理由については、原爆や平和といった言葉は一切持ち出さずに、ただ「足が出向いた」と語っていた。そして、「三回来ているけど今年がいちばん重みがある」と静かに語っていた。また、「広島が好き」だとも熱く語っていた。確かな思いを胸に秘めながら、一人の個人として粛々と祈りを捧げに平和記念公園を訪れていることが伝わってきた。

このようなAさんの姿は非常に新鮮に映る。国内外から訪れる観光客、大きな音を発しながら自身の主張を訴えかけるデモ隊、公園の運営を支えるボランティア、警察、警備員、市の職員、八月六日を伝えようとするマスメディア、厳かに祈りを捧げる地元の人びと。しかし、夜の元安橋の風景のなかでふと出会ったAさんは、そのどれとも異なるように感じられた。そして、ただ異なるだけではなく、何か大事なものがそこにあるように感じられた。

それは、夜の元安橋の風景やAさんの振る舞いに象徴されるように、肩の力を抜いたとても自然な様子でそこに集まり、広島に関わっているという姿勢である。私はこうしたAさんに惹かれ、さらに話を聞いてみることにした。(17)

やっぱり今日は特別な日。このあたりもね、いつもはこんなんじゃないよ、この日だけ。これって一年に一回、なにかを喜ぶとか、お祭りではないけど、やっぱりこの日だけ違う。夜は今なんかこう、みんなふやけてくるけど、朝とかやっぱ違うんだよ。違うんだよ、その時だけね。普段会話もしない、もうほんとに赤の他人がね、一瞬なにか黙祷捧げる時とかね、ひとつになるというかね、そういう空気が流れるんだね。

別に俺が毎日ここ来て黙祷してるわけでもないし。ある意味ここは日常の風景。何も感じない。別に原爆ドームっていうのは、特別なんにも感じない、普通、風景の一部にすぎない。ただ今日は違うよね。今日は、あの原爆ドームがいつもと違って見える。この公園がいつもと違って見える。

「いつもと違う」と表現しているように、Aさんにとって平和記念公園は、普段の暮らしにおいても日常的に関わりのある空間である。

俺、あのちんちん電車でさ、路面電車でさ、通勤してたんだよ。ここに平和記念公園があって、ここに俺の会社があって。で、ここで降りて。だけど俺、たまにここで降りて、平和記念公園をあえて歩いて。で、なんか早起きした時は、平和記念公園のベンチとかで、本読んで、コーヒー飲んで、なんかちょっと優雅な朝を過ごして（笑）。マックなんかでコーヒー飲むとかじゃなくて。まあ公園としても過ごしやすいから、時間潰して会社行く。逆に帰りも、すぐ電車乗りたくないなぁみたいなときふらふらぁって歩く。

では、なぜAさんは、八月六日に平和記念公園を訪れたのか。

足が出向いてね、っていう感じよ。習慣っていうほどでもないね。たかが三回目だから。ただね、やっぱり。あの日もなんとなくたぶん、なんとなくだよ、歩いて行ったんだと思うよ。

この「足が出向く」という表現は、Aさんの感覚を理解するための最も重要な鍵になると思われる。少なくとも表面上では、そこに原爆や平和についての明確な意識は見出せない。戦争の記憶の忘却／隠蔽のうえに成り立っている非政治的な姿に映るかもしれない。しかし、八月六日に「足が出向いた」というAさんは、自らの経験の等身大の地点から広島を語り直す実践をしているのではないだろうか。

平和記念公園は、Aさんにとって日常的な空間であり、その意味で、八月六日にここを訪れることは特別なことでない。いわば、Aさんと平和記念公園は、原爆や平和といった文脈とは異なる回路、つまり日常性という回路によってつながっているのである。

戦争の惨禍の爪痕や、平和を希求する祈りは、さまざまなポリティクスにさらされながらも、平和記念公園に確かに存在している。日常性という回路から平和記念公園に参与するのであっても、そこが原爆や平和に関わる空間であることは変わらない。とりわけ八月六日にはそうした側面が顕在化する。

そのような場に赴くこと、そして祈ることを、Aさんはあたりまえのこととして実践している。原爆と平和についてのマスター・ナラティブは、彼のなかでは意味を持たない。Aさんは、日常性から平和の文脈へとつながっているのである。だからこそ、「足が出向く」という言葉によって語ったのであろう。また、一人で夜の平和記念公園を訪れたのであろう。

夜の元安橋の時空間は、公園に向かう人、公園を去る人、灯籠流しを眺める人、さまざまな人の交差点となっている。多様な人が行き交い、留まりつつ、肩の力を抜きながらより等身大の姿で、ゆるやかにつながっている時空間である。

この時空間は、必ずしも原爆や平和といった理念の水準のみでは捉えることはできない。また、その時空間に集う人びとに強固な共同性や一体感を見出すことはできない。しかしながら、Aさんの語りや振る舞い、あるいは夜の元安橋の風景のなかには、それぞれが等身大の地点から平和に思いを馳せる姿がある。そして、普段は見ることのできない、ささやかだが確かなつながりが表出する、特別な時空間になっているように思われる。

三　不確かさの空間

八月六日の元安橋を早朝から深夜まで見続けるという試みは、多くの気づきと発見をもたらしてくれた。しかしそれらは、簡単に要約したり解釈したりすることができるようなものではなかった。むしろ、たくさんの人びとが織りなす空間の複雑さや分からなさを、改めて思い知らされたといってよい。そのようななかで、あえて元安橋での調査からわかったことをまとめてみると、以下四つの点を挙げることができるだろう。

第一は、元安橋はさまざまな流れの結節点だということである。本来なら混じりあうことのないような異質な流れが、元安橋の五十六メートルのあいだで並行し、交差し、すれ違い、時には互いに絡み合う。この橋が跨いでいる元安川の流れも無視できない。昼間の水泳も、夕方以降の灯籠流しも、川と橋が直交する接点において行われることで、さらに特別な意味を持つようになっているように思われる。

第二は、元安橋の光景は一日のなかで大きく変化するということである。人の数、その流れの方向、人びとの振る舞いや表情、橋上とその周辺で行われている出来事などが、それぞれ固有のうねりとリズムをもって転変していく。このことは、時間的重層性として捉えてもよいであろう。

第三は、常時というわけではないものの、しばしば橋上が演劇的な空間となることである。演説や演奏のようなパフォーマンスが行われる。その他にも、自身の意見を不特定多数に伝えようとする行為が、意図的なものも無意図的なものも含めて、さまざまに行われている。そのような表現は観客を必要とするが、原爆を〈まなざす〉多くの人びとが行き交う八月六日の元安橋という特殊な時空間には、そこを渡る人たちのあいだで刹那的に「見る - 見られる - 見せる関係」（中野 2007）が成立しうる条件が整っている。

第四は、元安橋が出会いの場所にもなるということである。前述したように人の流れが結節する橋上では、そこにさまざまな一瞬のコンタクトが生まれているが、さらに深い出会いも起こりうる。そのひとつの実例となるのが、Aさんとの出会いにほかならない。単なる偶然だという面もあったかもしれないが、私たちの元安橋への〈まなざし〉が引き寄せた出会いなのだと理解したい。

これら四点のいずれにも共通するのは、橋上を通る人びと自身は意図も想定もしていなかったであろうなにかが起こっている、ということであろう。目的地に向かうために通過するだけの経路にすぎなかったはずの橋が、なにかを引き起こす場となるのである。

橋とはなにか。よく知られたG・ジンメルの議論は傾聴に値する。彼によると、橋とは「二点間を結ぶ」存在であり、かつ「無条件の確実性や方向性を保証している」ものである。「すべてのものがたがいに結合しているとも、また分離しているとも見なしうる」この世界において、私たち人間は「どの瞬間をとっても、結合したものを分離するか、あるいは分離したものを結合する存在」である。であるから「私たちは、二つの岸という相互に無関係なたんなる存在を、精神的にいったん分離されたものとして把握したうえで、それをふたたび橋で結ぼうとする」。つまり、橋とは「私たちの意思の領分が空間を超えて拡大していく姿の象徴」なのである（Simmel:1909=1999）。

ジンメルに従うならば、橋は「無条件の確実性」があってこそ橋だということになる。しかし八月六日の元安橋は、それとはかなり異なっているように思われる。「無条件の確実性」どころか、そこには不確かさ（uncertainty）が漂っているのではないだろうか。思わぬ出来事が起こりそれと遭遇する可能性の高まるこの日の橋上で、人びとはさまざまな偶然性に巻き込まれている。また、元安橋を渡ることで何と「結合」するのか――ジンメルの視点からいえばそもそも何と「分離」していたのか――という疑い、あるいは、橋を渡った向こうにある平和記念公園にはいったいなにがあるのかという疑いが、そこには見え隠れしているのである。

元安橋が持つ特別な意味について、また別の視点から光を当てることもできる。この橋は平和記念公園のなかで[18]、ほぼ唯一、計画的にデザインしてつくられた空間なのではない。このことの意味は大きい。

平和記念公園は、丹下健三らの手になるデザインを具現化するために、原爆後に息を吹き返しつつあった中島の町にあえてとどめをさすように、ゼロから徹底して計画的につくられた空間である[19]。丹下のデザインにおいては、元安川の対岸にそびえる傷ついた産業奨励館を建築物ではなくモニュメントとして残そうとする以外、何一つとして過去は継承されていない。実際につくられた公園では、丹下の当初案とは異なって、西国街道の道筋は過去の記憶をふまえるよう、中島本町の中心部にあった鍵型の屈曲を再現するように通されているが、あくまでもそれは例外にすぎない[20]。

元安橋は、平和記念公園のなかではきわめて珍しい、歴史的な蓄積とその重層性に立脚した、人為的にデザインされたのではない場所である。元安橋には、公園内の他の場所と違い、計画的に割り当てられた明確な機能がない。計画上では、公園へのアプローチとなるのは平和大橋であり、平和大通りであると想定されていた。だからこそ、平和大通りから垂直に伸びる軸線上に原爆慰霊碑を配置し、その先に原爆ドームが位置しているのである。他にも平和大橋を補う副次的な入口として、公園内の園路の体系によく連結するような新しい橋を元安川に架橋することがデザインされていた。実現しなかったその新しい橋のすぐ隣にある元安橋は、丹下らの公園計画のうえでは機能的には無用の存在だったのである。平和記念公園のためにはなんの機能も与えられていない。しかし、人びとが通り続けてきた長い歴史の蓄積のうえで、今日もたくさんの人びとが、それぞれのさまざまな目的で、ここを渡っている。何も決められていないが、なにかが起こり続けている。まさに未確定の空間、不確かさの橋（bridge of uncertainty）なのである。

四 〈原爆の／現在／地〉の結合と分離

元安橋は平和記念公園へと架かる橋である。人びとはこの橋を渡って、原爆なるものの場所、平和を希う場所へとアプローチしていく。しかし「無条件の確実性」という橋が本来的に具えているはずの性質を、少なくとも八月六日においては、この橋は欠いている。二つの岸を結合することで、人びとに安心と揺るぎない確信（certainty）をもたらすのが橋の本来の役割であるが、この日は逆に不確かさの橋ともなっている。二つの岸をスムーズかつ自明に結合させてはくれない。むしろ両岸のあいだでの分離をほのめかしてもいる。

仮に〈原爆の現在地〉というものが実在するとして、もしそれがどこにあるのかと問われるならば、原爆をまなざそうとする数万の人びとが集まる八月六日の平和記念公園は、もちろん唯一とはいえないまでも、おおむね妥当な答えということになるだろう。とすれば、元安橋は〈原爆の現在地〉への入口ということになるだろう。

しかしこの日の元安橋は、容易には人を向こう岸へと結びつけない。結合する力だけでなく、分離する力も同時にはたらかせている。人びとを荘厳な平和記念式典へと引き寄せもすれば、そうした公式的な中心から切り離されたさまざまな場所へと導きもする。この橋を渡ればひとつの〈原爆の現在地〉があるのではない。この橋を渡る人びとは、その先に広がるさまざまな〈原爆の現在地〉を自分の目でまなざし、選び取らなければならないのである。

一九四五年八月六日の広島の橋は、未確定的で、臨界的な場所であったと先に述べた。しかしそれは、原爆が炸裂したその日だけに限られることではない。元安橋とつながっているかもしれない〈原爆の現在地〉

は、今でも、いつでも、未確定的で臨界的な場所である。〈原爆〉と〈現在＝いま〉と〈地＝ここ〉という三つの要素は、なぜ、結びつくのだろうか。本当に結びついているのだろうか。どのように結びつけるべきなのだろうか。それは自明なことでも確定的なことではない。しかし、いかに不確かではあってもーーあるいはむしろ不確かであるからこそーー私たちは〈いま〉〈ここ〉を求めてこの橋を渡り、〈原爆〉をまなざそうとするのである。

注

（1）西国街道は近世山陽道の別称である。広島の中心市街地の発達に関する歴史地理については、広島市（1983b）で大要を知ることができる。また、古い文献ではあるが、野沢（1934）が詳細かつわかりやすく記述している。

（2）本通商店街は近世城下町の町人地をルーツとしている。本通の歴史的背景については広島本通商店街振興組合（2000）を参照。

（3）近世以降になっても治水の問題が解決されたわけではない。広島はしばしば洪水に襲われている。たとえば一六五三（承応二）年八月の大洪水では、元安橋付近の両岸で堤防が決壊するなどし、五千人余りの犠牲者を出している（広島市 1959:166-167）。明治から昭和初期にかけても、数年のサイクルで沿川地域は洪水に見舞われている（建設省中国地方建設局太田川工事事務所 1993:83）。

（4）一八八九（明治二二）年に広島に市制が敷かれて以降もしばらくは、西国街道は「渡し船によらずこの広島のデルタを東西に通過しうる唯一のものであった」（太田川改修三十年史編集委員会編 1963:367）。明治期には各派川での橋梁建設が進み始めており、特に元安川には多く、一八七七（明治一〇）年に相生橋、一八七八（明治一一）に万代橋、一八八二（明治一五）年に新橋、一八八六（明治一九）年に明治橋と早くから架橋が相次いでいる。ただし、それらは渡橋費を徴収する民間のものであり、必ずしも自由な通行が保証されていたわけではない（広島市 1989:219）。

（5）画像8-1は発行年不詳の絵葉書からのものである。撮影年の推定については広島市郷土資料館（2013:33）の所説に従っている。

（6）画像8-2は発行年不詳の絵葉書からのものである。撮影年を「昭和初期」と推定するにあたっては、橋梁の構造が一九二六（大正一五）年に竣工したコンクリート造であることと、欄干が一九四一（昭和一六）年以降に軍事供出される以前のものであることを参考にしている。

（7）一九一三（大正二）年に刊行された『広島案内記』は、元安橋とその周辺について以下のように記している。「市の中央にありて元安川に架す。長さ二十八間幅四間、国道筋に当り細工町より中島本町に通ず。此付近は市内に於て最も殷賑を極むる所にして、東広島駅に達し西己斐駅に通ずる間、商売軒を列ね車馬絡繹織るが如し」（吉田 1913:32 句読点を一部改変）。

（8）大正の初めに書かれた前掲『広島案内記』は、中島本町を次のように描写している。「元安橋より本川橋に至る間の地にして、市内第一の熱鬧場たり。商業頗ぶる殷賑を極め（中略）、歌舞音曲常に絶えず（中略）、此地は昼夜来遊する者頗る多し」（吉田 1913:43 句読点を一部改変）。他方で、大正の終わり近くの一九二四（大正一三）年に実施された交通量調査によると、広島市内において歩行者数が多い地点はことごとく西国街道筋であったが、最多となった本通東端の堀川町に比べると、中島本町はその六五パーセント程度に止まっている（広島市議会 1983:428）。

（9）一九八五年被団協調査については、日本原水爆被害者団体協議会編（1994）および濱谷（2005）を参照。

（10）湯崎の爆心地復元調査については松尾（2013）を参照。

（11）原爆ドームはもともと一九一五（大正四）年に「広島県物産陳列館」として建てられたものである。一九二一（大正一〇）年に「広島県商品陳列所」、一九三三（昭和八）年に「広島県産業奨励館」と改称を重ね、一九四四（昭和一九）年からは内務省や広島県庁関係の事務所として使用されていた（頴原 2016）。原爆被災の時点では、広島市民一般には「産業奨励館」という呼称が通用していた。

（12）現在の平和記念公園の範囲内に居住していた人口を正確に把握できる統計資料は残されていない。当時の町名でいうところの中島本町・天神町・材木町・木挽町・元柳町の五つの町がおおむね現在の平和記念公園に相当すると見なすならば、一九三五（昭和一〇）年一〇月時点の人口を広島市統計表から知ることができる。合計して九二六世帯四五二二人ということになる（広島市議会 1983:115）。信頼性はさらに若干落ちるが、一九四六（昭和二一）年八月に広島市が「被爆直前人口」を調査しており、それによると、同地区の人口は三七七九人となっている（志水編 1969:253）。木挽町を中心に進んでいた建物疎開の影響などもあってか、十年前より二割近く減少していたということになる。

（13）丹下らは自らの計画思想について、「都市は構造をもっている。それが灰燼に帰したときにも、その構造は消えさっているのではない。〔中略〕都市計画はその社会構造を任意に変革しうる主体性をもつものではない。なにか都市計画に主体性があると感じたのは、灰燼に帰した国土を目のまえにして抱いた幻想であったのである」（丹下・浅田ほか 1949:41）と述べる。しかし、その後実際に提案された平和記念公園のプランを見る限り、この言葉は空手形であったとしか思われない。丹下らは同時に次のようにも述べている。「わたくし達の総合配置計画は、機能的な動線に立脚している。人間の流れに対して、都市計画的な考慮が払われた。自動車交通に対しては、この公園内を幹線が通過することが不必要であると思われるため〔後略〕」（同書 43）云々。歴史的事実としてあった西国街道の動線をふまえることはせず、都市計画の名の下で自身が想像した未然の「機能的な動線」を優先しようとしたのである。ただし、丹下らのこの計画はすべてが実現したわけではなく、現実には西国街道の歴史的背景に一定の配慮をした道路整備がなされる結果となった。この点については後述する。

（14）建築面積約三〇〇平方メートルほどのこの三階建の建物は、一九二九（昭和四）年に建てられた旧大正屋呉服店である。一九四三（昭和一八）年に接収され燃料会館となって原爆投下を迎え、被爆時には地下室を除いて全焼している。一九五七年に広島市が買収し、一時は取り壊されることになるなど紆余曲折を重ねつつも、現在では平和記念公園レストハウスとして利用されている（被爆建造物調査委員会編 1996）。画像8-3と画像8-4に写り込んでいる建物がそれである。

（15）慰霊と平和の聖地であることを理由に、公園使用許可については他の公園に比べて厳しく取り扱われている。芝生広場への立ち入りさえ原則として認めていないほどである（広島市 2006:12-13）。このような聖域化政策は一九六〇年代後半からのもので、さまざまな人びとが平和記念公園においてさまざまな政治的アピールをしようとしていたことが背景にある（根本 2015）。現在では聖域化の名の下での実質的な締め出しが行われているが、一九六〇年代前半までは様子は異なっていた。たとえば一九六四年九月二七日には、原爆慰霊碑前の芝生広場で「広島市民ラジオ体操会」が開催されており、実に一五〇〇人もの参加者を集めている（広島市広報室広報課『広島市政と市民』昭和三九年一〇月一五日付）。

（16）車両通行禁止の時間になると、自転車に乗っている人は降りて歩かねばならない。大勢の警察官が目を光らせているなかで、自転車禁止を無視することはまず無理であろう。自転車は近隣住民にとって日常生活の足である。この日の平和記念公園とその周辺に自転車を押して歩く人びとが大量に見られることは、広島という都市では、平和記念公園内のような一部の例外はあるものの、普段とまったく変わらない暮らしがこの日も営まれていることを改めて証明している。

（17）Aさんに対するインタビューは、二〇一五年八月六日当日の元安橋付近で話したほかに、二〇一六年一〇月二九日にも東京で実施している。Aさんに関わる記述は、以上のインタビューにもとづいている。

（18）本章第二節で既述したように、法規上の位置づけとしては元安橋は平和記念公園の一部ではないが、それらは実質的には一体のものだと見なしたい。

（19）平和記念公園の建設においては、その場所にあった現実よりも、図面上のデザインやコンセプトが優先された。戦後すぐに着手される戦災復興計画の枠組みのもとで（広島市 1995）、大公園とされることになった中島地区には建築制限がかけられるが、実際には数多くのバラックが建設され、人の暮らしが戻り始めていた。平和記念公園の建設は一九五〇年に着工され一九五五年八月頃に完成するが、この「建設」とは、約四〇〇戸に達していたバラックを排除する過程でもあった。広島市の公園緑地部長（当時）の言によると、「ほとんどが不法占用になるもので、これらを一時的に移転させるための用地を吉島や基町地区に求め、失業対策事業の助けをかりて撤去を進めましたが、これの進捗には苦労しました」（浅地 1980:6）のだという。

（20）近年では一般に、平和記念公園内で西国街道を屈曲させたのは丹下健三による計画の素晴らしさのひとつだとされることが多い。丹下自身も、晩年になって平和記念公園の計画を振り返る際に、「ここを横断する道は広島の銀座だった道で、交通路として残したい」（丹下・藤森 2002:139）と考えたのだと述懐している。しかし実際の丹下の当初のプランでは、この道路部分は存在はしていたものの、狭い幅員の直線的な園路として描かれているに過ぎず、交通路としての重要な機能は与えられていない。屈曲した道が実現したのは、丹下らによる計画とは別の要因も理由になっている可能性を疑う必要があるように考える。丹下らは平和記念公園の完成から十五年後の後に、実際に出来上がった公園は計画どおりになっておらず全体の調和と統一が徹底されていない「不潔」な状態にあると憂い、その解決策のひとつとして西国街道部分にあたる道路の撤去を提案している。丹下らはこう述べる。「本川橋と元安橋を結ぶ車道は、慰霊碑と原爆ドームを結ぶ軸線を強調する上に妨げとなっている。特に慰霊碑の前に立って原爆ドームを望むとき、その前を車が無碍に通過する様は、ちぐはぐなものである。少なくとも車の通行は禁止され、出来るだけ早い機会にこれは撤去される事が望ましい」（丹下ほか 1970:25-26）。

（松尾浩一郎・加藤旭人・福山啓子）

コラム6 映像作品紹介『午前八時十五分』

http://www.shin-yo-sha.co.jp/video/hiroshima-4.htm
パスワード：6AUG

本作品は二〇一五年八月六日午前八時十五分の平和記念公園の各所の様子を映すものである。原爆投下から七十年後に、爆心地に近い平和記念公園で人びとはどのように午前八時十五分を迎えるのだろうか。

原爆慰霊碑前で行われた平和記念式典の黙祷のかけ声をはじまりとして、式典には入りきれなかった人びとが集まる原爆慰霊碑の周辺、身元不明者などの遺骨が納められた原爆供養塔（南側と北側）、修学旅行生が多く訪れる原爆の子の像、世界遺産となった原爆ドーム、昔も今も多くの人びとが行き交う元安橋、そして平和記念公園の外側の市街地という場所を本作品は映し出していく。

この日、原爆の災禍が語られる中心地である平和記念公園で、私たちはそこに存在する多様性を目にすることになる。（根本雅也）

第九章　原爆ドームと原爆供養塔
――平和と慰霊

一　平和記念公園における平和と慰霊

〈いま〉〈ここ〉で、私たちが〈原爆〉をまなざすとき、その〈視線〉の方向性はひとつではない。過去の災禍としてそれに相対することもあれば、そこに現在や未来につながるなにかを見出すこともある。本章は平和と慰霊をキーワードにして、八月六日の平和記念公園に現れる〈原爆〉へのまなざしについて考えることにしたい。

平和と慰霊[1]は、平和記念公園において常に存在してきた二つの要素である。平和記念公園はその名前のとおり平和を記念する公園であり、公園内には平和の鐘や平和の時計塔、平和の池、平和の灯など、平和を冠したモニュメントが多く存在する。だが、爆心地に近いこの一帯はかつて繁華街であり、被爆当時には多くの人びとが命を失った。そのため、公園内には慰霊に関するモニュメントも多く存在する。代表的なのは、公園の中心部にある原爆慰霊碑であろう。この馬の鞍のような形をしたモニュメントには原爆によって亡くなった人びとの名簿が納められており、慰霊行為の中心となっている。だが、この慰霊碑の正式名称は広島平和都市記念碑であり、この慰霊碑の前で毎年八月六日に平和記念式典が行われるという点では平和を訴える中心的な場所でもある。原爆慰霊碑に象徴されるように、平和記念公園は平和を記念し願う場所であるとともに、亡くなった人びとへの慰霊がなされる場所でもある。

そもそも、平和と慰霊という要素は平和記念公園の設計の時点で視野に入れられていた。設計にあたった丹下健三は、戦争の終わった後の市民生活の再建は「有機的な統一のあるコミュニティの新しい建設」でなければならず、「そのコミュニティの創造のために、その地域集団の共通の、中心施設であるコミュニティ・センターの建設がまず復興の第一歩に、はじめられなければならない」とした（丹下 1950:16）。同時に、その施設は「広島の記憶を、統一ある平和運動にまで展開させていくための実践的な機能を持った施設、言い換えるならば、平和を作り出すための工場」となることを望んだ（丹下 1950:16）。他方、丹下は広島の人びとが慰霊を求めているとして「何か慰霊し、記念するための施設」を持つことも望んでいた（丹下 1950:17）。こうして、「平和を作り出す工場」と「慰霊のための施設」という機能が平和記念公園の設計のなかに盛り込まれたのである。

今日、広島市によって行われる平和記念式典は、平和と慰霊の双方を目的にしている。この式典はその名称に「平和」が付されているように、平和を訴える式典である。他方、この式典は、原爆死没者名簿の奉納、献花、黙祷といった慰霊的な要素が多く含まれている。何より、広島市長によって読まれる平和宣言は、原爆によって犠牲となった人びとへの追悼と平和への訴えが同時になされている。平和記念式典は、平和と慰霊の二つの性格を併せ持ったセレモニーなのである。(2)

しかし、平和を訴える行為と慰霊の行為はしばしば対置されてもきた。特に平和を訴える方法が「祈り」ではない場合、その二つの行為は対極に位置づけられてきた。そのひとつの例として一九六〇年代後半に取り組まれた平和記念公園の聖域化がある。(3)これは原爆慰霊碑の前に広がる広場の使用を制限するというもので、一九六〇年代に公園の管理者である広島市によって進められた。一九六七年に広島市長となり、聖域化を進めた山田節男は、慰霊碑の前で外国人観光客が祈りを捧げる姿を見て感銘を受け、平和記念公園が人びとにとっての祈りの場所であることを強調した。しかし、平和記念公園を祈りの場所とすることは、それまで原爆慰霊碑前でたびたび行われていたデモや集会を禁止することを意味していた[4]。こうして、かつては平和を訴える場所として活用されていた原爆慰霊碑前の広場は一般には使用できなくなった。平和を求める運動は否定的に捉えられ、祈りが強調される。平和を求める行為と慰霊の行為は密接に絡み合いながらも時に対極なものとして位置づけられ、存在してきたのである。

平和と慰霊の行為の対極性は、八月六日の朝の平和記念公園に集う人びとに顕著に現れる。原爆ドームと原爆供養塔はその最たる場所であろう。原爆ドームは、平和記念公園の北東に位置し、平和記念公園における観光名所のひとつとなっている。毎年八月六日の朝には、多くの人びとがこの場所に集い、平和や反戦の集会などを行ったりしている。他方、原爆供養塔は、平和記念公園の北西に位置するが、原爆慰霊碑や原爆ドームに比べるとその存在は一般に知られていない。原爆供養塔は土が盛られた山のような形をしており、そのなかには原爆で命を亡くした身元のわからない者などの遺骨が納められている。そのため、毎年八月六日の朝には供養塔の南側の広場で各宗派による慰霊行事が執り行われる。一方、本章で取り上げる供養塔の北側は木が生い茂り、個人あるいは少人数で人びとが訪れ、祈る場所となっている。

二　原爆ドームに集う人びと――平和を訴える

原爆ドームは、原爆が投下された当時、広島県産業奨励館と呼ばれていたモダンな建物であった。原爆によって破壊されたこの建物は、原爆の災禍を示す証拠として戦後直後より観光の名所であったが、その後、人類への警告を示すものとして広島市によって永久保存が決定され、一九九四年にはユネスコの世界遺産として認定された。現在、原爆ドームは英語で Hiroshima Peace Memorial ともいわれる。その名前（のつけ方）が意味するように、原爆ドームは平和のシンボルとされている。

筆者たちの調査において原爆ドームは重要な撮影地点であった。八月六日午前中には、原爆ドームの北側と東側に定点カメラを設置したほか、一人の調査員が自由に原爆ドームの周辺を自由に撮影した。だが、鉄柵に囲まれた原爆ドームの周囲は広く、また実に多くの人びとが行き交っているため、ビデオカメラ三台でもそのすべてを記録できるわけではない。以下では、この周辺で目をひいた、集団的な取り組みに着目して記述することにしたい。

八月六日朝の原爆ドーム周辺

八月六日の朝の原爆ドーム周辺は、さまざまな人びとが集まり、自らの平和を訴える場所となっている[5]。ここに集う人びとは祈るだけではなく、集会といったかたちで自らの声をあげたりする。二〇一五年八月六日の朝、午前六時頃から原爆投下時刻の八時十五分頃までの原爆ドーム周辺の光景を見ていくことにしよう。

原爆ドームの北東にあたる、平和記念公園の入口（旧広島市民球場の跡地の向かい）には、約三十名の全学連の人びとが赤い旗を持ち、マスクと青いヘルメットをして横に並び、その向かい側には植え込みを挟んで警察官たちが相対していた（シーン9-1）。

そのすぐ西隣には、「8・6ヒロシマ大行動」[6]の集会が開かれる。この集会は労働組合が中心となっており、参加者は（のぼりに書かれた地名から判断すると）全国から参加している。彼らは舞台をこしらえ、集会を行っていた。そのステージにある大きなバナーには「ヒロシマの怒りで安倍を倒せ」と記されている。集会が始まる前、公園の入口の植え込みでは、一人の男性がヴァイオリンを弾いていた。彼がつけているゼッケンには「星野文昭さんは無実だ」[7]と書かれている。集会では次々に登壇者が出て演説が行われ、午前八時

シーン 9-1　全学連の人びと（原爆ドーム北東の公園入口、午前 7 時 20 分頃）

シーン 9-2　8・6 ヒロシマ大行動のデモ（原爆ドーム北西側、午前 8 時 20 分頃）

十五分には黙祷が呼びかけられる。黙祷が終わると、彼らは市中へとデモを開始した（シーン9-2）。

「8・6ヒロシマ大行動」の集会から公園入口を挟んで西側でも集会が行われていた。この集会は（のぼりから判断すると）ピースリンク広島・呉・岩国やピースサイクルといった団体が関わっている[8]。ピースリンク広島・呉・岩国は、原爆被害を受け平和都市を主張する広島、海上自衛隊のある呉、現在米軍基地がある岩国という都市の名前を結びつけているように、自衛隊の海外派兵や米軍基地に対する抗議活動を続けている。ピースサイクルは、日本各地を自転車で回り、平和へのメッセージを集め、広島・長崎などに届けたり、アジアを回って日本の戦争加害について考えたりしている団体である。

そのさらにすぐ西では黄色い袈裟を着た日本山妙法寺の仏僧たちが団扇太鼓を叩き、原爆ドームに向かって「南無妙法蓮

シーン9-3　日本山妙法寺の僧侶たち（原爆ドーム北側、午前6時40分頃）

華経」の題目をあげ続けていた（シーン9－3）。日本山妙法寺は日蓮宗系の仏教集団であり、戦後の反核平和運動に長らく従事してきた。原水爆禁止運動で行われている国民平和大行進は、全国から広島へと歩く行事である。これは、もともと一九五八年に広島と東京を結ぶ行進から始まっており、その際中心となったのは日本山妙法寺の僧侶であった[9]。彼らは現在の行進にも深く関わっている。

原爆ドーム北西では、旧内務省の慰霊碑の近くで、国土交通省（旧内務省）原爆殉職者慰霊式が行われていた[10]。

原爆ドームに関する説明板が置かれた南側には、観光客が訪れ、ドームを背にして写真を撮影したりする。午前七時頃には、自転車とともにヘルメットと同一のユニフォームに身を包んだ外国人らしき四人とカジュアルな服装をした数名が写真撮影をしていた（シーン9－4）。彼らが持つバナーには、「Sympasize《ママ》 With Hiroshimas People」と手書きで書かれ、その下に「核兵器のない世界――暴力のない世界」と書かれている。イランの国旗とイランという文字があることからユニフォームに身を包んだ四名はイランから来たと思われる。

午前八時過ぎには、原爆ドーム南側の同じ場所で反原発を主張する人びとが集まっていた（シーン9－5）。彼らが掲げるボードには「NO MORE FUKUSHIMA」「NO UNDER CONTROL!! NO OLYMPIC 2020!!」と書かれており、大きなバナーには「（南相馬）住民無視の避難地点解除は違法！　二〇ミリシーベルトではいのちは守れない」と記されている。また、脇にあるのぼりには「原発をゼロにしてから死ぬのが、大人の責任だと思う」とある。彼らは八時十五分に黙祷をあげ、その後で宣言文を読み上げていた。

原爆ドームの東南側では簡易の舞台が設置されている。その東隣には白いポールが建てられており、このポールには「世界人類が平和でありますように」と記されている。この文言からこのポールが、ワールド・ピース・プレヤー・ソサイエティによるピース・ポールであることがわかる。この団体は、宗教家・五井昌久によって提唱された祈りによる世界平和運動を展開しており、世界の各地にピース・ポールを建立する活動を行っている[11]。その向かい側では「ピースパルズ国際絵画展」が行われているが、こちらも同団体の活動の一部である。この団体は、午前八時十五分には一分間の黙祷をあげ、九時からはワールド・ピース・プレヤー・セレモニー（ＷＰＰＣ）を開催する。ＷＰＰＣは世界一九四を超

シーン 9-4　原爆ドーム南側（午前 7 時頃）

シーン 9-5　原爆ドーム南側（午前 8 時 10 分頃）

シーン 9-6　ワールド・ピース・プレヤー・セレモニー（原爆ドーム東南側、午前 9 時 30 分頃）

シーン 9-7　三多摩ヒロシマ子ども派遣団（原爆ドーム東側、午前 7 時 50 分頃

える国の国旗の掲揚し、それぞれの国名を挙げて「〇〇が平和でありますように」と祈っていくというものである（シーン9-6）。

原爆ドームの東側は西側とともに、そこを通って平和記念式典へと向かう通り道となっている。そのなかには通行人の邪魔にならないように集いを行っているものもある。そのひとつに三多摩ヒロシマ子ども派遣団があり、この年は第三十四回目の派遣であった[12]（シーン9-7）。彼らは八時十五分に合わせてダイ・イン[13]を行っていた。

原爆ドームの北東側、全学連の人びとが立っていた場所よりも南側には「慰霊」と記された広島県地方木材統制株式会社慰霊碑がある。そこには果物などが供えられていたほか、焼香台が設置されており、通りすがりの人びとが祈りをあげていた（シーン9-8）。午前七時半頃には、黒い袈裟の仏僧の一団が現れ、団扇太鼓を叩いていた。

原爆ドームの周辺には多くの個人も集う。午前八時十五分の原爆ドームの東側ではダイ・インを行う集団に加えて、それまで腰をかけていた人びとが立ち上がり、歩いていた人びとは立ち止まって黙祷を行っていた（シーン9-9）。また、この時間に合わせて平和記念公園を訪れる人もいた。調査員の一人は原爆ドーム

シーン9-8　広島県地方木材統制株式会社慰霊碑に祈る親子（原爆ドーム北東側、午前7時50分頃）

シーン9-9　午前8時15分の原爆ドーム東側

シーン9-10　ダイ・インをする二人組の男性（中央）と脱帽し黙祷する男性（右）（原爆ドーム北西側、午前8時15分）

の東側に自転車を止めたスーツ姿の男性が黙祷を上げた後ですぐに立ち去っていたことを目撃している。また、シーン9-10は、原爆ドームの北西の八時十五分の映像である。中心にいる二人の男性は時刻を見て、ダイ・インを実施した。右端にいる初老の男性は八時十五分の時刻までは腰をかけていたが、時間が来るとさっと立ち上がり、帽子を取って胸に当て黙祷した。

八時十五分という時間が過ぎ、式典も終わる時刻になると、原爆ドームの周辺も少しずつ変わっていく。九時過ぎには、原爆ドームの北側で高校生たちによる「核兵器の廃絶と平和な世界の実現を目指す　高校生一万人署名活動」が行われ、原爆ドームの東側では「8・6広島青空式典」が行われていた[14]。

シンボルとしての原爆ドーム

さて、以上のような光景からいえるのは、八月六日朝の原爆ドーム周辺は平和や反核を訴えるパフォーマンスの空間になっているということであろう。いくつものグループが計画的にこの場所に集まり、それぞれに集会を執り行う。たとえば、ワールド・ピース・プレヤー・ソサイエティによるWPPCは「政治や宗教、民族や国家などのあらゆる立場の違いを超えて、ただ世界の完全平和実現のみを念願して、世界各国の平和を祈る行事」と自らを位置づけ[15]、祈りによる平和を希求する。労働組合を中心とする「8・6ヒロシマ大行動」は日本政府に対する批判を繰り広げ、デモという行動をとる。彼らの広島アピールは、特に近年制定された安保法制を「戦争法」と捉え、それを制定した安倍政権に対して「被爆者」の「怒り」を対置させる。また、ピースサイクルとピースリンク広島・呉・岩国も反戦・平和団体である。ピースリンク広島・呉・岩国は、原爆被害を受けた広島だけではなく、呉や岩国という都市の名前をつなげているように、平和を広島で主張されるような核兵器の問題としてのみ扱うのではなく、米軍基地や自衛隊の問題へと展開している。さらに、原爆ドームの南側で、福島の原発事故に関連して抗議をする人びとは、核兵器と原子力発電を結びつけて反核を訴える。彼らが掲げていた「NO MORE FUKUSHIMA」は、もちろん「ノーモア・ヒロシマ（ナガサキ）」に由来する。[16] 原爆投下と原発事故にはさまざまな差異があるが、核エネルギーという点で「ヒロシマ」と「フクシマ」が結びつけられる。このように、原爆ドームに集う人びとの一部は、広島を平和や反核のシンボルとして捉え、自らの行為を展開している。しかし、それぞれの掲げる平和やその求め方は互いに異なっている。

以上のような平和や反核の訴えが意味するのは、これらの人びとが原爆の災禍を現在の社会状況のなかで捉え直し、その出来事の意味を未来に生かそうとしているということであろう。つまり、彼らが掲げる平和や反戦、反核は、過去に起きた広島の災禍に言及するものの、その視線は現在そして未来に向いている。今日の世界平和の祈願、現在の政権や政策に対する批判、今存在する米軍基地への反対、今まさに問題を起こしている（と考える）原発とそれをめぐる施策への反発といったことは、現在の「問題」を解決し、より良い未来を築くことを志向する。そして、そのために原爆の災禍という過去の出来事が持ち出される。原爆による被害は今の社会にとってなにを意味しているのか。この問いに対して、これらの人びとは自分たちなりの答えを出し、行動する。これらの人びとにとって、広島そして原爆ドームは、原爆の災禍の現在的な意味を語り訴える象徴的な場所なのだ。

もちろん原爆ドーム周辺で平和を訴える人びとに慰霊の行為が欠けているわけではない。8・6ヒロシマ大行動や反原発を主張する人びと、そしてワールド・ピース・プレヤー・ソサイエティの人びとが午前八時十五分に黙祷をあげたように、追悼はそれぞれの行事のなかに組み込まれている。しかし、一方で、これらの人びとにとって慰霊そのものは目的ではない。慰霊は平和のための慰霊、反核のための慰霊であり、具体的な個人の死に対する慰霊ではない。このことは次に検討するような原爆供養塔を訪れる人びととは異なっている。

三　原爆供養塔を訪れる人びと――身近な人の死を悼む

原爆ドームから元安橋を渡って、そこから北西の方角に少し歩くと原爆供養塔がある。原爆供養塔は土の上にこんもりと盛られた山のような形をしているため、「土まんじゅう」と呼ばれたりもしてきた。そのなかには原爆によって犠牲となった人びとの遺骨が安置されている。

原爆供養塔の歴史は戦後直後にさかのぼる。広島市によれば、[17]もともとこのあたりには慈仙寺という寺院があり、原爆によって亡くなった人びとの遺体が運び込まれ、荼毘に付された。一九四六年には、仮の供養塔や納骨堂、そして礼拝堂がつくられた。現在の供養塔は、一九五五年につくられたもので、直径十六メートル、高さ三・五メートルの塔である。この塔の内部には納骨堂があり、身元の判明しない遺骨や引き取り手がいない遺骨が納められている。一九四六年以降、毎年八月六日には、この供養塔の南側で、複数の宗教の合同による供養・慰霊が行われている。

原爆供養塔の南側広場で行われる慰霊行事が人の目をひき、観光客の関心を集める一方で、木々が茂って鬱蒼としている供養塔の北側に地元の人びとが訪れることはあまり知られていない。では、ここには実際にどのような人びとが訪れているのだろうか。被爆から七十年がたった原爆供養塔の光景を筆者たちの調査をもとに見ていきたい。

八月六日朝の原爆供養塔（北側）

筆者たちの調査では一ヶ所に固定した定点カメラによって原爆供養塔を訪れる人びとを撮影した。撮影した時間は午前四時前から午前十一時頃までである。撮影開始から原爆投下の時刻となる午前八時十五分までに時間を区切ると、その間に原爆供養塔（北側）を訪れ、祈りをあげた人の数は二百名を超える。[18] 一時間ごとの時間帯で区切ると、午前四時台は十人以下であったが、午前五時には約六十名が訪れ、午前六時から七時にかけては約百名が訪れた。午前七時から八時にかけては五十名ほどが訪れている（図9-1）。なお、午前八時十五分には約二、三十名の集団がいたが、彼らは人数のなかに含めていない。

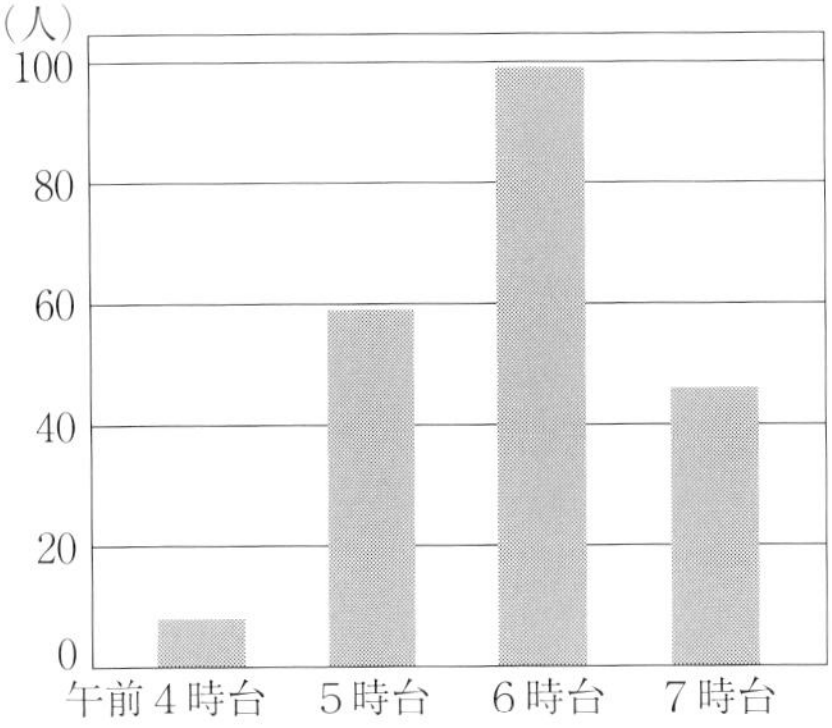

図9-1　供養塔（北側）で祈った人数

早朝に原爆供養塔を訪れた人びとの多くが一人あるいは少人数の集団であった。一人、二人が最も多く、三人以上で訪れる者は少ない。それらのグループの多くは、家族であるように見受けられた。原爆ドームの周辺でよく見られた集団による活動は、上述の午前八時十五分の時間帯にいた集団ひとつのみであった。

私たちの調査員が現地に到着したのは午前四時前だった。まだ辺りは暗かったが、すでに一人の訪問者がいた。[19] その後に来たのは、午前四時三十分になる前に現れた一人の初老の男性であった。彼はカジュアルな服装でサンダルを履いていたが、数珠を持参し、線香をあげ身をかがめて祈っていた。この時間帯にはメディアのカメラマンが来ており、彼らもまたこの男性を撮影していた。次に現れたのは中年の男性で、Tシャツ、短パン姿でリュックを背負い、線香をあげて祈っていた。

実際、原爆供養塔には一人で訪れる者が多い。たとえば、午前六時頃に来た白髪の女性は、杖をついてゆっくりと歩いてきた。この女性は、杖を脇に抱え、持参した数珠を持って供養塔に向かって祈っていた。その後で訪れた高齢の男性も一人であり、彼はしゃがんで祈りをあげていた。また、シーン9-11は六時五十分頃に杖をついて訪れた一人の男性である。彼は、持参した花を供えた後、杖を焼香台に立てかけ、一分以上立ったまま祈りをあげた。

シーン 9-11　原爆供養塔にて一人祈る男性（午前 6 時 50 分頃）

シーン 9-12　二人組の女性（午前 5 時半頃）

午前七時四十分過ぎて供養塔を訪れた中年の女性は、帽子を脱ぎ、花を供え、三分間程度供養塔に向き合っていた。映像からは確認できなかったが、読経していたようにも見える。

供養塔を訪れるなかには二人組も多い。高齢または中年の夫婦、高齢の男性または女性とその子ども（の世代に当たる人）、中年の男性または女性とその子ども（の世代に当たる人）という家族の組み合わせが多く、友人同士といった二人組はこの時間帯にはほとんどいなかった。具体的に供養塔を訪れた二人組の事例を挙げておこう。午前五時三十分頃に訪れたのは高齢の女性と三十代くらいの女性であった。高齢の女性は黒を基調とした服装であったが、両者ともにカジュアルな格好をしていた。彼女たちは花を供えて線香をあげ、数珠をつけて祈る（シーン9-12）。その少し後に現れたのは初老の男性と女性であり、女性が花束を持参して供え、しゃがみこんで祈っていた。六時頃にも高齢の夫婦らしき男女が来て祈りをあげている。多くはなかったが中年の父親と子ども一人という組み合わせもあった。午前七時四十分頃に訪れたのは五十代くらいの男性と十代の女の子であり、彼らも身をかがめて祈っていた。

　三人以上での訪問者となると、多くは両親と子ども、一人の親あるいは祖父母と複数の子ども、あるいは三世代の家族という組み合わせである。たとえば、まだ薄暗い午前四時台に訪れた五人は次のような様子だった（シーン9-13）。高齢の男性は左手で持った杖をつきながら歩く。その後でこの男性と同年代の女性が喪服を着て現れた。この女性は花束を持参しており、それを供えるとともに線香をあげる。少し遅れて登場したのは三十代くらいの男性と女性、そしてその子どもらしき女の子であった。男性は白い長袖のワイシャツに黒いズボン、女性は白い半袖に黒のロングスカート、子どもは黒と白のワンピースという出で立ちであった。五人は一緒に祈りをあげており、三世代の家族であるように思われる。また、午前五時を過ぎた頃、五十代くらいの男性と十代の男女が原爆供養塔を訪れた。おそらくは父親と娘・息子であると思われるこの三人は、皆カジュアルな格好であったが、三人とも数珠を持ってきていた。彼らは一輪の花を供え、線香をあげていた。午前六時過ぎ、祖父母（と思われる高齢の夫婦）に連れられて三人の女の子が訪れる（シーン9-14）。三人のうち二人は制服を着ており、三つの花束を供える。その後六時十分過ぎに現れたのは高齢の男性と中年の夫婦らしき男女であった。

シーン9-13　家族と思われる五人の集団（午前4時台）

　原爆供養塔を訪れる人びとは線香と数珠を持参する。また、花や水といったお供え物を持ってくるものもいる。服装としては普段着が多いが、なかには喪服を着ている者もちらほらと見られる。シーン9‐15は午前七時頃に供養塔に来た中年の女性二人組であるが、彼女たちは黒の喪服に身を包んでいた。

数珠や線香を持参する人びとは供養塔に訪れることを事前に計画していたと考えられる一方、この場所に

シーン 9-14 祖父母らしき二人に連れられてきた三人の女の子（午前6時頃）

シーン 9-15 喪服で祈る二人の女性（午前 6 時 40 分頃）

シーン 9-16 ゴミ拾いの「STAFF」の男性（帽子をかぶっている左側の男性、午前 7 時 50 分過ぎ）

ふらりと訪れ、祈る者もいる。午前六時前には報道の関係者であろうカメラマンが通り過ぎる際に簡単に祈りをあげた。六時半頃に現れた若い男性は、少し供養塔から距離をとりながらも、一分以上にわたって手を合わせていた。そして、午前七時五十分過ぎには、赤いゼッケンに「ＳＴＡＦＦ」と書かれたゴミ拾いの男性が作業をしていた手を止めて祈りをあげた（シーン9-16）。

身近な人の死を悼む

なぜ人びとは原爆供養塔を訪れるのだろうか。原爆供養塔前での調査は基本的に定点カメラ一台を設置し、訪れた人びとの様子を記録することに焦点を置いていたため、インタビュー調査をほとんど行っていない。しかし、原爆供養塔を訪れた一人の簡単な聞き取りからなぜ人びとがこの場所に来るのかが見えてくる。

調査員の一人は私たちがカメラを設置する前、つまり午前三時半頃にすでに原爆供養塔に来ていた男性に簡単なインタビューを実施している。この男性は原爆が投下された当時、旧制中学の二年生であり、当時は郊外の工場に動員されていたため、直接の被爆は免れた。しかし、父親と叔父が行方不明となり、彼は母親とともに原爆によって廃墟となった街中で父親を探し続けた。ある時、町の中心部で父親らしき遺体を見つけたものの、父親が生きているはずだと考えていたため、その遺体を調べることはしなかった。しかし、父親は見つからず、しばらく後にその場所に戻ってみると、遺体はすでに片付けられていた。結局、父も叔父も遺体は見つからなかった。そのため、彼は身元が定かではない遺骨や引き取り手がいない遺骨が納められたこの場所を人気のない時間に訪れ、ゆっくりと祈っていた。このように、原爆供養塔には遺骨が見つかっていない、原爆で行方不明となった人びとの「遺族」が訪れる。

原爆供養塔の北側を訪れる人びとの多くは、原爆によって犠牲者が生まれた家族の親族であり、慰霊のために訪れる。花束やペットボトルの水を供え、線香をあげて持参した数珠を手に静かに祈る人びとの姿は、なにかを訴えているというよりも、身近な人の死を悼んでいる。ここに来る人びとには拡声器もバナーも持ってきてはいない。身近な人の死を悼む行為にはそのようなものは必要ないのであろう。身近な者の死に対する慰霊は、それ自体を目的としているのであって、それを通じてなにかを訴えるわけではないのである。また、原爆供養塔を訪れて祈る行為は、訪れる者にとっては慣習であるように思われる。というのも、八月六日のこの時間帯に原爆供養塔を訪れた人びとの振る舞いには迷いがないからだ。供養塔を訪れ、持ってきた線香を取り出し、それらに火をつけ、供え、祈り、帰る。その一連の行動はすでに何度もそうしてきたかのように自然である。

そして、おそらく原爆供養塔を訪れるという慣習は世代を超えて受け継がれている。二人以上で原爆供養塔を訪れる者の多くは家族であった。高齢者とともに訪れる中年の人、高齢者とともに訪れる子どもたち、親とともに訪れる子ども、そして三世代の家族たちといったこの場所を訪れる人びとの構成に表れているのは、原爆によって亡くなった者の死を悼むとともに、いつまでもその特定の死者を忘れないという姿勢であろう。直接知っている世代だけではなく、生まれた頃にはすでに亡くなっていたはずの子どもの世代やさらには孫の世代にいたるまで、その死者の存在が受け継がれていく。

四　八月六日の意味――平和と慰霊の乖離と接合

原爆ドームと原爆供養塔の朝の光景は、「八月六日」の意味が多様であることを表している。言い換えれば、それぞれにとっての「八月六日」が存在するということだ。

原爆ドーム周辺に現れたのは、平和を訴えるという行為であった。核兵器に反対すること、戦争に反対すること、それらに関連して現在の政権を批判すること、平和を訴えること、あるいは核エネルギーに反対することなどである。これらの行為は未来志向の行為でもある。なぜなら、原爆の災禍は、現在の社会状況のなかで捉え直され、今日の問題と接合され、(それぞれにとっての) より良い未来をつくるための行動につなげられているからだ。ここでは慰霊の行為がなされたとしても、それらは身近な人の死に対するものではない。彼らにとっての慰霊は原爆によって亡くなった人びと一般に対する慰霊であり、そこには慰霊を通じた目的が存在する。

このことは原爆供養塔とは異なる。ここを訪れる人びとの多くは個人あるいは少数の家族であり、ここを訪れ、ただ祈るのみである。なにかのメッセージを提示することはほとんどない。おそらく身近な人の死を悼む行為には、原爆の災禍を現在の社会状況と結びつけることを必要としないのであろう。特定の人の死という過去の出来事に対して、現在も祈り続けるのみなのである。言い換えれば、ここを訪れる人びとにとって慰霊は過去に向き合う作業である。

原爆ドームと原爆供養塔に現れる平和と慰霊の行為は乖離している。華やかに、喧騒のなかで、パフォーマンスを繰り広げる原爆ドームの周辺と、普段着あるいは喪服という出で立ちで、静かに祈る原爆供養塔は対極的であるとすらいえよう。だが一方で、それらは平和記念公園という同一の空間に存在している。これらの行為は対極的で乖離しているが、八月六日の平和記念公園という時空間の中で接合しているのである。

慰霊という過去を志向する行為が展開される原爆供養塔と平和という未来を志向する行為が展開される原爆ドームの光景のどちらとも異なる景色が平和記念公園には存在する。平和でも慰霊でもない、あるいは平和でも慰霊でもある、そのような態度を持つ人びとが集うのが次章で扱う深夜の原爆慰霊碑前であろう。実際に原爆によって犠牲となった身近な者がいるわけでもない。かといってなにかの集団に属して反核や平和を声高に叫ぶわけでもない。そうした人びとが深夜の原爆慰霊碑を訪れる。

注

(1) 神道などで用いられる「慰霊」と仏教のなかで用いられる「供養」は厳密に言えば同じものではないが、本章では煩雑さを避けるため「慰霊」のみ表記することにしたい。

(2) 歴史学者・宇吹暁(1992:26-27)によれば、平和記念式典の前身である平和祭は「平和運動」として位置づけられており、そこに慰霊の要素は見られていなかった。このような慰霊の性格は一九五一年以降に含まれていくようになったという。

(3) 聖域化についての詳細は根本雅也の著作を参照してほしい(根本 2018)。

(4) もともとこの場所では原水爆禁止世界大会が行われるなど、社会運動団体が活用していた場所であった。山田節男は市議会で次のように述べている。「私は〔デモなどの〕禁止とかなんとかじゃなくて、神聖なる場所〔中略〕供養塔の下には十数万の被爆者の遺骨が埋ずまっておるのであります。そして、こちらの慰霊塔には、これまた十数万の被爆者としてなくなった方々の芳名があるのでありますからして〔中略〕これは、もう全く世界の顔です。世界の霊地です。〔中略〕それを聖域とすること〔は〕〔中略〕場合によったら、デモなんか一切しないで、静かに、ひとつあそこで祈りをさしてくれという市民感情があれば〔中略〕騒音を伴うようなことは〔中略〕慎んでもらいたいと思うのであります」(「昭和四十二年第五回広島市議会定例会会議録」p.160)。

(5) いつ頃から原爆ドーム周辺に人びとが集まり、集会などを行うようになったのかは不明だが、二〇〇五年の時点で見られたことは確かである。

(6) 「8・6ヒロシマ大行動」は以下のサイトに記録を残している。(http://86hiroshima.blogspot.jp/2015/) 二〇一八年三月十日閲覧。労働組合の名前や運動の内容などからこの行動には革命的共産主義者同盟全国委員会(中核派)が関わっていることがわかる。

(7) 星野文昭は、一九七一年に渋谷で起きた暴動事件で警察官殺害に関与したとして無期懲役を受けた人物である。この暴動事件は中核派によって起こされたものである。星野の無実と再審を訴える運動がなされている。

(8) ピースサイクルとピースリンクはそれぞれのウェブサイトを参照した。ピースサイクル(http://blog.peace-cycle.main.jp) ピースリンク(http://www.geocities.co.jp/HeartLand-Hinoki/5678/siryou15.html 二〇一八年三月十日閲覧)。

(9) 日本山妙法寺と広島の関わりについては広島平和メディアセンターの次の記事を参照した。(http://www.

hiroshimapeacemedia.jp/-p=27313　二〇一八年四月四日閲覧）

（10）二〇一五年八月六日に行われた国土交通省（旧内務省）原爆殉職者慰霊式についてはヒロシマ平和メディアセンターの記事を参照した（http://www.hiroshimapeacemedia.jp/?p=49335　二〇一八年四月四日閲覧）。

（11）ワールド・ピース・プレヤー・ソサイエティについては同団体のホームポエージを参照した（http://wpps.jp　二〇一八年四月四日閲覧）。また、広島で行われているセレモニーについては「広島平和記念日ＷＰＰＣ」のウェブサイトを参照した（http://heiwa.holy.jp/wppc-hiroshima/　二〇一八年四月四日閲覧）。このサイトには二〇一五年八月六日の行事の報告も掲載されている。

（12）三多摩ヒロシマ子ども派遣団のウェブサイトを参照した（http://www.jichiro8.net/html/1/1_8_62.html　二〇一八年三月十日閲覧）。

（13）核兵器によって亡くなった人のふりをするもので、核兵器に対する抗議行動の一種である。

（14）高校生一万人署名活動（http://peacefulworld10000.com）、８・６広島青空式典（http://www.awcjapan.org/2015/2015 08-001.html）についてはそれぞれのホームページを参照した（二〇一八年四月四日閲覧）。

（15）「広島平和記念日ＷＰＰＣ」のホームページ（前掲）より引用した。

（16）「ノーモア・ヒロシマズ」という文言は一九四八年に行われた第二回平和祭においてすでに使われていたものでもある（宇吹 1992）。

（17）原爆供養塔については広島市のホームページ（http://www.city.hiroshima.lg.jp/www/contents/1266299389306/index.html）および「広島平和記念資料館バーチャル・ミュージアム」（http://www.pcf.city.hiroshima.jp/virtual/VirtualMuseum_j/tour/ireihi/tour_09.html）を参照した（二〇一八年四月四日閲覧）。

（18）ここでの人数は、まずカメラの映像に映っていること（カメラの前などに人が立つなどして数えられない場合は除外している）、そして原爆供養塔の前で手を合わせるなど祈っていると思われる人びとのみをカウントした。そのため、ここでの人数はおおよその数字として考えてもらいたい。

（19）この訪問者にインタビューは行ったものの、カメラでその姿を記録することはできていない。

（根本雅也）

コラム⑦ 映像作品紹介『原爆供養塔の朝』

http://www.shin-yo-sha.co.jp/video/hiroshima-5.htm
パスワード：6AUG

本作品は二〇一五年八月六日早朝の原爆供養塔（北側）の光景を固定カメラにより撮影したものである。

身元の判明しない遺骨や引き取り手がいない遺骨が納められたこの場所には、原爆から七十年経ったこの日にも朝早くから多くの人が訪れ、持参した花束を供え、線香をあげ、数珠を身につけて祈る。

杖をついてゆっくりと訪れる白髪の男性、しゃがみこんで祈る初老の夫婦、孫とともにくる祖父母、十代の娘を連れてくる中年男性、喪服姿で訪れる女性、通りすがりに祈りをあげるボランティアなど、一人で訪れる者もいれば、家族を伴ってくる者もいる。

こうした振る舞いのなかに、私たちは身近な死者の記憶が世代を超えて受け継がれていく様子を見ることになるだろう。（根本雅也）

第十章　深夜の原爆慰霊碑前に祈る人びと

一　八月六日深夜の原爆慰霊碑前という時空間

私は、八月六日深夜の原爆慰霊碑前の光景に魅せられ、八年前から毎年この日の深夜に慰霊碑前に訪れている。(1) 昼間の喧騒とは打って変わって、暗闇のなかにひっそりとたたずむ慰霊碑に、ぽつりぽつりと来ては祈っていく若者たち。その邪魔をしないように、慰霊碑から少し離れた通路脇のスロープにもたれながら、そっと、時のたつのも忘れてその光景に見入る。

毎年決まって夜十一時を過ぎた頃から、Tシャツ、短パン、サンダル履きで、いまどきの若者たちがたった一人で慰霊碑前に祈りにやってくるのだ。(2) しんとした慰霊碑前の空間に、サンダルの音が響く。ある時は、自転車をものすごいスピードで走らせてやってきて、慰霊碑の斜め前に自転車を乗り捨てるように置いた青年を見かけた。行儀悪いなぁと思いながら見ていたら、彼はそのまま慰霊碑の前に歩いていき、かぶっていた帽子をとり、長い時間しっかり手を合わせて丁寧に祈ったかと思うと、またものすごいスピードで自転車を走らせ去っていった。

ある時は、腕や脚にタトゥーを入れたヤンキー風の若い夫婦が、やはりTシャツにサンダル履きで、(二人の子どもなのだろう）赤ん坊を乗せた乳母車を押してやってきた。二人で静かに祈り、しばらくその脇でたたずんだあと、ゆっくり乳母車を押して帰っていった。

また、会社帰りに一人で祈りにやってくる若いサラリーマンやＯＬもよく見かける。二〇一四年の八月六日の平和記念式典は、四十三年ぶりに雨のなかでの式典であったが、午後にはその雨もやんだ。その日の深夜の慰霊碑前には、畳んだ傘を手に持ったサラリーマンやＯＬ風の人たち姿が目立った。その手に持った畳んだ傘は、朝傘をさして通勤した帰りであることを意味していた(3)。

誰が見ているわけでもない。これ見よがしにいいことをしているという体もなにひとつ感じられない。皆ただ淡々と、だが丁寧に祈っていく。慰霊碑の前まで来ず少し離れたところから、遠まきに、しかし長い時間祈っていく若者もよく見かける。毎年毎年、同じ時間に、同じような光景が、深夜の慰霊碑前に繰り広げられる。はかないけれど地に足が着いている——深夜の慰霊碑に祈る彼ら彼女らをずっと見ていると、私はそんな感覚をいつも抱くのだ。

時間と空間の逆説性

深夜の原爆慰霊碑前に限らず、八月六日の平和記念公園という場は、さまざまな社会的アクターが行き交う混沌的時空間である。被爆者や被爆者の肉親と思われる人、一人で来ている若者（バックパッカー、県外から来た学生、地元の普段着の若者）、友だちと来ている若者、カップル、母子、家族連れ、外国人のグループ、教職員組合や連合〇〇県などの旗を掲げ揃いのＴシャツを着た組織で来た集団、宗教団体、広島市の職員、メディア関係者、デモ行進する人、右翼左翼、そして警察官……種々雑多な社会的アクターが行き交う。その混沌の色合いは、彼ら彼女らの平和記念式典時の位置どり（空間）や平和記念公園にいつ来るか（時間）ということをなんらかのかたちで反映している。

夕方から始まる灯籠流しの光景にも、混沌とした様相を見ることができる。ゆっくりと流れてくる数々の灯籠に書かれた文言には、「平和」「愛」「核廃絶」といった理念やスローガンを唱えた文言がある一方で、「○○さま、ごめんなさい」「お母さん、もうすぐ行きます」といった個別具体的な文言もある。理念的・一般論的文脈のメッセージと個別・具体的文脈のメッセージの両極が混在している。そんなさまざまなメッセージが書かれた灯籠の障子紙に、風にあおられて小さな火が燃え移りだした時、川べりの後ろのほうの土手にもたれかかって一人でくつろいでいたいまどきの青年が、その火を消そうと思わず川に入り、ジーンズを膝上まで濡らしながら川の水をかけに行く光景を見かけたこともある。この青年の行為などは、上述の両文脈には収まりきらないように私には感じられる。

原爆慰霊碑前も、一日を通してさまざまな表情を見せる。ゆっくり祈る人、足早に祈る人、遠くから祈る人、写真を撮る人、散歩ついでに祈る人、観光気分で祈る人、会社帰りに祈る人、プロ野球観戦帰りに祈る人……。祈る姿の空気感、祈るたたずまいを見ていると、原爆への関心、慰霊への思いの手ざわりの違いを感じる。どんな動機で来ているのか、なにを祈っているのか、つい聞きたくなってしまう。特に夜は、地元市民が淡々と祈っていく姿が大勢を占めていく。

八月六日の平和記念公園を早朝から深夜までくまなく歩いていると、思いの深さや切実さについて、〈時間と空間の逆説性〉と言えるようなものがあるように思う。この共同研究プロジェクトを立ち上げたばかりの頃、あるメンバーが「『追悼式典のある平和記念公園に参列する人は、最も原爆に対する関心が高く、追悼意識が高い』⇔『その時、平和記念公園から遠ざかった場所にいる人ほど、原爆に対する関心が低く、追悼意識も低い』」という「社会意識の同心円的な仮説」という仮説を立てていた。だが、じつはそう単純には言えないところが、八月六日の平和記念公園の奥深く、探究すべきところなのである。平和記念式典にフォーマルに参列している人よりも、式典会場の外で密やかに一人で黙祷している人のほうが思いが切実だったりする。あるいは式典の時間に来ている人よりも、まだ暗い早朝にやってくる被爆者やその肉親はもちろん、深夜に慰霊碑前にぽつりと祈りに来る若者のほうが思いの深さを感じたりする。特に後者はことごとく見過ごされてきたが、それこそ記録・記述する価値がある。「見過ごされてきた光景のなかに文化の創造を『見る』調査[4]」のゆえんである。

八月六日の平和記念公園は、このような〈時間と空間の逆説性〉のなかで、さまざまな社会的アクターが行き交う奥妙な場である。そして深夜の原爆慰霊碑前は、この逆説性の象徴的な時空間であるように私は思う。むろん客観的空間という意味では、平和記念公園の中心に位置する慰霊碑であるが（それでも深夜は並ぶ人の列もなくなり、慰霊碑は脱中心的にひっそりとたたずんでいるように感じられる）、時間という意味では、この辺境ともいうべき深夜に、若い人たちが、しかもその多くがたった一人で、なぜ祈りに来るのだろうか。

二つの問題意識の交差点

じつは、ここには私の二つの問題意識が交差している。

ひとつは、被爆体験の風化という問題である。ここにいう風化とは、もちろん存命被爆者の高齢化によって、直接体験を伝えられる被爆者が少なくなっていき、原爆の記憶が薄れていくという局面がまずある。だが、それだけではなく（それよりもむしろ）、被爆体験がこれまで呼び起こしてきたさまざまな意味や警告やスローガンの「凡庸化・陳腐化」（Yoneyama 1999=2005）という局面が大きい（小倉 2013a）。すなわち、「『核廃絶』『平和の尊さ』『和解』といった『ヒロシマ』にまつわる常套句」が「行政化され、儀礼的にくりかえし唱えられることで形骸化し」ていくことであり、そのことによって「人を揺り動かす力を失ってゆく」ことへの危機感である（Yoneyama 同上）。

だが、灯籠流しの灯籠の障子紙に燃え移った火を、とっさに川に入り膝上までジーンズを濡らしながら消しに行った青年の姿しかり、そして深夜の慰霊碑前にぽつりぽつりと一人で祈りに来る若者の姿を見ていると、上述のような状況のなかで（あるいはそのような状況だからこそ）創造されうる文化の芽＝契機があるような気がしてならないのである。それを記録・記述していくことこそ、「文化の創造」の第一歩である。

そして、より個人的には、私自身のいわばトラウマ的な感情に関わる問題が、そこに交差する（小倉2015）。五歳の時、祖母と母に手を引かれ、初めて平和記念公園内にある原爆資料館（平和記念資料館）に行った。熱線で焼けただれ、顔も体もぐちゃぐちゃになって死んでいった人たちの写真がそこにはあった。母は「あんたのひいお祖父ちゃんも、こんなふうに死んでいったんよ」と言った。私はその夜から明りを消して眠れなくなった。そしてそのような感情を四十年近く持ち続けることになる。

いま流行りの言葉で言えば、それは「トラウマ」と称され、忌み嫌うべき感情だとされるのだろうが、私は不思議とそうは思わなかった。この感情にはなにか人間的な意味があるはずだという気がしてならなかった。しかし、その感情と正面から向き合うことは、なかなかできなかった。大人になって、紆余曲折の末に社会学という学問の道に進み、このテーマで研究したいと思っても、ずっと向き合うことができなかった。怖かったのである。そんな時に、深夜の慰霊碑前に祈りに来る若者たちと出会ったのだった。たった一人で来て祈るその姿に、不思議とゆるやかな連帯感のようなものを感じたのである。

非被爆者にとっての〈原爆という経験〉——その人間的・社会的意味

いずれも、原爆体験を受けとめる側の問題であり、私がかねてから抱いていた「非被爆者にとっての〈原爆という経験〉——その人間的・社会的意味」に関わる問題意識がそこにある（小倉 2013a, 2017）。そしてそれは、第一章でも触れた「継承」とはなにか、なにを、なぜ「継承」するのかという、これまで意外にもほとんど顧みられてこなかった問いに連なっている。

非被爆者が、原爆体験を切実感をともなった自分の問題として、いかに受けとめていけるのか。被爆者の高齢化が進み、生の証言を聞く機会がどんどん少なくなっていく、いわば証言から伝承への転換期に、どのように過去を知り、なにをどう受けとめていくのか。非被爆者だからこそ受けとめられること、非被爆者だからこそ付け加えられる意味や価値（その生成性・創造性）もあるのではないだろうか。あるとしたら、それはなにか。私はそんなことを考えながら、深夜の原爆慰霊碑前に祈る人びとのインタビューに臨んだ。

二　なにを、なぜ祈るのか――祈る人びととの対話

インタビューまでの道のり――調査の概要

深夜の原爆慰霊碑前に祈りに来る若者たちと出会って以来、なぜ祈りに来るのか、なにを祈っているのか、私は彼ら彼女らに聞きたくてたまらなかった。だが、この光景を壊したくない、彼ら彼女らの祈りの邪魔をしたくないという思いが勝り、今回のインタビューを行うまでの五年間は、毎年ここを訪れながらずっとそれをできずにいた。その意味でこのインタビューは、五年間の思いを募らせた意を決したインタビューであった。私はその思いを次のような質問や話題の項目にいちおうの集約をし、そのメモだけ持ってインタビューに向かった（以下、あえて整序せずメモのまま掲示する）。

①いま、なにを思いながら（どんな気持ちで、なにを）お祈りされていたのですか。
②毎年いらっしゃるのですか。どちらから？
③広島のお生まれ・お育ちですか。
④なぜ、こんな夜遅くに？　一人で？（複数の場合は、どういう関係でいらっしゃるんですか。なぜ一緒に？）
⑤あなたにとって、ここはどんな場所ですか。

⑥毎年、そちらさんのような若い人が、深夜になるとたった一人で祈りに来る。その姿に魅了され、毎年来ている。なにを思いながら祈っているのか知りたい。でも邪魔したくない。でも今年は意を決して……。
⑦平和教育は受けてきましたか。原爆資料館には行かれたことはありますか。どうでしたか。

もちろん、このメモはあくまで「お守り」のようなものであり、実際のインタビューは、インタビュー協力者の反応や話された内容に即して融通無碍に、対話的に行った。前節で述べたような私自身のトラウマ的な感情について話したインタビュー協力者も多い。このようなやり方は、ライフストーリー・インタビューの認識論／存在論（小倉 2011, 2013b）を意識してのことでもあった。

インタビューには、撮影部隊として三人の調査員が同行してくれた。ビデオカメラは、定点観察用のものを毎年慰霊碑前を眺めていた場所に一台設置し、インタビュー協力者の許可が得られた場合にインタビュー場面を撮影するビデオカメラをもう一台用意した。

インタビュー自体は、もっぱら私が行った。まず所属大学の名刺を渡し自らの立場を説明したあと、八月六日深夜の慰霊碑前に祈りに来る人たちの姿に魅了され毎年見に来ていること、祈りの邪魔をしたくないのでなかなか声をかけられないでいたが、今年は意を決してどんな思いでなにを祈っておられるのかについて取材をしていて、立ち話程度でいいので話をうかがわせてほしい旨を伝え、インタビューに入った。インタビューはすべて私のＩＣレコーダーも回しながら行い、その場で録音の許可を得た。インタビューとその録音自体はＯＫだが、ビデオカメラでの撮影はＮＧという方が比較的多く、また私がその場で話をうかがいたいと思った瞬間に急いで追いかけてインタビューを行った方もおり、映像が残っていないインタビューも相当あるが、インタビュー音声録音自体はインタビューに応じてくださった方は全員が了解してくださり、すべて録音できた。

深夜の原爆慰霊碑前は、夜が深まれば深まるほど圧倒的に一人で祈りに来る若者が多くなる。例年申しあわせたかのように、夜十一時になると、慰霊碑前で祈る順番を待つ人たちの列がなくなり、人が引けて、先述のような深夜の顔に移行する。したがってこの日も、その時間の約一時間前の夜十時過ぎにインタビューのスタンバイをした。ところが、この日は被爆七十年という大きな節目の年だったこともあって例年より人がかなり多く、深夜の顔に移行し始めるその時間は一時間以上後ろにずれ、午前〇時を過ぎてからとなった（映像作品集に収録された『深夜の原爆慰霊碑前を見る』を参照されたい）。したがって結果的に話を聞けたケースとしては、インタビュー開始直後を中心に複数で来ていた人も三分の一ほどいた。

インタビューできたのは合計で二十三名。最初のインタビューの開始時間が午後十時十五分、最後のインタビューが終わったのが午前二時四十分であった。紙幅の制約もあってすべてを記述することができないため、ここでは例年のような深夜の顔に移行し始めた午前〇時以降の主だったインタビューを、次に時系列で記述していくことにしたい(5)。

「逆にいのちを吹き込まれるような感じがして」

午前〇時五分。一人で来て、とても丁寧に祈っていた男性がいた。白いYシャツに黒いズボンの出で立ちで、背筋をピンと張ってスーッと立っていた。祈りを終えたあと慰霊碑を背にして歩き始めたが、もう一度振り返って立ち止まり、しばらくのあいだ慰霊碑とその向こうにある原爆ドームを見つめていた。そしてまた帰っていこうとしている時に、走って追いかけていき、原爆資料館前あたりで声をかけた。

――（走って息を切らしながら）すみません、ちょっと後ろから追っかけちゃってすみません。僕あの、立教大学で教員してる小倉と申しますが、

男　はい、はい。

――あの、ええと、毎年僕ここの深夜の慰霊碑前に、祈りに来られる方々に惹かれて見に来てて、魅了されて。それであの、毎年どんな思いで祈られているのかっていうのを聞きたいと思いながらなかなか聞けずにいて、今年はちょっと意を決して、参ったんですけど。さっきちょっと別の方のお話を聞いてるときに、一生懸命祈られていたお姿が印象的で、

男　あぁ、いえいえ（笑）。

――それでちょっと追っかけて、そこらへんの話を、ちょっと立ち話程度でもいいのでうかがわせていただければと思うんですけど、よろしいですか。

男　あぁ、そんな大したことじゃ全然ないですけど。そうですね。まぁ、いまはこちらには住んでないんですけど、あのー広島で十年間、仕事の関係で暮らしてたことがありまして、まぁあの、直接その広島……まぁ被爆とかですね、家族がそういったことを体験してるわけではないですけども、やっぱりあの、広島に住んでるなかで、たまたまその、広島市内で活動してるときに、被爆に会われた方のお話などを聞いて、で、こういったとこで、ここで広島でですね、仕事ができる、仕事をするというすごく縁があって。やっぱり、あらためてその戦争という、戦争やですね、やっぱりあの、核兵器とか、そのことを考えさせられた貴重な時間をもらえたなと思いまして。やっぱり、それから、その話を聞いてから、ここの場所というのが、まぁ、ほんとに、いろんな方々の思いっていうのがあるかなというような、ちょっと考えが自分のなかで変わった、

――あーぁ。

男　というのがありまして。やっぱりこの八月六日というのは、直接その被爆された亡くなられた方とはご縁はないんですけども、やっぱり、なんか日本人として、やっぱりあの、感じて、忘れてはならないものかなと思って。まぁ、広島を出てからも、ちょっと時間をつくってこちらに来ようかなという。

―― あぁそうですか。今日はじゃあ、えと、

男 いま香川にいるんですけど。はい。

―― 今日香川から。

男 そうですね。こちらにも知り合いがいますんで、はい。

―― え、じゃあ、お仕事休んでというか。

男 そうです、まぁ昼からちょっと休んで。はい。

―― えーすごいですね。

男 で、ちょうどあの、知り合い……友だちでいま沖縄に住んでる人がいまして、被爆ピアノのコンサートもしてたりして、ちょっとその人たちとも会ってたんですけど。はい。ま平和というキーワードというか、平和からやっぱりその、人と人とのつながりとか、まぁ愛とかですね。ちょっとそういうのを、今日もあらためてちょっと感じたところではありました。はい。

―― へーぇ。いつごろ広島にその十年間ですか、いらっしゃったんですか。

男 そうですね、二十、いま三十九歳ですから、二十五歳のときからですので、いつになるんですかね。

―― あ、そうですか。それから十年間。

男 そうですね。

―― お仕事はどんなお仕事、おさしつかえなければですけど。どういった系の。

男 あ、仕事はですね、公務員です。

―― 僕すごくだから、ちょっと遠まきに拝見してて、すごくこう、なんていうかな、こう丁寧にお祈りされてたというか、印象的で。あのとき、こう手を合わせていたときに、なにをこう思いながら合わせられていたん

ですか。

男　そうですね。人類の、ま平和と、人類っていうかですね、世の中の平和と、ちょっとこれからまぁ、じつは家族ができるんで、

――　あぁ、そうなんですか。おめでとうございます。

男　ええ、いえいえ。まぁ、うん、これから持つ家族を守らなければいけないという思いと、亡くなった方のなしえなかった、やっぱり思いとかですね、そういったものをやっぱり、持たないといけないかなというのはやっぱり感じたので。この八月六日をやっぱりその、自分の、まぁ、戒めだけじゃないですけど、やっぱりその、モチベーションを上げるという意味でも、あの石碑にあるじゃないですか。その言葉もやっぱり、私たちが引き継いでいかないと……まぁちょっとかっこいい、形つくったような言葉になるかもしれないですけど。

――　いえいえ。

男　小さい頃にやっぱりあの、私出身が島根県なんですけど、まぁ隣の県ということで、平和学習というのはやっぱりしたことがあったんですけど、そのときは、こういうことがあったんだなっていうような感想でしかなかったんですけど。まぁもちろんすごい悲惨な、あの、やっぱり資料とかいうのは見たうえで、まぁなんて言うんですかね、ちょっと軽い感じでちょっと捉えてたぶんあったんですけど、やっぱり大人になってみると、こうして家族とか持ってみたりすると、その重みっていうのがちょっとわかるかなぁっていうので、はい。

――　あの、僕追っかけてきたときに、もう一回、そこ（通路）のところで、慰霊碑のほう向いて、なんか、ねぇ、立ち止まってらっしゃったでしょ。

男　あー（笑）。

――あれは、なにをこう思ってらっしゃったのかなぁと思って。

男　いや、そうですね、やっぱり、あの、平和のあの炎ですね。

――あぁ。

男　あの、光というのは、自分のなかでも、やっぱりちょっと印象が深いというか、うーん。まぁ、その、灯籠流しもそうですけど、この歳になってみると、逆にいのちを吹き込まれるような感じがして、やっぱりちょっと、見とると、ほっとするような部分はちょっとあるんです。

――灯籠流しもじゃあ行かれて。今日は。

男　そうですね。ちょっと、その、友人と会う前にちょっと、灯籠流しを、まぁほんとに上から見るだけですけど。んーまぁなかなかちょっと、灯籠流しに参加するというのはちょっと、やっぱりこれは、被爆された方の家族とか、そういった方の思いかなというところなんで、私はまぁ見るだけにはしてるんですけど。

――ほっとされるっていうのはどんな、どんなところが。

男　あぁ、ほっとするという言い方がいいのかどうか、やっぱり、いのちの光という感じはしますよね。

――うーん。

男　いま燃えあがってるあの火もですけど、全然話違うんですけど、神戸の、ま、私の知り合いが神戸にいるんですけど、神戸の震災があったときのあの東公園（東遊園地）にも、やっぱりあの、その当時のいのちの炎というのが、まなんか、なんでしょうね。普通の火とは違って、なんか元気をもらえるというか、いのちを感じるというか、そういう炎だなぁっていうふうには思いますんで、やっぱりちょっと、うん、もう一回見とこうかなぁと思うてちょっと振り返った（笑）……ちょっとまたしばらく広島から離れますからね。

――その広島にいらしゃった十年間で、ずいぶんだから、まぁ変わったというか、そういうことおっしゃってたんですけど、その十年間のなにが、なにがっていう言い方でいいのかどうかわかんないんですけど、そういうふうに変わらせたというか、認識の変化っていうか、

男　私自身……

――はい、はい。

男　そうですね。ま、十年間で変わったというか、ちょっと言い方があれだったかもしれませんけど、広島に、あの、仕事で来てから、そうですね、やっぱり仕事でも、いろいろと被爆体験の話を、講演会みたいなかたちで聞く機会もあり、私的にその活動してるなかで被爆された方からも聞くことができいうことで、まぁその、来てから一年、一年以内でけっこうその、やっぱり広島ってそういう思いのこもったところであったり、そういうつらい思いされた場所でもあり、というのを知ったというか。広島だから、広島に来る前、来てからというのでやっぱちょっとガラッと変わったというところはあります。そこからですね。毎年やっぱり八月六日っていうのは、うーん、広島に住んどるうえでは、やっぱり、お祈り……今日なんかお祈りの日だなっていう。うーん。

――なんかこう、広島でその被爆された人のお話とかいろいろ聞かれて、なんていうかな、こう、僕もこういう言葉が適切かどうかわかんないですけど、身近になった……っていうことですかね。

男　あぁ、そうですね。うん。言葉に変えるとそうなるかもしれません。うん。

――そうですか。あの、ただその、島根にいらっしゃって平和教育も受けられたってこともありましたけど、でも、その平和教育っていうのは、たとえば（原爆）資料館に行かれたりとかっていうわけではないんですよね。

男　あ、そうですね、まぁあの学校の図書館にもやっぱりその……

――写真……

男　写真とかですね、ほんとにもう当時はもう、恥ずかしい話ですが怖いもの見たさみたいな感じで、

――同じです。

男　見るような感じですね。やっぱ、そういう認識でしかなかったですけども、やっぱり広島に、修学旅行がまぁ、だいたい島根のほうは広島に来ることがほとんどなんですけども、そのときに、まぁ図書館で見た写真だけでなく、リアルに話も聞いたり、こういった資料もあったり、というとこで、まぁ、またちょっとさらに認識が深まって、あぁこんなことがあったんだぁ、原爆って怖いもんなんだっていう、そういうとこですかね。で、やっぱり大人になってみてから初めて、んーなんだか重みっていうのがさらに増してくる、まぁ人間ってそんなもんなのかなぁという。

――あーぁ。なんかね、ほかにもそういうことをおっしゃってた方がいました。この歳になってとか。僕はいま四十六（歳）なんですけど、あの、僕は小っちゃい頃、本籍地は広島で、転勤族だったので、定住はしてなかったんですけど、曾祖父と叔父が原爆で亡くなってて、

男　あ、そうなんですか。

――母が……（僕は）もう全然面識なくて曾祖父なんて知らないんですよ。で、母が（原爆）資料館を、あなたのひいお祖父ちゃんもこんなふうになって亡くなったって、手引かれて行って、その日の夜から眠れなくなっちゃって。

男　あーぁ。

――あの、まぁ、そういうのがずうっとやっぱり、もうなんか切なくて怖いみたいな感覚がずうっと残って、いま遅まきながらこういうことを……あの、原爆のことやり始めたのはけっこう遅くなんですね。その前はちょっと別のテーマで研究をしていたんで。社会学なんですけど。で、僕はここで祈ってる方が、なんか大なり小なり、なんかそういったものに、なんかこう共通感覚みたいなものを少し感じるところがあって。特

にいま、その、そちらさんの祈る姿っていうのはすごく、すごくそれがちょっとビビッときて、そうだったんですか（笑）。

男　それで、ごめんなさい、追っかけてしまったんですけど。なんていうかな、その祈るときに、こう、誰に対して祈るっていうふうな問い方をしたら、どうなりますかね。

――そうですねぇ。まぁ、やっぱり、こういう犠牲があって、いまがある、という意味で、やっぱりいま亡くなられた方への、やっぱり、思いで祈らせていただいてるというところですかね。でまぁ、さきほど申しあげましたけどその、やっぱり、あの、私たちが忘れないことと、うん、これから平和な、まぁ私の力だけではね、もちろんあれなんですけど平和な世の中をつくるというその思い、ですかね。その祈りを込めてという部分と、両方、まぁ二つかなというのは。

男　そうですかぁ。なんかこうあらためて、まぁ、あの、この場っていうのは、ご自身にとってどんな場ですかね。

――あぁ、そうですね。それはたとえばその、今日、八月六日の……

男　うん、でもいいし、この場所っていうかな。八月六日のこの場所でもいいですし、あの、ご自身にとって、どういう場所かっていう、うん。

――そうですね。ま、ほんとに普段広島に住んでたときはけっこうここ、休日とか通ったりすることはあったんで、まぁやっぱりほんとに、祈りの場、平和というものをやっぱり、あの、自分がほんとにいま平和に生きてるんだな、そのありがたさも感じるような場所、というのはやっぱり、あります。で、まぁあの、同時に原爆ドームとか悲惨なあの当時のかたちを残しとる部分とか、あの、戦争の、うーん、まぁ、傷跡もある部分ではありますんで、やっぱりちょっと、自分のなかではその、平和のありがたさというのを感じる場所っていうとこですかね。

男

「失礼だから」

午前〇時二十九分。手ぶらで、たった一人で来て、遠まきに一生懸命祈っていた少年がいた。Tシャツに短パン、素足にズックを履いて一人でという、これまで八月六日の深夜の慰霊碑前で何度も見かけた典型的な若者に見えた。遠慮がちに祈っているように見えたので少したためらったが、積年の思いが勝り、彼に近づいていった。聞くと高校三年生だという。あまりよくしゃべるタイプではないようだったが、ぽつりぽつりと、しかししっかりとした意志のある言葉で応答してくれた。

――あの、なんか遠まきから、ねぇ、遠慮がちにずっとお祈りされてましたけど、あの、こうなにを、どんな思いで祈られていたのかなぁと思って。

男　あー……あの、高校の三年なんです。

――はい、高校三年。うん。

男　高校に入ってから、こうやって、平和についてもう一回考え直すようになって、毎年、この六日に、ちゃんと、こう、ここに来て祈るようにしてて。

――あ毎年。

男　はい。で、今回あの、七十周年で、ちゃんともう一回お祈りしなきゃいけないなと思って。で、遠慮がちだったんですけど（笑）。

――（笑）いやいや、そこがなんかすごく、逆に、なんか、思いが込められてるなぁと思って。あの、広島生まれの広島育ちでいらっしゃるんですか。

男　はい。

――あぁそうですか。で、いま高校になって平和についてすごく考えるようになったっておっしゃいましたけど、

男　それはなんかきっかけというか、あったんですか。

――きっかけ……そうですね……まぁ、小さい頃から、いろいろ、広島なんで平和学習とか、いろいろなことをしてるんですけど、高校入って、なんか、それまで、なんかそういうふうに考えることってあんまりなかったんですけど、なんか……いろんな人から話を聞いたりとかして、被爆者の方とか話を聞いたりして、まぁ、考えるようになって。

男　うーん。それで、ええと、こういうかたちで、まぁ夜遅くだけど、毎年来てるんですか。

――そうですね、高校入ってから。

男　高校入ってから。でも行かなきゃなぁっていちばんこう、思わせたものってなんなんですかね。なんで行かなきゃなぁーって。

――うーん……

男　いいですよ、きれいにね、言葉でまとめなくてもよくて、あの、ほんとに断片的でもいいから、こんな感じみたいな感じで話してもらえれば。

――いや、ほんとに、ふっと思って……はい、なんか（笑）。

男　僕からすると、もうだっていま一時近くになるんだけど、一人で、あのわざわざね……あの、どちらから今日いらした？

――いや、もう、すぐそこなんですけど。

男　にお住まいなんですか。

――はい。

男　あぁそうですか。それでなにか祈って、遠慮がちに祈ってるっていうのが。毎年ね、そういう、あの、キミ

男　みたいな青年がいるんですよね。もしかしたら毎年来てるから、これまで、なんかこうすごくこう惹かれた方だったのかもしれない、去年とかおととし。服装がちょっと違ってるからあれかもしれないけど。だから、なんていうかなぁ、なにがそうさせるのかなぁと思って。こう祈ってるときに、どんなことをこう、思いながらというか、祈ってるときにどういうものを頭に浮かべながら、あるいは心に浮かべながら、祈ってる？

――そうですね。とりあえず、安らかに眠ってくださいっていうのと、あと、被爆者の方がどんどん高齢化してってるじゃないですか。で、伝える人がいなくなってるなかでいま、そういうこと伝えて、いかなくちゃいけないのかなっていう、伝えていきますっていうのを思いながら。

男　へぇ、すごいね。ふーん。こう、伝えていくっていうことしたいと思ってるんですか。

――そうですね。できるならば。

男　あの、この場所って、ええと、ご本人にとっては、どんな場所ですか。

――そうですね……。

男　ごめんね、なんか難しい話ばっかりで（笑）。でもすごく僕は、さっきお祈りしてる姿が印象的で。

――はい。

男　うーん。

――そうですね。近所なんで、身近なんで、忘れがちになるんですけど、そこはちゃんと、なんて言うんですかね、こう思っとかないといけないというか、考えとかないといけないというか。ここを通るたびに、ここで、原爆落とされたんだなって、毎回思うし。

男　あぁ……俺もそうだった。あの、僕は、本籍地が広島で、いま東京に住んでますけど、あの、転勤族だったから広島に定住したことはないんですけど、ひいお祖父ちゃんが原爆で亡くなってて、小っちゃい頃……僕

男　いま四六なんですけど、小さい頃に母に手引かれて原爆資料館で、まぁ、いろんな残酷な写真とかあるでしょ。で、あなたのひいお祖父ちゃんもこんなんなって亡くなったって言われて、その日の夜から眠れなくなっちゃって。そのときの、感情っていうか感覚が、ずーっと残ってて、それで、まいま遅まきながらこういうふうなね、ことをやって。だからそういう、なんかすごく一生懸命祈ってる、そういう若い人を見るとすごくこう、心惹かれるところがあって。あの、資料館も行ってるでしょ？何度も。原爆資料館も。

――なっちゃった？

男　あ、でも、トラウマになっちゃって、

――最近行けてないんですけど。

男　あー同じだ、すごい同じ。最初いつ行った？

――最初小学校のときに、小学校でみんなで。でやっぱ原爆の像（被爆再現人形）とかで、あれでやっぱ、来ちゃってけっこう。で、つらくなって。何回か行く機会あるけど、一人だけ入れなかったりとかも。

男　あぁ同じだぁ。ほんとぉ。そうかぁ。まったく同じです。

――はい。

男　でもね、なんかそれぐらい強いものとしてあると、

――はい。

男　こうやって夜ね、祈りに来るぐらい。その思いにコシが出てくるから、どっかで絶対それが生かされるところがあって。なんかなに話してんのかわかんないけど（笑）。で、いまは僕はこういうことやって、だからそれであなたと出会えた、

――はい。

男　っていうところがあるので。そうですかぁ……

男　はい。

――なんかもうちょっといろいろ聞きたいことあったけど、だめだ。ちょっと……

――でもさ、そういう、なんていうかこう、まぁ、いまの言葉で言えばトラウマなのかもしれないけど、そういう、なんていうか感情みたいなことを、誰かにこう話せてる？　話せたりした？

男　あぁ。家族とか。

――家族には話した。うん。家族の方はなんて。ご両親に？

男　はい。

――なんておっしゃってました？

男　わかるけど、ちゃんと見て、

――うーん、うん。

男　向き合っていかなくちゃいけないって、言われました。

――うーん。あの、学校でみんなで行ったとき、そのあとに、自分だけ入れなかったり、こうすごく苦しいなぁってなった感覚みたいなのは誰かに話せたりは、学校では話せたりはした？

男　いやぁ、あんまり話せないです。

――話せないねぇ。俺の甥っ子がね、やっぱ同じような感じで、誰にも話したことないって。だから僕がいまあなたに話したようなこと、すごく同じだって言ったことを、甥っ子に話したら、甥っ子も広島生まれの広島育ちでいまもう社会人なって、社会人二年めかな。「いやぁもう僕と一緒だ」って言って。でも誰にも、彼の場合は親にも言ってないし、同級生にも言えない、引かれちゃうしみたいな。そんなとこってある？

男　ありますね。

――うーん。でも、なんか誰かしら大なり小なり感じてるはずなんだけどね、みんなね。でもそういう感情に対して、自分自身は、そのことをこう、いいことだと思ってるか、どう評価してるかなと思って。いいことと思ってんのか、やっぱり嫌だな……悪いことだなと思ってるのか。どんなふうにそれをこう、受けとめてます？

男　うーん……いいことではあんまりないんじゃないかなと思いますけど。

――うん。それは、なぜ？

男　失礼なのかなぁって。

――ん？

男　失礼だから。

――失礼か。そうだよねぇー（ため息混じりに）。あぁ、まったく同じだ。そっかぁ……でも、あの、僕、ちょっと長く生きてる人間で、ちょっと偉そうだけど、同じようなプロセスたどってきていて。でも、ええとね、決してそれはね、マイナスではないっていうか。あの、失礼だなって僕も思いながらね、なんかその（原爆投下後の状況を写した）写真集とか家にあると、（その上を）またいで通れないみたいなところがあって。

男　あぁ。

――わかる？

男　はい。

――でしょ。ね。だけど、いま、こういうかたちで、こういうことやりだして、被爆者の人ともつながりができて、してるうちに、それがだんだんこうなくなって、もっとこう、それをこう生かしていくっていうふうなかたちに展開できてて、絶対キミのその思いっていうのはすごく、なんていうかな、こう、根深いというかコシがある思いだから、絶対生かされると思うんだよね。話を聞いときながら俺がなんか言っててもう変な感じだけど（笑）、それはすごく伝えたくなっちゃって。

男　はい。

――うん。だからもう、ちょっと握手したいぐらいで。

「あぁ痛かっただろうな苦しかっただろうなぁ」

午前〇時五十八分。黒いキャップを後ろ向きにかぶり、背中に大きな刺繍が入った赤いスタジャン、白いTシャツにジーンズ、スニーカーという出で立ちの青年が、また一人祈りに来た。話しかけるとフランクに応じてくれた。三十一歳。ダンスをやっていて、いつもこの近くで深夜ダンスの練習をしているそうだ。

――あの、いますごく丁寧にお祈りされてたんですけど、広島の方？

男　広島生まれの広島育ちです。はい。

――あぁ、そうですか。毎年来られるんですか。

男　あぁ、毎年だいたい。ま来られる時間、夜中とか、

――じゃあ夜中に。

男　はい。で、ちょっと来れない時期も……ま東京住んでたときがあったんで、はい。

――そうですか。じゃあお会いしてるかもしれない。僕も毎年、

男　あ、そうなんですか。

――えええ、来てるんですよ。しかも深夜がすごく……

男　あぁ、だいたい僕も深夜……

――それはなぜ、深夜に？

男　僕あのダンスやってまして。それで、練習場がすぐ近くにあるんです。で、練習できるのがだいたい、まぁ九時十時以降とかで、まぁ、僕十一時ぐらいに練習行く前にここ寄ってってっていうふうに。家がちょっとこの市内から遠いんで。バイクで一時間ぐらいかけて。

――　あぁ、どちらのほう？

男　可部っていう町で。去年、土砂災害があったほうで。

――　あぁ僕もそうです。あの僕、本籍地が広島で、両親がいま広島に住んでいるんですけど、あの僕、八木……

男　あ、安佐南……

――　一〇〇メートル上で（土砂が）止まったんですよ。

男　あーあーあ。ほんとあそこらへん。

――　はいはい。あぁそうですか。それで、そっかその練習が終わったあと……

男　いや、前なんですよ。今日は。

――　前に、これから？

男　はい。ちょうど明日から東京、僕また行ったり……

――　それで、その、毎年、こう、なんで毎年いらっしゃるんですか。

男　いや、まぁ、広島人なんで。べつに親族は被爆した人いないんですけど。まぁ小っちゃい頃からそういう教育を受けてきたので、八月六日は、なんかすごく重たい、重たい日というか、大事な日なのは、あの、感覚的にもう、教育で、親からも教えてこられて、やっぱ、寄らなきゃいけないなってのは、あるんですけど。

――　それ、どういう感覚ですかね。こう、こう……

男　小っちゃい頃はなんか、ぼんやりしたもんだったんですけど、なんか、大人になればなるほど、八月六日だけ空気違うんですよ、ここらへん、なんか。だから毎年やっぱりその近くの練習場とか来ても、空気がなんか全然違うんで。うん、まなんて言ったらいいんですかね。まぁ、大人になれば、戦争のこととか、すごく勉強するようになりだして、自分。学生の頃あんまりしなかったんすけど。なんか、知れば知るほどとんでもないことが起きてたんだってのが、わかってきて。やっぱそういうのが頭に、小っちゃい頃は全然、そういうの勉強……むしろ目背けてたんですけど、怖くて。

男　――でしょ。僕も怖かった。

はい。（原爆）資料館とかも、直視できないものばかりだったんで。二十歳越えたあたりから、全然受けとめ方が変わってきて。これは、まぁ、お参りというか、こう亡くなった方々に、お祈りしに来なきゃいけないなっていう感覚で。

男　――僕もそうだったんですけど、小さい頃怖くて夜も眠れないみたいな。

はい。ほんと僕もそうでした。

男　――でしょ。だからもう近寄れないんですよね。いま僕四十六なんですけど、ずいぶん、四十、三十代終わりぐらいになってからこのテーマを……ようやくちょっと入れるようになってみたいなところがあって。でもその、怖いっていう状況、単なる怖いっていう状況から、二十歳越えて、祈らなきゃなっていうその変化っていうか、それどういう変化なんですかね。

男　いや単純に大人になったというか。あー、なんか、僕はあの原爆資料館の蝋人形（被爆再現人形）が、すごくほんと小っちゃい頃トラウマで。もう、ほんとに眠れないぐらいになって、その学校の教育で、学校のなんか、野外学習みたいなんで毎年一回行く、小学校の頃行ってたんですけど、それが嫌で嫌でしかたがなかったんですけど。なんか二十歳……高校生の頃は全然来なくなってて、二十歳越えたぐらいに、県外の友だちが来て、まぁ一緒にここらへん、観光……観光って言ったらあれなんですけど、ちょっと見てまわるときに来たらなんか、ウォ、なんか、全然見え方が変わったというか、なんか目を背けちゃいけないというか。直視しなきゃ……怖いという感覚よりかはなんか、なんて言ったらいいんですかね、胸が苦しくなるような、ウワー見てらんないとかいうよりかは、悲しい気持ちになるというか。

――なるほど。うん。

男　なんでそういう感覚に変わったかって言ったらやっぱり、成人した、大人になったからかなと思うんですけど。

――見なきゃ……

男　うん、見なきゃいけない。

――あぁ僕はなんかだから、怖いだけじゃなくて、切なくなる。

男　あぁ。小っちゃい頃はその切なさが全然べつに、そんなに湧き出てこなかったんですけど。

――そうそう。そっちのほうが強くなるんですよね。

男　そうですね。なんか、これはでも伝えていかなきゃいけないことなんだなって、ありきたりの言葉かもしれないですけど。

――いやいやいや。あぁそうですか。あの、あそこで一生懸命こう丁寧に祈られてましたけど、どういう、なにを祈られてたのかなぁと思って。

男　えー、なんでしょうね。なんか、まぁ、核兵器って世の中から、でも絶対なくならないって僕は思ってるんですけど。あのー、でも亡くなった方々に、その、なくそうっていうことを伝えていきますっていう。この犠牲になった方々に伝……これからも、こう、僕らより若い人らに伝えていきますっていうのを、こう、祈ってましたね。

――やっぱりじゃあ、誰に向かってって言ったら、亡くなった方に向かって……

男　亡くなった方ですね。まぁ、自分なりにちょっと想像して、あぁ痛かっただろうな苦しかっただろうなぁとか。

――ね。怖くて、もう、ねぇっていう人たちですよね。僕も同じですまったく。

男　はい。そんなこと祈ってましたね、自分。

――そうですか。あの、ここの場っていうのは、こう、ご本人にとってどんな場ですか。

男　ここだけやっぱり、空気違いますねなんか、なんて言ったらいいんですかね。やっぱり、ほんとあの原爆ドームを越えてこっち来たあたりから流れる空気が違うというか。やっぱり小っちゃい頃から、ここだけなんか違うなっていう感覚あったんすけど、どういうものって言われてなんて言ったらいいんすかね。うーん、どういうもの……

――うん。まぁいままでのお話のなかにそれはもう、というか、あらためてうかがっただけなんですけど。

男　(笑)。まぁ、すごいありきたりの言葉しか出てこないんですけど、まぁ、ずっとこれは残していかなきゃいけないものなんだろうなとは思うんですけど。

――あの、さっき、核兵器絶対なくならないけどなくしますっていうことを、死者の方にお祈りしてるっておっしゃってましたけど、絶対なくならないっていうのは、やっぱそう?

男　んーまぁ、普通に世界情勢見てて、

――そっかー。

男　まぁ、アメリカが何千発持ってるとか、減ってはないんで。核兵……んとに現実論から言って、核兵器をなくす、まぁ、あれすか常任理事国ですか、あの国連の、そこがなくすわけないじゃんっていう現実論から言って、なくなるはずはないかなって。僕は思……なくならなきゃいけないものなんですけど。

――さっきの話に戻りますけど、いまは、その、まぁちょっと二十歳から感じ方変わってっていうことでしたけれど、じゃいまは、あんまりそういう、こう残酷な写真とかそういうものを見ても、そんなにこうウワーみたいな感じには、

男　いや、ウワーにはなりますよ。

――なるよね。そうだよね。

男　なります。ならないことはないです。

――その受けとめ方がちょっと変わったってこと。

男　はい。そう……まぁその、背中火傷した人の写真を見て、昔はウワーだけだったのに、痛かっただろうなとか、なんか感情移入は昔より、するようになったと思う。

――それはまぁ、じゃあいろんなことの総体で、そうなったということですかね。

男　はい、たぶん。

――なにかきっかけがあったわけじゃなくて。

男　いつのまにか、はい。

――そうすると、なんていうかなぁ、そのご本人のその、これからの、なんていうかな、生き方っていうか、っていうところで、たとえばさっきのこの場っていうのが、こう、どんな場なのかっていう、なんか生き方に対する影響みたいなのはありますか。

男　うーん、なんでしょう。でも、あーん生き方は……ま、でもなんかニュースとかで、戦争のニュースとか、核兵器のニュースとか見たらやっぱり、敏感に、けっこう食い入るように見てしまう、自分がいたりして。

――食い入るようにね。

男　ま、僕よく東京行くんですけど、やっぱり、そこ、僕らほど、広島人ほど、知ってない……八月六日すら

知ってない人が、前、あの、八月六日を終戦記念日って言ってる人もいて。まぁあきれたんすけど、なんか、けっこう県外の人らにこういうことあったんだよっていうのを、広島人として伝えるようには、口うるさいやつとはけっこう思われがちなんですけど、友だちに言うようには、なったというか、してますね。

「もう習慣なんです」

午前一時二十五分。人気がほとんどなくなった慰霊碑前に、一人自転車に乗ってやってきた女性がいた。白黒チェックの上衣にジーンズ、髪をポニーテール風に束ねたその女性の表情はキリッとしていて、ハキハキとした印象を与える。インタビューにも気さくに応じてくれた。飲食店の店長をされていて、その仕事帰りに来たという。毎年来ているそうだ。

―― えと、広島ご出身、広島生まれの広島育ちの方？

女 広島です。

―― あぁそうですか。

女 はい。

―― で、すごいこんな深夜に、自転車で颯爽といらっしゃったんですけど。

女 そうですね（笑）。毎年なんです。あの、夜働いてるんで、あ昼から働いてるんで飲食店で、ずっと働いてるんで、もう、ここ何十年と、あの、朝昼来れないんで、夜、仕事が終わった帰りにお祈りというか、来るんです。

―― じゃやっぱりお見かけしてるかもしれない。なんか自転車で颯爽と、女性でっていうのは、毎年一人、二人、お見かけするんで。

女　います？　までも広島は、ま夜……多いです？　何年いまいらっしゃるんです？
――ええとね、ここ五、六年ですけど。
女　あぁそうですか。
――あのー、なんでこんな、深夜になってでも、こう、いらっしゃるのかなぁと思って。
女　あぁもう、これは、小さい頃からの行事、なんですね。広島の行事でもあるし、私にとってもやっぱりその、ずっと平和学習で習ってることですし、これからの広島もね、やっぱり平和な世界に、平和な国に、平和な町にっていうふうに願っているんで、やっぱりちょっとお祈り？　うん。あとあそこにも書いてありますけど、安らかにお眠りくださいっていう思いですね。
――うーん。あの、小さい頃からの平和学習っておっしゃいましたけど、
女　そう、はい。
――こう、どういったところがいちばん、なんていうかなぁ、こう、ねぇ、大人になってからでもこうやって祈りに来ることに、こうつながってるのかなぁって、平和学習振り返ってみて。
女　なんなんでしょ、もう習慣なんです。
――習慣かぁ。
女　はい。はい。深く考える日でもあるし、こういう日っていうのは。テレビでもやるし、で、周りの人たちともそういう話しますし、平和についてとか。まぁ私なら飲食店なんでお客様とか、スタッフとかとやっぱりそういう、あらためて平和ってなんだっていう、そんな大げさには話さないですけど、まぁあらためてそういうことを思う日なので。そういう意味では、祈っておかないとなっていうのは私のなかであるので、毎年。そう。

――なんかこう、手を合わせてるときに、なにをこう、なんていうかな、頭に浮かべてるかっていうか、

女　あもう、

――無心？

女　無心じゃないです。あのさっき言ったように、安らかに眠ってくださいっていう、うん。平和と。

――じゃあ、やっぱ原爆に……誰に祈ってるかっていうと、原爆で亡くなった方。

女　方ですね。はい。その思いです。

――僕もあの、じつは本籍地が広島で、

女　あぁそうですか。

――でもただ、転勤族だったので定住したことはないんです。まぁ田舎に帰るっちゃ広島だったので。で、曽祖父がやっぱり原爆で亡くなってると聞いてたもんだから、

女　あぁぁあぁ、はい。

――会ってはいないわけですけど、もう（当時爆心地）近くだったからもう一瞬で亡くなって、でも（原爆）資料館にね、母に連れられて、あなたのひいお祖父ちゃんもこういうふうに亡くなったって、あの残酷な写真とか……

女　そう。あそこはね、でも行くべきところですからね。

――で、僕それから夜眠れなくなっちゃって。

女　はい。衝撃受けますよね。うん。

――それがずーっと自分のなかにあって。いま僕四十六なんですけど、もともとは（研究を）このテーマでやってなかったんです。ずっとこう怖くって、寄りつけなくて。で、遅まきながら四十近くになって、このことを、なんていうか追いかけるようになって、五、六年前から。初めてだから、六年前に八月六日の日に朝か

ら晩まで（ここにいて）。

女　毎年来るんですかぁ。

――はいはい。

女　はーすごい。

――でも、その六年前が初めてです。その八月六日をここで過ごすのは。でもそれ以来、特にこの夜の、夜に広島市民の人たちが来るでしょ。

女　やっぱり、昼朝は来れない人、まぁ多いですよね。

――仕事もあるしね。

女　仕事もあるし。そういう方は、ね、いらっしゃりますよね。で、飲んだ帰りとかでも、今日はそうだねって。行ってなかったし黙祷してなかったし、じゃあいまから行くみたいな感じの人もいるんじゃないんです？

――いますいます。

女　ね。そういう感じの。

――あと今日は、カープ（戦）の帰りにレプリカ着て……その（慰霊碑前に並ぶ人たちの）列が赤くなるんですよ。

女　あーぁ。

――そうそう。そこにすごい、広島市民の底力を感じるというか。

女　あぁ。

女　まぁ、節目ですしね。節目というか、キリのいい数字ですね七十年て。けっこう五十年、六十年も言われてきたんですけど、大人になってのその、区切りのいい七十年ていうのはまたなんかね、あの、重く感じるところでしたね。

――なんかその習慣になってる感覚っていうのが、やっぱり僕そこが広島市民の底力かなっていう気もするんですけど。

女　あぁ、ですかね。

――なんていうかな、なんなんでしょうね、その習慣な感じ。

女　なんでしょう。私はもう、あたりまえのように毎年来てるというか、小っちゃい頃から、来てるので、なん……ここに来ることに対してはなんのためらいもなく、考えもなく、ただ、祈りに来ようっていう思いなんですよね。

――六日以外もいらっしゃったりするんですか。八月六日以外も。

女　あ、これ通り道なんで、帰りの。帰り道。

――じゃ毎日見てらっしゃる。

女　いちおうほぼ毎日は見てますね。

――あぁ、通る。

女　通るときも……まぁ横切るみたいな、感じなんですね。

――いやだからそれ、どういう気持ちなのかな、毎日って。

女　あ、それは、もうあたりまえにいつもあるから、そんな考えないですよ。いつもは。

――うんうんうん。でも、なんていうか、毎日、で日常と化しているわけですよね。

女　この碑、がですね。はい。

――だからそれが、底力に感じるんだよな。

女　に感じますか？

――いろんな方にお話聞くと、皆さんね、声高にこう反核とか平和とかじゃなくて、いやもう、公園だし、だけどいろんなことが学べる公園みたいなかたちで、なんていうか、すごく自然な感じ。

女 うん、ですね。そんな、すごいことをしてるとも思わないし、黙祷もう、いつものことですし。あのじつは黙祷の時間私はまだ寝てるので、ちゃんとできないんですね。起きてテレビ見て、あぁまだ、やってるなっていうので、感じるだけなので、ちゃんとしてはないですけどね、そういうかたちとしては。はい。

――でも、そうしてみると……なんだろうな、あらためてこの場っていうのは、ご本人にとってどんな場だって言えますかね。

女 どんな場？　どんな場、もう、生まれて、生まれてずっと見てきた場所です。うん。特別な、ま特別ですけど、そんなすごいものだっていう感覚はそんなにない。うん。いつも見てるし、私は。うん。

――でもその、他方で、さっき僕が申しあげたその、夜眠れなくなったとか、すごく、そうだそうだみたいな感じで反応してくださったじゃないですか。

女 それは、皆さんおっしゃいますし、あの、県外から来た方とか、おっしゃいます。私たちはもちろん、小っちゃい頃から行ってますから、そのときでさえすごい衝撃で、大人になってから行っても、かなり衝撃なものなので、あれを見とくべきですし、いろんな人に勧めますやっぱり。あの、県外からいらっしゃった方、どこ行けばいいって、まずあそこ行ってくださいって言います。

――（原爆）資料館。

女 はい。

――資料館のなかの、どこらへんがいちばん……

女 どこらへんかはちょっとわかんない、いま忘れてます。うん。

――でもその、なんていうかな、こう、僕は小っちゃい頃ほんとに怖いっていう気持ちがすごく強かったんですけど、

女　小っちゃい頃はですね、ただ単にですね。

――それがやっぱ変化して、受けとめ方が。

女　大人になっていくとまた違う見方しますよね。

――どんなふうに変化されました？

女　どういう変化……ただ単に怖いっていう思いだけじゃなくって、違う見方ですよね。まちょっとあらためてまだ見てないからわかんない、最近はね。最近は見てないから。

――まぁ、資料館に限らずそういうほら、写真とか、に対する受けとめ方って言うんでしょうかね。

女　あーぁ、なんですかねぇ。なんですかね。

――ただ単に怖いから、

女　怖いと思わなくないです？　大人になってみたら。

――うーん、なんかやっぱり、こう目を凝らしては見れないところはまだ、

女　あります？

――まぁ、いや、見ようと思って見ますけど、パッと来たときに、一瞬ちょっとためらうところはありますけど、でも、小さい頃のように、ウーンっていう感じではないですね。

女　うんうん。映像としてしっかり見ようと思いますよね。

――そう、同じですか。

女　うん、ですね。血があるから怖いとかじゃなくて、背中とかもね爛れてとか、火傷してるとか、あぁ、こういうふうになるんだとか、あ、何キロ先までが被爆してとか、あ、こんなところなのに影響があるんだとか、

——　そういう見方しますよね。うん。

——　ね、なんなんでしょうかね、それ。

女　これってなんなんですかね。

——　うん。さっき話聞いた方も同じようなことをおっしゃってて。単に怖いから、悲しいとか痛いだろうなぁとかに変わったって言ってましたね。

女　あぁ。うん。ですね。

——　そうですか。毎年いらっしゃってんですね。僕も毎年来てるんで来年も会うかもしれませんね。けっこうだいたい深夜。

女　あ、そうですね、この時間なんでまたたぶん来年会うでしょうね。

「嫌じゃないですか。もう嫌なんですよ」

午前二時六分。長髪をバンダナで束ね、Tシャツにジーンズ、サンダル履きという格好だが、なにかアート関係の仕事をしていそうな雰囲気の青年がやってきた。慰霊碑を遠くから見つめ、一人たたずんでいた。するともう一人、若い女性がやってきた。髪を結い上げ深緑色のシンプルなワンピースを着てスッと立っていて、彼女もアートの仕事に携わっていそうな雰囲気があった。二人は並んで慰霊碑にお辞儀をしたあと、長い時間手を合わせて丁寧に祈っていた。声をかけると三十代半ばのご夫婦であった。やはりアクセサリーや染物などのものづくりの仕事をしているとのこと。二人とも毎年来ているという。立ち話程度でということで話をうかがったが、二人ともとても熱心に話してくれ、三十分以上にわたるインタビューとなった。

——　あの、この場に来る人の思いも含めて、次の世代に伝えていくみたいな研究を、ちょっとしているもんですから。

女　へーぇ。

男　いい研究ですね。

――ありがとうございます。じゃ、お二人とも広島生まれの広島育ちで。

女　広島生まれ、広島育ち。うん。

――あぁそうですか。なんでこんな遅くに。毎年深夜にいらっしゃるんですか。

男　あの、朝に、式典に来て、式典もうほんとに、あのー最前列の人たちとか、やっぱこう、ね、家族とか、親族っていう人がやっぱ並ぶんで。僕らちょっとあの、ほんとにここに入れ、入りきれないあの端っこのほうで式典を終えて、そっからあのー旧日銀（被爆建物である旧日本銀行広島支店）とか、いろんなところであの、ね、祈りであったりとか、鎮魂であったりとか、

――やってますよね。

男　そういうのを発信してる場所がいっぱいあるんで、そこにちょっとこう、転々と見てまわって。で最後に、夜こう本当に静かになったときに、ここに来て手を合わすみたいな感じで。

――あーぁ。

男　だから朝、ここで手を合わしたいんですけど、合わせられんのですよ。もう、人が多すぎて。

――うんうんうん。でもほぼ、二十四時間に近いですね、そしたら。

男　そうなんすよ。

――へーぇ、じゃ、毎年六日は一日休みをとって。

女　うん、ですね。

男　もちろん。も仕事どころじゃないですよ、ほんとに。

男　――はーぁ、すごいですね、その思いって。どういう、今日も朝友だちに会って、あ、今日定休日？って聞いたら、なんか、いや、も会社というか、そういう自分の職場が、八月六日はちょっと、ね、家族と仲間が引き裂かれた日だけど、なんかそこを、なんかちゃんとこう、心の、こう灯にできるような日にしようみたいなこと言って休みにしてるらしくて。

男　――ふーん。

女　今日友だちとも久々に再会して。

うんうんうん。

女　――え、お二人はご夫婦……

あ、そうですそうです。

男　――へぇ、で、もう、毎年っていうのはもう何年も。

何年も。けど式典に、その、仕事ばっかりになってるときは来れないんで、で、そのかわり、夜に仕事終わってから、こう来て手を合わすみたいな感じで。

男　――へぇ、でもなんでですかね、っていう聞き方もすごく失礼ですけど。どういう思い？

いやぁもう、自分にできる精いっぱいの思いですよね。やっぱ平和公園近いし、ね、普段自転車で通ったりとか、

女　うん。

男　なにげなくね、こう、（原爆）資料館行ったりとか。

女　出勤とかでも普通に使う場所なんですよ、ほんとは。うん。そうね。

――そうですか。

男　けどこの日はやっぱこう、ね、ギュッと集まるじゃないですか。せめて、広島におる限りは、やっぱ一年に一度はここでちゃんと心を込めて手を合わすみたいな。

――　うんうんうん。あの、手を合わせながら、なにを、祈ってるんですか。

男　いやもちろん、核兵器廃絶と、ほんとにもう過ちを繰り返してほしくないなぁみたいな。けどなんかもう、いろんな、ね、時代が時代じゃけこう、進んでいっとるじゃないですか。そんなかでも、なんか一人ひとりの思いが、ほんとにこう真剣に、ここにこう手を合わせて向き合えるってなったら、たぶん戦争も起こんないし、核兵器も絶対ないすもんね、なんか。

女　うん。

男　世界中の人がここに集まって、ちゃんとこの日、ね、こんだけ犠牲者を出して、もうね、嫌じゃないですか。もう嫌なんですよ、そういうのが、心から。だったらもう自然とここに来て、手を合わせてほんと自然なことだと僕は思うんで。ま毎年ちゃんと、この日は大事にしようかなぁと。

――　ふーん、いつぐらいから、そういうことを、されるようになられたんですか。

男　いやー……

女　でももう小学校のときから遠足で来たりとか、して、なんかそれはもう、あたりまえの話で。

――　あたりまえ……

女　うんうん。

男　広島住んどったらこの日はサイレンが鳴るんで、あぁ黙祷の時間だぁみたいな感じで。

女　事実が事実のままでずっと、伝えれたらいいなとはすごい思いますけどね。

男　だって資料館もほんとに、ねぇ、その当時バーッと熱線を浴びたときに、こう皮膚が垂れ下がってとか、本当に苦しみながら歩いとった人の模型（被爆再現人形）がなくなったりとか、リアルなもんがどんどんなくなってきとるなかで、やっぱりまぁ僕らも被爆してないですけど、そういう人の話を聞いたりとか、小学校のときにそういうの見たりとか。

男女　――うん、僕もそうでした。

男　うーん。

女　けどいま、小学校で行ってもないわけだし、どんどんこうすり替えられて、あれもうなくなったんですか。

男　――あ、まだ、まだあるんじゃないかな。

女　まだなんとかあるんかな。

男　――なんかね、議論中みたい。

女　うん、議論中。

男　その、議論するのおかしいすよね、その時点で。ナンセンスすよ。

女　――まぁねぇ。そう、僕もねぇ、あの、本籍地は広島なんですよ。

男女　――へーぇ。

女　だけど、転勤族だから定住はしてなくて、ただ、お祖父ちゃんお祖母ちゃんの家に帰るっていったら広島だったので、で、ひいお祖父ちゃんが原爆で即死だったみたいで近くで。

男女　――あーぁ。

男女　で、五歳のときに母と祖母に手引かれて、資料館で、まぁいろんな残酷な写真とかあるじゃないですか。あなたのひいお祖父ちゃんもこんなになって亡くなったのよなんて言われて、その日の夜から眠れなくなって。

男女　――うーん。

僕もこの蝋人形（被爆再現人形）すっごく怖くって、でなんかそういうのがずーっと残ってて。いま僕は四十六なんですけど、もともとは別のテーマで研究をしてたんですけど、怖くてできなかったんですね。

男女　うーん。

——　それで、ずいぶんもう四十近くなってから遅まきながらこのテーマでちょっといろいろ、細々とやり始めて、やってるうちに八月六日……初めて八月六日に、だから四十近くなって、来たら、夜、深夜にこうやって祈りに来る広島市民の人がいて、ものすごく、僕はそれすごい広島市民の底力のように感じて。だから、でもね邪魔したくないなぁーとかって思ってずっと聞けずにいたんですけど、もう今年はもうと思って……

女　いやぁ邪魔なんかじゃないですよ。

——　そうですか。

女　うん。だっていっぱいね、メッセージを発信しとる人がいっぱいおって、一日それを受け取ろうとしとる感じで、それでやっとここに、来てっていうの。うん。

——　あの、奥さんのほう、奥様のほうはって言い方変ですけど、はこう手を合わせてるときっていうのは、どういう思いで？

女　うーん、なんか、でもその『はだしのゲン』を小学校（の図書館）からなくしたりとか、っていうので、なんか、事実が隠されたりとか、そういうのがすごい嫌で。だからやっぱ、あったことはあったことでそのまま伝えてほしいなって。それだけでたぶん、いろんなことが防げると思うし、事実は事実のままでずっと、語り継げるのが、たぶん三世の私らがギリギリで、なるけぇ、うん、ずっと。

——　あっ、三世。

女　三世になる……被爆三世。

——　あぁ、そうなんですか。じゃあお身内に、女――広島のね、出身なんで。うん。

女――うんうんうん。あ、お身内に被爆者の方がいらっしゃって。

女――被爆……直接じゃないかもしれんけど、まぁ近いとこには。うーん、いるんで。

女――なるほど。広島の三世代めっていうか、原爆直接の世代から……そう、今日、八時十五分に鐘を鳴らしたのがもう友だちだったりとかして、そういう世代なんだなぁと思って。

女――うーん。えぇ失礼ですけどおいくつでいらっしゃるんですか。

女――あたしが三十五で、（夫が）三十四になる歳の。

女――あぁ。でもその若さで、そこまでこう、思いがあってこう祈りに来られるっていうのは、広島では普通のことですか？

女――んー私らの周りでは、

男――僕らの周りでは普通ですね。

男――へーぇ。なんで、でしょうね。いや僕はそれすごいことだと思ってるんですけど……平和教育？

男――かき立てられるなにかがあるんでしょうね。たぶん教育も……そうですね、DNA的になんかこう呼ばれるんだと思うんですよね、ここに。ヒュッとこう。

男――あーぁ。

男――なんかこう安らぐ、こう気持ちもあるし、逆になんかこう、はぁ、なんかこんなねぇ悲しいことがあってっていう落ちる部分もあったりとか。逆にいま生きとるけぇ、なんかそのぶん、よっしゃ今日は遊ぶぞとか、今日一生懸命仕事するぞとか、楽しむぞとか、人に優しく、ねぇ、したいとかっていうのも生まれてくるし、なんか言うたらまぁ複雑な気持ちっちゃ気持ちですよね。

――たしかにね。

男　悲しむ部分もあるけど、じゃ生きとる自分らがなにができるんかっつったら、悲しむだけじゃなくてその悲しみを、なんか負のパワーをこう、ね、こう、善のパワーに変えて、発信していく。

――原爆への関心っていうのはもう気づいたらっていう感じ、ですか。

女　あぁもう、うんうん、それはーあるかも、物心ついたときから。

男　気づくっていうかなんか、ま気づいとったんかもしれんけど、それをうまく言葉にできんかったりとか、こういうかたちでなにか手を合わしたりとかっていうのは、できんかったかもしれんけど、たぶん、なんかあったんでしょうね。なんかこう、目に見えんなにかみたいな感じで。

女　あらためて聞かれると、そのきっかけがどこかはわかんないけど。

男　気づいたら始まっとったみたいな。

女　折り鶴折るとこから始まっとったかもしれんし。

男　うーん、だね。

――身体（からだ）に染みついてるんですね。

男　染みついとるんじゃろうね。

女　あーぁ。

――でもね、そういうふうにおっしゃる方けっこう多くって、

男女　あーあ。

――べつに考えるまでもなくみたいなね。もう習慣だからとか。それもなんか、すごいことだなぁとは思って。でもお二人は、あれですか、僕みたいにこう資料館行って、怖くて夜眠れないみたいなふうになったりとか

はされませんでした？

男　いやぁ、ありますよ。

女　小っちゃい頃はあったかも。いまはね、もうないかもしれんけど。

男　いまあるかどうかわからんけど、僕、○○小学校っていうとこの、こう出身ていうかあれなんですけど、○○小学校の図書館に、なんかいっぱい本あるんすよ。『はだしのゲン』ももちろんあったし、いっぱい『火垂るの墓』とかもいっぱいあったけど、そんなかに、なんかこう、ほんとに隅の隅ぐらいに、なんか分厚いなんか、こんな、

女　資料。

男　資料というかなんかこう、背表紙がギューッとなったようなのがあって、なんやろこれみたいな感じで。で、たまたま見たときに、全部その被爆したときの、記録みたいな、ほんとに、あぁってもう目を背けたくなるような、ほんとにウジがわいとって、火傷でバーッとなっとる、そんな写真ばっかりが載っとる、本があったんよ、白黒の。

女　うん。

男　それを小学校で見たときに、ほんまになんか、鳥肌が立つぐらい、ワーッてなったけぇ、あれがいまでも忘れんで。

――あーぁ。

女　いまどこ行ったんだろ。

男　いま、たぶんないかもしれんよ。

女　どこ行ったんだろうね。

――広島市史とか、そういうものかもしれませんね。戦後これから始まったみたいな、けっこうそういうのが出

てたりするし。でもそれは、ずっと残ってて、でも、当時はすごくそういうかたちで、ねぇ、こうワーッと思ったけど、いまはどうですか。なんていうか、また受けとめ方が変わった？

女　あぁでも、いまでもなんか今日も日銀行って、あの、イラストとか、絵の、なんかエピソードとか読んだら、あぁーってなんか思うのは、毎年変わらずで。あらためてっていうのは毎年毎年、うーん思うかも。でもこう、単に怖いだけのものではなくなってきてるでしょう？

——　うーん。

男　うんうんうん。

女　だんだん、あれがなんか自分だったらどうなんじゃろみたいな、感じにはなってくるんですよね。はじめはなんかその、子どもんときは、あぁかわいそうにとか、なんかワァー、ね、ワァーッていうその、簡単な、自分対誰かっていう感覚しかなかったけど、だんだんこの大人になってくるにつれて、やぁあれが自分だったらどうだったんじゃろとか、自分の家族だったらどうなんじゃろみたいな、なんか置き換えてしまう自分がおって。そうなったときに、もうなんか胸がね、張り裂けそうなぐらいもうほんまにガァーッとなってしまって。うーん、で、そうなったらやっぱ生きとるからにはなんか、そういうのちゃんと、ね、発信するなり、形に残すなり、こうやって思いを込めるなり、がまぁ精いっぱいな、ことなんですよ。自分一人じゃ、ね、世界も変えれんし、大きいこともできんけど、その一つひとつの、一人ひとりのこれが、もっとこうバーッてなったら、なにかが変わるんじゃないかなって僕はまた信じとるという感じですね、いまは。

男　——　こう、祈ってるときに、というか祈るときに、こう誰に祈ってるっていう感じですか。

男　いやぁもう真っ白。

——　真っ白。

男　うーん、なんかもう手合わす瞬間に、自分のお祖父ちゃんでもないしお祖母ちゃんでもないし、ここにおった人たちでもないし、なんかこう、ヒュッと。まそれは年代によって変わるんかもしれないすけどね。うん、すぐ直後の感じだったらねぇ、

女　今年は真っ白だった、ぐらいの、

男　うーん。

女　うん、感じかなぁ。

男　もしかしたら、ねぇ、直後だったら、ね、自分の娘とか、息子とか、親とかっていう感じなのかもしれんけど、僕らもう世代をかなり超えて、ここに来とるわけなんで、それが、誰っていうわけでもないし、なにっていうわけでもないし、なんかほんとに、不思議と真っ白になるね、こうヒュッとこう。

――真っ白かぁ。

男　これが、すごいのがそこに立ったときに、原爆ドームとあの炎と全部がこうヒュッとなるじゃないですか。あれはなんかシンクロしとる感じで、あーって思いますよね。

――そうですか。あのお身内に被爆者の方がいるってわけではないんですか。

女　被爆直（ちょく）ではないですね。

男　うん、直ではないですね。

――でも、だったらなおさらすごいなぁ、それは。

――いやぁ、ほんとにいろんな話うかがえてよかったんですけど、あらためてこの、この場っていうのは、それぞれにとって、どんな場ですかね。

女　あぁ、どうなんだろ。でもなんか、八月六日の広島っていうのを、なんか、日本中の人にも世界中の人にも

感じてもらえたら、たぶんなんかちょっとずつ、伝わるかなぁとは思いますね。みんなに、わかってもらえたら。

女　――あぁ。みんなにこう、伝えていく場というか。

うーん。たぶん、この場に来るだけで伝わるものがすごい、あるけぇ、言葉じゃなくても、なんか感じるものはあるんじゃないんかな、とは。

女　――ご自身にとってはどうですか。ご自身にとってこの場がどういう場か。

あぁでも私は毎年ちゃんと、いちばん、なんか大事な日ですごく、うーん。うん、今年も来れてよかったって思いますね。

男　ほうだね、今年も来れてよかったと思うね。

女　うん、今年もこの場に、うん、八時十五分にここにおれてよかったたって思いますね。

女　――へーぇ。そのよかった感って、どんなよかった感かなぁと思って。

でもなんか、その七十年前の、今日も暑かったけど、七十年前はもうこの百倍熱かったんだとか、なんかちょっと想像したりとかもするし。川とか見たらなんか、ねぇ、惨劇があったんだとかなんか、振り返ったりとかもあるし。それはなんかここに来たことで思うことで、んーなんか別の場所におったら、忘れてしまったりとかも、ねぇ、してしまうけぇ、ここに来るっていう照準を合わせることが大事かなとはすごい思いますね。

女　――そういうことを、なんていうかなぁ忘れないっていうことは、ご自身の人生にとって、やっぱ意味のあることなんですか。

うーん、広島に生まれて広島に育ったんだったら、それはもう、宿命、というかね、伝えていかんと、もったいないなと思うかなぁ。

——そうですかぁ。ありがとうございます。（男に向かって）どうですか、ご自身にとって、ここの場がどんな場かっていう。

男　なんかー、なんすかねぇ、やっぱここで、いろいろありますからねぇ。そのへんで弾き語りしてる人もおれば、ここでこう、あっちのほうで普段は将棋をしとったりとか。けっこうその、憩いの場でありながらも、なんかそのー、祈りを捧げる神聖な場所でもありながらも、ほんとに広島市内のなかでも、緑が多いじゃないですか。今日も昼間歩いててもコンクリートで、暑いんすよ。そんなかでちょっと森に入ったときすごい涼しかったりとかして、唯一その緑が市内のなかでもいっぱいあるっていう場所でもあるし。どんな場所かって言われたらもう、ほんとに、いろんなものをひっくるめて、なんかもう、なんか、いのちがあるなって。祈りもいのちだし、その、植物も全部いのちだし、ここに集まる人も、いのちだし、いのちがバッとなくなった場所でもあるけど、ね、いのちがいっぱい、全国から、世界中から集まって、ひとつになってってっていう場所でもあるし。

三　死者へのまなざしを媒介とした対話の時空間

「こういう犠牲があって、いまがある」。「逆にいのちを吹き込まれるような感じがして」。「自分の、戒めだけじゃないですけど」。「ここの場所というのが、ほんとに、いろんな方々の思いっていうのがある」。「やっぱり私たちが引き継いでいかないと」。「祈りの場、自分がほんとにいま平和に生きてるんだな、そのありがたさも感じるような場所」。「私たちが忘れないことと、これから平和な世の中をつくるというその思い」。「いろんな人から話を聞いたりとかして、被爆者の方とか話を聞いたりして、考えるようになって」。「思っとかないといけないというか、考えとかないといけないというか」。「伝えていきますっていうのを思いながら」。「亡くなった方々に、お祈りしに来なきゃいけないなっていう感覚で」。「直視しなきゃ」。「胸が苦しくなるような、悲しい気持ちになるというか」。「あぁ痛かっただろうな苦しかっただろうなぁ」。「平和な世界に、平和な国に、平和な町にっていうふうに願っているんで」。「安らかにお眠りくださいっていう思いですね」。「深く考える日でもあるし」。「ただ、祈りに来ようっていう思いなんですよね」。「生まれてずっと見てきた場所です」。「家族と仲間が引き裂かれた日だけど、なんかそこを、心の灯にできるような日にしよう」。「いやぁもう自分にできる精いっぱいの思いですよね」。「核兵器廃絶と、ほんとにもう過ちを繰り返してほしくないなぁみたいな」。「時代が時代じゃけこう、進んでいっとるじゃないですか」。「かき立てられるなにかがあるんでしょうね」。「なんかこう呼ばれるんだと思うんですよね、ここに。ヒュッとこう」。「人に優しく、ねぇ、したいとかっていうのも生まれてくるし」。「悲しむ部分もあるけど、じゃ生きとる自分らがなにができるんか」。「自分だったらどうだったんじゃろとか、自分の家族だったらどうなんじゃろみたいな、なんか置き換えてしまう自分がおって。そうなったときに、もうなんか胸がね、張り裂けそうなぐらいもうほんまにガァーッとなってしまって」。「その一つひとつの、一人ひとりのこれが、もっとこうバーッてなったら、なにかが変わるんじゃないかなって僕はまた信じとる」。「この場に来るだけで伝わるものがすごいあるけぇ、言葉じゃなくても、なんか感じるものはある」。「別の場所におったら、忘れてしまったりとかもしてしまうけぇ」。「憩いの場でありながらも、祈りを捧げる神聖な場所」「今年も来れてよかったたって思いますね」――。

これらの言葉を振り返っただけでも、深夜の慰霊碑前には、原爆の犠牲となった死者へのまなざしを媒介とした対話の時空間が広がっていたのだということがわかる。実際、誰に向かってお祈りしていたのかと尋ねると、ほとんどのインタビュー協力者たちが「いやもうそれは犠牲者の方々です」「やっぱり亡くなられた方です」などと答えた。

痛みや悲しみを感じるのであれ、いのちの光を感じるのであれ、憩いを感じるのであれ、自らの生き方を問い直すのであれ、家族に思いを馳せるのであれ、忘れてはいけないという思いであれ、伝えていこうという決意であれ、平和への願いであれ、自分のなかでのひとつの行事であれ、いろんな人たちの思いやメッセージを感じるのであれ、戦争を起こさないという誓いであれ、核兵器廃絶への思いであれ、真っ白な思いであれ、祈りの文脈はさまざまであっても、死者へのまなざしがまずあって、それを契機・媒介として、過去との対話、未来との対話、自己との対話、他者との対話、そして社会との対話が展開されていた。

原爆資料館に行ってつらくなって以来、トラウマになってしまい資料館に入れていないことを吐露した高校三年生の少年は、そのような感情を抱くことはあまりよくないと思うと言い、その理由を尋ねると、一言「失礼だから」と答えた。これは、原爆で亡くなった死者に対して失礼だからという意味である。彼は、深夜の慰霊碑前に一人祈りに来ることで、必死に死者と対話しようとしていた。

原爆資料館で見た（あるいは学校の図書館にある資料で見た）、見るに堪えない凄惨な被爆後の状況に、さまざまな感情が複雑に渦巻き、それがいまも自分の胸のなかに強く残っていると語ったインタビュー協力者は多い(6)。私たちの想像を絶する無残な死をとげた原爆の死者たち。だが、その死者に会うことはできない。直接話すこともできない。想像を絶するからこそ、死者に直接会えないからこそ、手を合わせて祈るしかない。しかし、だからこそ、そこに切実な対話が生成するのである。そしてこの場所は、そんなさまざまな人びとの祈りと切実な対話が何十年も積み重ねられてきた時空間なのだ。

ここだけやっぱり、空気違いますねなんか、なんて言ったらいいんですかね。やっぱり、ほんとあの原爆ドーム、を越えてこっち来たあたりから流れる空気が違うというか、やっぱり小っちゃい頃からここだけなんか違うなっていう感覚あったんすけど。

この平和記念公園の独特の空気を醸成するのは、ここに集う人びとの死者へのまなざしが織りなす死者の気配のように感じる。八月六日の夜の平和記念公園には、本当にたくさんの広島市民がやってくる。出店があるわけでもない、有名人が来てイベントを行うわけでもない。ただ「慰霊」（あるいはそこから生成する「平和」への思い）というゆるやかな共通項のもとに、ものすごい数の人びとが集まってくる。ここに集う人びとは、凄惨な死をとげた死者への思いを、大なり小なり、どこかであてどなく抱えているのではないだろうか。

その光景を初めて見た時、第一節で述べた問題意識（特に私のトラウマ的な感情に関わる問題）を抱えていた私の身体に、不思議な感覚が芽生えたことをよく覚えている。その時の感覚を、私はその場でノートにこう書きなぐっている（あえて修正を加えずそのまま掲示したい）。

美的再帰性によるジェネラティビティ[7]。本当にたくさんの市民たちが、お祭りのようににぎわい、集い、原爆ドームを見たり、写真を撮ったり、灯籠やキャンドルを見てまわっている。語の正しい意味での（ラディカルな意味での）お祭りとは、こういうことを言うのだろう。単なるオマツリさわぎではなく、鎮魂祭、慰霊祭という名のお祭り。

原爆の記憶を媒介とした社会的連帯性が、この日のこの空間にゆるやかに成立している。そのことにすごく救われ、エンパワーされた自分がいる。それは、多くの人と分有している感覚を持てたことによって、自分のなかのトラウマがこの空間に溶け出し、開かれたことのよろこび。

批判することは簡単だし、いろんな問題がないことはないのはたしか。だが、この場が引き出してきた人間の肯定的な部分をきちんと評価し生かしていかないと。頭でっかちのかしこさではなく、身体のかしこさで。

（二〇一〇年八月六日のフィールドノーツより）

これらは決して精査した言葉ではないが、その場に居合わせた瞬間、とっさに自分の身体から湧き出た言葉である。

このような情景について共同研究メンバーに話した時、あるメンバーから「それは民族感情なのか、それとも地域感情なのか」と聞かれた。私は、そのいずれにも収まらないと感じる。だから「文化の創造」なのだと思う。だからこそ、それをしっかり記録・記述し、伝え、共有していくことが重要なのだと思う。

深夜の原爆慰霊碑前は、このような意味での「文化の創造」の象徴的な時空間であると言えるだろう。それは、非被爆者が、理念（スローガンやイデオロギー）による合理化でもなく、それに対する単なる脱構築（頭でっかちの批判やズラシ）でもなく、「生きられる経験」の地平（小倉 2014）で原爆体験を自分ごととしていかに受けとめられるのか。関わっていけるのか。その新たな継承文化を見出していくきっかけの宝庫である。

インタビューを行った翌年の八月六日も、私は深夜の原爆慰霊碑前を訪れた。この日も、相変わらずの光景が繰り広げられていた。午前〇時をまわって二十分ほどたった頃、慰霊碑をやや離れたところから一人立って長い時間、慰霊碑と原爆ドームのほうを見つめている青年がいた。三十分近くはたたずんでいただろうか。祈りが終わり、静かに去っていく後ろ姿を追いかけて声をかけた。聞くと、ここには毎年来ているという。なにを思って祈っているのかと尋ねると、寡黙なその青年は「人が痛い思いをするのは、なんでかなって思いながら……」とぽつり答えた。慰霊碑横のスロープに一緒に腰掛け、結果、二時間半ほどの静かな対話となった。

この日、私は朝までいたが、結局朝まで人が長い時間完全に途絶えるということはなかった。だが、午前五時になるのと同時に、訪れる人の層はガラッと変わっていった。慰霊碑前を掃除しに来た中年男性がいた。慣れた手つきで、それを日課にしているようだった。朝の散歩かたがた慰霊碑を訪れた中年女性と挨拶を交わしていた。

四　非被爆者にとっての〈原爆という経験〉――その新たな意味と関わりの生成

私たちがこの共同研究を始める原点となった、深夜の原爆慰霊碑前という時空間。そこでは、肉親などの具体的な死者に祈りが捧げられているのでも、声高に反核や平和が主張されているのでもなかった。遺族という文脈でも、運動という文脈でもない祈りが捧げられ、死者と生者を、過去と現在と未来をつないでいた。そこに訪れるのは、必ずしも「意識高い系」と言われるような若者ではない。「ふっと思って」「もう習慣なんです」「かき立てられるなにかがあるんでしょうね」など、等身大の身体から生成するささやかな祈りが、淡々と捧げられていた。

だが、その思いは深い。そこに捧げられていた祈りとは、いったいなにに捧げられた祈りだったのだろうか。

これから持つ家族を守らなければいけないという思いと、亡くなった方のなしえなかった、やっぱり思いとかですね。

こんだけ犠牲者を出して、もうね、嫌じゃないですか。もう嫌なんですよ、そういうのが、心から。だったらもう自然とここに来て、手を合わせてほんと自然なことだと僕は思うんで。ま毎年ちゃんと、この日は大事にしようかなぁと。

人が痛い思いをするのは、なんでかなって思いながら……。

被爆七十年という節目に際して、日本被団協とノーモア・ヒバクシャ記憶遺産を継承する会が行った「被爆者として言い残したいこと」調査の被爆者の自由記述回答のなかに、「人はなんのために生き産まれて来るのでしょうか」という言葉があった(8)(日本原水爆被害者団体協議会・NPO法人ノーモア・ヒバクシャ記憶遺産を継承する会 2017:29)。この言葉を見つけた時、私はまっさきに深夜の原爆慰霊碑前に祈りに来る若者たちの姿を想起した。「人はなんのために生き産まれて来るのでしょうか」――それを根本的に問うてくるのが〈原爆という経験〉ではないか。そしてその問いは、いまを生きる非被爆者である若者たちに開かれ、それぞれのやり方で人知れず受けとめられているのではないか、と(9)。

この深夜の原爆慰霊前という場所で、非被爆者にとっての〈原爆という経験〉は、「人はなんのために生き産まれて来るのか」という「いのち」の根源的地平で、新たな意味と関わりを生成していっているのではないだろうか。

どんな場所かって言われたらもう、ほんとに、いろんなものをひっくるめて、なんかもう、なんか、いのちがあるなって。祈りもいのちだし、その、(平和記念公園に生い茂る)植物も全部いのちだし、ここに集まる人も、いのちだし、いのちがバッとなくなった場でもあるけど、ね、いのちがいっぱい、全国から、世界中から集まって、ひとつになってっていう場所でもあるし。

「継承」とは、単なる事実のコピーでも伝言でもない。どれだけ正確に体験を再生し伝達することができるかが問題なのではない。継承とは継「承」と書く。問われているのは、〈原爆という経験〉をいかに主体的に「承る」ことができるか、その承ることの主体的意味である（小倉 2013a, 2017）。そしてその主体化の回路は、遺族という回路や、運動という回路だけではなく、もっと多様にある。深夜の原爆慰霊碑前という時空間で、誰にも知られることなく、ささやかに繰り広げられている若者たちの祈りは、そのことを教えてくれる。その祈りは混沌としているが、だからこそ新たな主体化の契機に満ちている。

重要なのは、それらを見過ごすことなく、繊細に、柔らかくまなざし、共有していくことである。それが、原爆文化、継承文化の豊かな創造につながっていくのではないだろうか。それは、〈原爆をまなざす人びと〉をまなざす視線＝「知」の静かな変革でもある。私たちの生き方・社会のあり方そのものに関わっていくのである。

注

（1）「はしがき」でも述べたとおり、この八月六日深夜の原爆慰霊碑前という時空間こそが、私たちの共同研究が始まる原点となった。

（2）もちろん複数で来る若者もいるが、せいぜい二人連れ、多くて三人という少人数であり、圧倒的に多いのは一人で祈りに来る若者である。なお、ここで「若者」とは十代から三十代の人びとをイメージしていただければよい。

（3）さらに、これは深夜よりも少し手前の時間になるが、プロ野球の広島東洋カープの試合が八月六日に広島の球場で開催される日は（二〇一一年に八月六日の広島で五十三年ぶりにカープ戦が開催され、それ以来おおむね一年おきのペースで八月六日に開催されている）、試合終了後しばらくすると原爆慰霊碑前に並ぶ人の列が赤くなる。原爆ドームのすぐそばにあった旧市民球場が取り壊されマツダスタジアムに球場が移転して以来、球場から平和記念公園までは歩ける距離ではなくなったにもかかわらず、カープの赤いレプリカ・ユニフォームを身につけた観戦帰りの人たちが次々に慰霊碑前に祈りにやってくるからである。

（4）この共同研究の研究計画調書の「研究の斬新性・チャレンジ性」の欄に記した言葉。「文化の創造」は、私たちの共同研究プロジェクト開始当初のキーワードでもあった。当研究計画調書は報告書（松尾編 2017）に収録されている。

（5）午前〇時以前の時間のインタビューについては、報告書（松尾編 2017）に記述している。

（6）このような複雑な感情を抱いている人は（私を含め）少なくないのではないかという思いを私はずっと抱いていたが、今回のインタビュー調査でそれが確信に変わった。私はかねてより、このような感情は、非被爆者が原爆体験を「生きられる経験」の地平（小倉 2014）で受けとめ、関わっていける、新たな継承文化を見出すきっかけとなる可能性を持っていると考えていたが、いちばんの問題は、この複雑な感情を複雑なままに吐露し、その感情に正直な次元でコミュニケーションできる場がほとんどないということであると考えている。このような深い水準でコミュニケーションできる場がないから誰にも話していない、あるいはこのような深い水準でコミュニケーションできる場があったからトラウマにならなかったという事例に、私は何度も出会ってきた（本稿に登場した高校三年生の少年もその一人である）。『はだしのゲン』を図書館から撤去する議論のように、むしろ表層的にそのノイズを除去することのほうが、こういった複雑な感情にまつわる問題を捻じ曲げ、その可能性の芽を摘んでいるのではないだろうか。この問題の要諦は、もっとほかのところにあるはずである。別稿で改めて考察したい。

（7）記憶の世代継承性のひとつのありようを直感し、メモした言葉。「美的再帰性」とは、S・ラッシュが、A・ギデンズやU・ベックの再帰性（reflexivity）の議論が合理主義的・科学主義的な「認知的再帰性」に偏っていることを批判して提示したもので、知識にもとづいた認知的・概念的次元ではなく、知覚や感性あるいは情動にもとづいたミメーシス的象徴（イメージや音、視覚）による再帰性を表している。いわく「日常生活にたいする美的再帰性は、概念的媒介ではなく《ミメーシス的》媒介によって生じていく」（Beck et al. 1994=1997:249）と。他方、「ジェネラティビティ（generativity）」は、E・エリクソン（1982=1989）が提示した概念で、従来「生産性」「生殖性」と訳されることが多かったようだが、やまだようこは、「生成（generate）」と「世代（generation）」をかけあわせたこの概念のもっと広い含意（新たなものを創造し、それをケアし、次世代へとつないでいく）を生かし、「生成継承性」という訳語をあてている（やまだ 2000:96）。記憶の継承は、主知主義的な伝達に限られるものではなく、詩学的な象徴的構想力を含めた「〈経験〉のミメーシス的ジェネラティビティ」（小倉 2006）によってもなされうる。八月六日の夜の平和記念公園の光景を見た時、私は、〈原爆へのまなざし〉が、ミメーシス的媒介によって生成継承されていると感じ、持っていた小さなノートに思わずこう書きとめたのだった。

（8）「戦争と原爆を経験し、七十年間を生きてきて、被爆者として言い残したいことは何ですか。自由に書いてください」という質問に対する自由記述回答（日本原水爆被害者団体協議会・NPO法人ノーモア・ヒバクシャ記憶遺産を継承する会 2017）。

（9）本節や第一節において、私は〈原爆という経験〉という表記を行ってきた。そこには、単なる事実としての「被爆体験」だけではなく、被爆体験を背負いながら積み重ねられた経験と思想＝人生という時間性を含み込んだ「原爆体験」（濱谷 2005）、そしてそれを苦悩しながら語ったり、衝撃を受けながら見聞したり、葛藤しながら受けとめたり受けとめられなかったりすることによって生成していく意味や関わりを射程に入れる、という意図がある。米山リサ（Yoneyama 1999=2005:xi, 36）は、「真実のレジームへの従属」を超え出て、むしろ語りをはじめとする「過去を知る手立て」（語りのほかには、映像、記憶、遺跡、慰霊碑、スローガン、記念式典、モニュメントなどを挙げている）によって伝達される知が、「すでに幾度も人の手を介したものであり、真正な過去を私たちに直接伝えているものではないことを認識する」ところにこそ継承の活路を見出そうとする。その「二次的な様態に気づく」ことによって初めて、被爆体験が「いま、ここ」で進行中の事態にとって切実な意味を持つものとして語られていることに私たちが気づくことができ、現在に積極的に関与するものとなるからである。「二次的な様態に気づくことに、あらたな思索と想像力の契機がひそんでいる」のである（小倉 2013a:226）。

（小倉康嗣）

コラム8 映像作品紹介『深夜の原爆慰霊碑前を見る』

http://www.shin-yo-sha.co.jp/video/hiroshima-6.htm　パスワード：6AUG

この映像は、二〇一五年八月六日の深夜二十三時から翌二時四十分までの原爆慰霊碑前を固定カメラで撮影したものを、五十二分に編集した作品である。

第十章でも述べたとおり、この日は被爆七十年という大きな節目の年だったこともあって例年より人がかなり多く、毎年見てきたような「深夜の顔」に移行し始めるのは、いつもより一時間以上遅い午前〇時を過ぎてからとなった。それでも人は多めであったが、〇時十五分、〇時二十七分あたりに映し出されている、自転車でやってきてただただ祈って帰っていく青年などは、毎年深夜に見かける印象的な若者の姿だ。そして〇時五十三分を過ぎたあたりから、慰霊碑前は完全に深夜の表情になる。

深夜未明にかけて、慰霊碑前にゆっくりとたたずんで丁寧に祈っていく若者が一人、また一人と折り重なっていくその姿は、静かな光景でありながら息をのむ。他方でそこに、「ダメなカープねぇ～」と鼻歌を歌いつつ、プロ野球の試合で負けた広島東洋カープのことを嘆きながら自転車で横切る若者（おそらく熱烈なカープファンなのだろう）の日常の姿が交差するのも、深夜の慰霊碑前ならではである。そして映像が終わる最後の二時四十分まで、若者がぽつりぽつりと祈りに、線香をあげに、人知れずやってくる。二時三十六分、Tシャツに短パン姿で、飲み水の入ったペットボトルと、無造作に線香の束を入れたビニール袋を持ってやってきて、淡々と線香に火をつけ、丁寧に手を合わせ去っていく青年の姿で映像は終わる。その姿は、私たちが魅了されてきた深夜の慰霊碑前に祈る若者の典型的な姿そのものである。

（小倉康嗣）

あとがき

これはいったい、なんなのか。八月六日の平和記念公園で繰り広げられる光景を目の前にして、私たち共同研究メンバーの多くが抱いたのはこの単純な疑問であった。明け方の原爆供養塔で一人祈る高齢者、平和記念式典の会場に入りきれずモニターで式典をじっと眺める人びと、原爆慰霊碑に参拝するために暑い日差しのなかで長時間待つ人びと、原爆ドームの周辺で平和を訴える人びと、元安橋で歌う歌手、灯篭流しに訪れる親子、深夜の慰霊碑に線香を捧げる若者たち……。私たちは、この日の平和記念公園でよくわからない、うまく説明できない光景に遭遇した。

私たちは映像撮影という手法を採用した。映像として記録し、それを繰り返し見ることによって、私たちが目の当たりにした光景を理解しようとした。だが、映像にはそれ自体に不思議な力が備わっている。編集されたものであったとしても、そこには現場の残滓が醸しだされるのだ。私たちは、八月六日の平和記念公園で直面した不思議な現象をそのまま共有したくなった。本書の記述とともに、私たちが撮影した映像を付帯させたのはそのような理由からだ。

平和記念公園のビジュアル・エスノグラフィは目の前に見える人びとが〈見えないもの〉に向き合う姿を映し出す。すべてを映し出していないという意味で、映像は適当な調査法ではないと思われるかもしれない。しかし、社会調査が〈見えないもの〉を可視化する行為であるとするならば、〈見えないもの〉を〈見えないもの〉として可視化した私たちの調査も一つの社会調査であろう。そこには〈見えないもの〉に対する人間の想像力の豊かさが表れる。

〈見えないもの〉は私たちの周りにもある。ずっと不思議に思っているのだが、こと、原爆のことになると、次々に思いがけない「めぐりあわせ」に遭遇し、ご縁がたぐりよせられていくのだ。奇遇というべき出会いに恵まれ、ほんの一瞬の出会いであっても深いご縁になったり、すでに出会っている人たちとも再び出会い直すような感覚に襲われたりする。まるで原爆の死者に導かれているような思いに駆られる。〈原爆へのまなざし〉は、私たち一人ひとりの生き方を映し出し、生きる意味という深い次元を問うてくるからだろうか。調査に協力してくださった〈原爆をまなざす人びと〉はもちろんのこと、私たち共同研究チームも、不思議なめぐりあわせから出会い、あるいは出会い直し、つながっていった。そして、予想以上の化学反応を生み出していったように思う。

それは、この本の出版を引き受けてくださった新曜社の塩浦暲さんとのご縁も例外ではない。塩浦さんと編者の出会いは、いまから十三年半前にさかのぼる。科学認識や調査表現においてきわめて実験的な試みをおこなった小倉の分厚い博士論文を「こういう学問のやり方もあるのだと思った」と深く評価してくださり、「こういう本こそ、うちから出したい」と言ってくださった。残念ながらさまざまな制約のなかでそれは実現しなかったが、著者のことをこんなにも深遠なまなざしで理解してくれる編集者がいるのかと感動した。以来、いつか塩浦さんのもとで大切な本をつくりたいと思い続けていたが、ようやくそれが実現した。塩浦さんは本書の意図や意義を、言葉を尽くさずとも「あうんの呼吸」で繊細に的確に理解してくださった。このような実験的な書物が日の目を見るのも、塩浦さんのおかげである。記して感謝したい。

そしてさいごに、調査にご協力くださった方々をはじめ、私たちにたくさんの気づきと学びを与えてくださったすべての〈原爆をまなざす人びと〉に、心からの謝意を表したい。本当にありがとうございました。

（根本雅也・小倉康嗣）

索　引

さ行

た行

な行

は行

ま行 ――――――

ら行 ――――――

わ行 ――――――

文　献

浅地広 (1980)「広島市における都市公園の歩んだ道」広島市公園協会『ひろしまの公園』3-10.

Bateson, Gregory and Margaret Mead (1942) ***Balinese Character: A Photographic Analysis.*** Academy of Sciences.〔外山昇（訳）(2001)『バリ島人の性格 ── 写真による分析』国文社〕

Beck, Ulrich, Anthony Giddens and Scott Lash (1994) ***Reflexive Modernization: Politics, Tradition and Aesthetics in the Modern Social Order.*** Polity.〔松尾精文・小幡正敏・叶堂隆三（訳）(1997)『再帰的近代化──近現代における政治、伝統、美的原理』而立書房〕

Bloch, Ernst S. (1962) ***Verfremdungen I.*** Suhrkamp Verlag.〔片岡啓治・種村季弘・船戸満之（訳）(1971)『異化』現代思潮社〕

Dower, John W. (1996) "The Bombed: Hiroshimas and Nagasakis in Japanese Memory," Michael J. Hogan (ed.), ***Hiroshima in Memory and History.*** Cambridge University Press, 116-42.

頴原澄子 (2016)『原爆ドーム ── 物産陳列館から広島平和記念碑へ』吉川弘文館

Ellis, Carolyn and Arthur Bochner (2000) "Autoethnography, Personal Narrative, Reflexivity: Researcher as Subject," Norman K. Denzin and Yvonna S. Lincoln (eds.), ***Handbook of Qualitative Research,*** 2nd edition. Sage.〔藤原顕（訳）(2006)「自己エスノグラフィー・個人的語り・再帰性 ── 研究対象としての研究者」平山満義（監訳）『質的研究ハンドブック第 3 巻　質的研究資料の収集と解釈』北大路書房, 129-164.〕

Erikson, Erik H. (1982) ***The Life Cycle Completed.*** W. W. Norton.〔村瀬孝雄・近藤邦夫（訳）(1989)『ライフサイクル、その完結』みすず書房〕

藤森照信 (1999)「広島計画を展開した意図・その後の丹下氏の活動」『広島市公文書館紀要』23: 41-67.

福間良明 (2015)『「戦跡」の戦後史 ── せめぎあう遺構とモニュメント』岩波書店

────・山口誠・吉村和真（編）(2012)『複数の「ヒロシマ」── 記憶の戦後史とメディアの力学』青弓社

舟橋喜恵 (1997)「広島のなかのヒロシマの継承 ── 広島の平和教育」『広島市公文書館紀要』20: 1-24.

Goffman, Erving (1963) ***Behavior in Public Places: Notes on the Social Organization of Gatherings.*** Free Press.〔丸木恵祐・本名信行（訳）(1980)『集まりの構造 ── 新しい日常行動論を求めて』誠信書房〕

後藤一樹 (2014)「〈趣味〉と〈闘争〉── 1920－30 年代のアマチュア映画の公共性」『人間と社会の探究』78: 109-137.

──── (2017)「〈祈り〉の映像社会学 ── 広島平和記念公園における原爆死没者追悼のポリフォニーとドラマトゥルギー」『哲学』138: 61-122.

――――― (2018)「四国遍路における関係イメージの生成 ── 移動と対話の映像社会学的調査の経験」『〈漂泊〉と〈定住〉の交響史 ── 四国遍路のクロス・ナラティヴ研究』慶應義塾大学大学院社会学研究科博士論文, 233-277.
後藤範章 (2010)「ビジュアル・データの分析／解釈法②」、谷富夫・山本努（編）『よくわかる質的社会調査プロセス編』ミネルヴァ書房, 197-200.
――――― (2011)「映像フィールドワークと都市社会学」『日本都市社会学会年報』29: 1-11.
Grady, John (2004) "Working with Visible Evidence: An Invitation and Some Practical Advice," Knowles Caroline and Paul Sweetman (eds.), *Picturing the Social Landscape: Visual Methods and the Social Imagination.* Routledge, 18-31.〔後藤範章（訳）(2012)「眼に見える証拠と取り組む ── 招待といくつかの実践的なアドバイス」後藤範章（監訳）『ビジュアル調査法と社会学的想像力 ── 社会風景をありありと描写する』ミネルヴァ書房, 27-49.〕
Grimshaw, Anna and Amanda Ravetz (2009) *Observational Cinema: Anthropology, Film, and the Exploration of Social Life,* Indiana University Press.
浜井信三 (1967)『原爆市長 ── ヒロシマとともに 20 年』朝日新聞社
濱谷正晴 (2005)『原爆体験 ── 6744 人・死と生の証言』岩波書店
被爆建造物調査委員会（編）(1996)『ヒロシマの被爆建造物は語る ── 未来への記憶』広島平和記念資料館
広島平和記念資料館 (2006)『広島原爆被害の概要』
広島本通商店街振興組合 (2000)『広島本通商店街のあゆみ』
広島戦災供養会 (2017)『慰霊の記録 原爆供養塔（増補版）』
広島市 (1959)『新修広島市史 第 2 巻 政治史編』
――――― (1971a)『広島原爆戦災誌 第 1 巻』
――――― (1971b)『広島原爆戦災誌 第 2 巻』
――――― (1983a)『広島新史 都市文化編』
――――― (1983b)『広島新史 地理編』
――――― (1989)『図説広島市史』
――――― (1995)『戦災復興事業誌』
――――― (2006)『平和記念施設保存・整備方針』
広島市議会 (1983)『広島市議会史 統計資料編』
広島市郷土資料館 (2013)『絵葉書の中の広島 ── 閉じ込められた街の面影』
広島市長崎市原爆災害誌編集委員会 (1979)『広島・長崎の原爆災害』岩波書店
今堀誠二 (1959)『原水爆時代』三一書房
石田忠 (1986)『原爆体験の思想化 ── 反原爆論集 I 』未来社
石田宜子 (1997)「過ちは　繰返しませぬから ── 碑文論争の歩み」『広島市公文書館紀要』20: 39-59.（再録：岩垂弘・中島竜美（編）(1999)『日本原爆論大系第七巻』日本図書センター, 148-174.）
石丸紀興 (1988)「『広島平和記念都市建設法』の制定過程とその特質」『広島市公文書館紀要』11: 1-56.

石丸紀興・李明・岡河貢 (2002)「広島の復興都市計画と丹下健三 ── 広島における建築家丹下健三の活動に関する研究 その1」『日本建築学会計画系論文集』557: 339-345.
伊東壮 (1985)『ヒロシマ・ナガサキから世界と未来へ』勁草書房
Jung, Carl Gustav (1928) *Die Beziehungen zwischen dem Ich und dem Unbewußten.* Reichl.〔松代洋一・渡辺学（訳）(1995)『自我と無意識』第三文明社〕
Keio ABR (2017)「アートベース社会学の実践史（ABR 実践活動アーカイブ）」『哲学』138: 251-281, 三田哲学会
建設省中国地方建設局太田川工事事務所 (1993)『太田川史』
北川建次 (1998)『随想録 ── 太田の流れ・ガンガの流れ』北川建次先生退官記念事業実行委員会
Knowles, Caroline and Paul Sweetman (eds.) (2004) *Picturing the Social Landscape: Visual Methods and the Social Imagination.* Routledge.〔後藤範章（監訳）(2012)『ビジュアル調査法と社会学的想像力 ── 社会風景をありありと描写する』ミネルヴァ書房〕
Lifton, Robert J. (1967) *Death in Life: Survivors of Hiroshima.* Random House.〔桝井迪夫他（訳）(2009)『ヒロシマを生き抜く ── 精神史的考察（上下）』岩波書店〕
町村敬志 (2004)「行きずりの都市フィールドワーカーのために ── 『いかがわしさ』と『傷つきやすさ』からの出発」好井裕明・三浦耕吉郎（編）『社会学的フィールドワーク』世界思想社, 33-61.
松平誠 (1990)『都市祝祭の社会学』有斐閣
松尾浩一郎 (2004)「『見る社会調査』の源流 ── フォトジャーナリズムと都市社会調査」『日本都市社会学会年報』22: 121-136.
──── (2013)「爆心地復元調査が描いたコミュニティ ── 湯崎稔と集団参与評価法」浜日出夫・有末賢・竹村英樹（編）『被爆者調査を読む ── ヒロシマ・ナガサキの継承』慶應義塾大学出版会, 103-130.
──── (2015)『日本において都市社会学はどう形成されてきたか ── 社会調査史で読み解く学問の誕生』ミネルヴァ書房
──── (2017)「社会調査のなかの表現 ── 失われた技術の再発見を」『社会と調査』19: 5-12.
────（編）(2017)『復興と文化の創造 ── 被爆都市広島のビジュアル・エスノグラフィ』2015-16 年度科学研究費補助金（挑戦的萌芽研究）研究成果報告書 , 広島ビジュアル・エスノグラフィ研究会
松尾雅嗣・谷整二 (2007)「広島原爆投下時の一次避難場所としての川と橋」『広島平和科学』29: 1-25.
──── (2008)「広島原爆投下時の避難 ── 川と橋を越えて」『広島平和科学』30: 1-25.
南出和余・秋谷直矩 (2013)『フィールドワークと映像実践 ── 研究のためのビデオ撮影入門』ハーベスト社
Mitchell, Claudia (2011) *Doing Visual Research,* Sage.
村尾静二・箭内匡・久保正敏（編）(2014)『映像人類学 ── 人類学の新たな実践へ』せりか書房

中野紀和 (2007)『小倉祇園太鼓の都市人類学 ── 記憶・場所・身体』古今書院
直野章子 (2015)『原爆体験と戦後日本 ── 記憶の形成と継承』岩波書店
根本雅也 (2015)「非政治的な価値をめぐる政治性 ── 広島と人道主義」足羽與志子・中野聡・吉田裕（編）『平和と和解 ── 思想・経験・方法』旬報社, 145-175.
────── (2018)『ヒロシマ・パラドクス ── 戦後日本の反核と人道意識』勉誠出版
日本原水爆被害者団体協議会 (1959)『原爆被害の実相と被害者の苦しみ』
──────（編）(1994)『原爆被害者調査 ヒロシマ・ナガサキ 死と生の証言』新日本出版社
──────・NPO 法人ノーモア・ヒバクシャ記憶遺産を継承する会 (2017)『被爆 70 年を生きて「被爆者として言い残したいこと」調査報告』
丹羽美之 (2008)「映像編集の方法と実践 ── 映像を用いたフィールドワーク」金井明人・丹羽美之（編）『映像編集の理論と実践』法政大学出版局, 145-63.
野沢浩 (1934)「広島市の発達と其の人文現象の地域的考察」京都帝国大学文学部地理学教室（編）『地理論叢』第 5 輯, 古今書院, 47-91.
小倉康嗣 (2006)『高齢化社会と日本人の生き方 ── 岐路に立つ現代中年のライフストーリー』慶應義塾大学出版会
────── (2011)「ライフストーリー研究はどんな知をもたらし、人間と社会にどんな働きかけをするのか ── ライフストーリーの知の生成性と調査表現」『日本オーラル・ヒストリー研究』7: 137-155.
────── (2013a)「被爆体験をめぐる調査表現とポジショナリティ ── なんのために、どのように表現するのか」浜日出夫・有末賢・竹村英樹（編）『被爆者調査を読む ── ヒロシマ・ナガサキの継承』慶應義塾大学出版会, 207-254.
────── (2013b)「ライフストーリー ── 個人の生の全体性に接近する」藤田結子・北村文（編）『現代エスノグラフィー ── 新しいフィールドワークの理論と実践』新曜社, 96-103.
────── (2014)「当事者研究と社会学的感染力 ── 当事者研究と社会学との出会いのさきに」『三田社会学』19: 55-69.
────── (2015)「『あの夏の絵』に描かれた、あの感情の意味」（福山啓子作・演出　青年劇場創立 50 周年記念・スタジオ結第 6 回公演「あの夏の絵」パンフレット）
────── (2017)「参与する知を仕掛けていくパフォーマティブな調査表現 ── 関わりの構築へ」『社会と調査』19: 44-55.
岡原正幸 (2013)「感情に触れる ── 現代社会と感情」山岸健・浜日出夫・草柳千早（共編）『希望の社会学 ── 我々は何者か、我々はどこへ行くのか』三和書籍, 65-82.
奥田博子 (2010)『原爆の記憶 ── ヒロシマ／ナガサキの思想』慶應義塾大学出版会
大森康宏 (1984)「民族誌映画の編集にかかわる試論」『国立民族学博物館研究報告』9(3): 571-592.
Orr, James J. (2001) *The Victim as Hero: Ideologies of Peace and National Identity in Postwar Japan*. University of Hawaii Press.
太田川改修 30 年史編集委員会（編）(1963)『太田川改修 30 年史』建設省太田川工事事務所
Pauwels, Luc (2015) *Reframing Visual Social Science: Towards a More Visual Sociology and Anthropology*. Cambridge University Press.

Pink, Sarah (2007) ***Doing Visual Ethnography.*** 2nd ed., Sage.
Ricoeur, Paul (1965) ***De l'interpretation, essai sur Freud.*** Editions du Seuil.〔久米博（訳）(1982)『フロイトを読む ── 解釈学試論』新曜社〕
Rose, Gillian (2012) ***Visual Methodologies: An Introduction to Researching with Visual Materials.*** 3rd ed., Sage.
桜井厚 (2002)『インタビューの社会学 ── ライフストーリーの聞き方』せりか書房
笹岡啓子 (2009)『Park City』インスクリプト
佐藤郁哉 (2006)『フィールドワーク ── 書を持って街へ出よう（増訂版）』新曜社
志水清（編）(1969)『原爆爆心地』日本放送出版協会
白石草 (2008)『ビデオカメラでいこう ── ゼロから始めるドキュメンタリー制作』七つ森書館
庄野直美 (1969)「ヒロシマ・'69 ── 体験における『断絶』と『継承』」『世界』287: 131-141.
Simmel, Georg (1908) ***Soziologie: Untersuchungen über die Formen der Vergesellschaftung.*** Dunker & Hunblot.〔居安正（訳）(1994)『社会学 ── 社会化の諸形式についての研究（上・下）』白水社〕
──── (1909) "Brücke und Tür," ***Der Tag,*** 15 September.〔鈴木直（訳）(1999)「橋と扉」北川東子（編）『ジンメル・コレクション』筑摩書房, 89-100.〕
想田和弘 (2015)『カメラを持て、町へ出よう ── 「観察映画」論』集英社インターナショナル
高木恒一 (2011)「社会調査の中の映像」『日本都市社会学会年報』29: 53-57.
高山真 (2016)『〈被爆者〉になる ── 変容する〈わたし〉のライフストーリー・インタビュー』せりか書房
丹下健三 (1950)「平和都市建設の中心課題」『新都市』4(8) : 14-17.
────・浅田孝・大谷幸夫・木村徳国 (1949)「広島市平和記念公園及び記念館競技設計等選図案」『建築雑誌』756: 40-43.
────・藤森照信 (2002)『丹下健三』新建築社
────・都市・建築設計研究所 (1970)『広島平和記念公園基本整備計画報告書』
谷富夫 (2011)「映っていないものが見えてくる。見たいものしか映らない？」『日本都市社会学会年報』29: 47-52.
Tinkler, Penny (2013) ***Using Photographs in Social and Historical Research.*** Sage.
Todeschini, Maya (2001) "The Bomb's Womb? Women and the Atom Bomb," Veena Das, et al. (eds.), ***Remaking a World: Violence, Social Suffering, and Recovery.*** University of California Press, 102-56.
Tsuchiya, Daisuke and Hiroshima Visual Ethnography Project (2017) ***Replica Symphony, "Hiroshima Peace Memorial Park on August 6"*** (2015). International Conference "Practicing History at the Time of Crisis in Globalization Consensus," Hitotsubashi University, Tokyo. March 4-5.
土屋大輔・根本雅也・松尾浩一郎・清水もも子・岩舘豊 (2016)「レプリカ交響曲《広島平和記念公園 8 月 6 日》2015」カルチュラルタイフーン・プロジェクトワークス, 2016 年 7 月

2-3 日, 於東京藝術大学
宇吹暁 (1983)「『被爆体験』の展開 ── 原水爆禁止世界大会の宣言・決議を素材として」『芸備地方史研究』140/141: 1-19.
──── (1992)『平和記念式典の歩み』広島平和文化センター
──── (2014)『ヒロシマ戦後史 ── 被爆体験はどう受けとめられてきたか』岩波書店
山田一成 (1998)「社会調査と社会認識」石川淳志・佐藤健二・山田一成（編）『見えないものを見る力 ── 社会調査という認識』八千代出版, 3-29.
やまだようこ (2000)「喪失と生成のライフストーリー ── F1 ヒーローの死とファンの人生」やまだようこ（編）『人生を物語る ── 生成のライフストーリー』ミネルヴァ書房, 77-108.
山中速人 (2009)『ビデオカメラで考えよう ── 映像フィールドワークの発想』七つ森書館
──── (2011)「コリアタウン（大阪市生野区）の映像記録の方法と実際 ── 防振ステディカムを使用した映像フィールドワークの試み」『日本都市社会学会年報』29: 25-37.
Yoneyama, Lisa (1999) ***Hiroshima Traces: Time, Space, and the Dialectics of Memory.*** University of California Press.〔小沢弘明他（訳）(2005)『広島 ── 記憶のポリティクス』岩波書店〕
吉田直次郎 (1913)『広島案内記』友田誠真堂
好井裕明 (2006)「ファンタジー化する原水爆そして原子力イメージ ── ゴジラ映画・特撮映画というテクスト」桜井厚（編）『戦後世相の経験史』せりか書房, 18-43.

【執筆者紹介】

清水もも子（しみず　ももこ）【コラム1執筆】
1989年生まれ。立教大学大学院社会学研究科社会学専攻修士課程修了。現在，特定非営利活動法人サーベイ研究員。修士論文として『フィールドワーカーとしての写真家 ── 他者表現における調査と表現のゆらぎ』（2014年）を執筆。

後藤一樹（ごとう　かずき）【第7章，コラム2，コラム5執筆】
1983年生まれ。慶應義塾大学大学院社会学研究科後期博士課程修了。博士（社会学）。現在，慶應義塾大学非常勤講師，国立民族学博物館外来研究員。主要著作に『〈漂泊〉と〈定住〉の交響史 ── 四国遍路のクロス・ナラティヴ研究』（慶應義塾大学大学院社会学研究科博士論文，2018年）など。

岩舘　豊（いわだて　ゆたか）【第3章執筆】
1980年生まれ。一橋大学大学院社会学研究科博士後期課程単位取得満期退学。現在，文京学院大学・立教大学・都留文科大学・東京外国語大学ほか非常勤講師，特定非営利活動法人サーベイ代表理事。主要著作に『都市空間に潜む排除と反抗の力 ── 差別と排除の「いま」２』（共著，明石書店，2013年）など。

鈴木雅人（すずき　まさと）【第5章，コラム3執筆】
1993年生まれ。チャップマン大学ドッジ校美術学修士課程修了（MFA in Film and Television Producing）。映画『アバーブ・ザ・グランド（Above the Ground）』を製作する。日米を拠点に，プロデューサーとして活動。

土屋大輔（つちや　だいすけ）【第6章，コラム4執筆】
1992年生まれ。慶應義塾大学大学院社会学研究科修士課程修了。主に太平洋戦争に関連した質的調査に基づいた映像，インスタレーションなどを制作するアートベース・リサーチを実践する。制作作品にＴシャツを用いたアート『僕たちの丘の上』（2014）など。

福山啓子（ふくやま　けいこ）【第8章執筆】
1956年生まれ。秋田雨雀・土方与志記念 青年劇場に所属。劇作家。主な作品に，広島市立基町高校の「原爆の絵」の取組みに取材した「あの夏の絵」（脚本・演出），「博士の愛した数式」（脚色・演出）など。

加藤旭人（かとう　あきひと）【第8章執筆】
1991年生まれ。一橋大学大学院社会学研究科博士後期課程在学。主要論文に「オルタナティブな社会空間の形成 ── 障害者をめぐる地域活動を事例に」（一橋大学大学院社会学研究科修士論文）など。

【編者紹介】

松尾浩一郎（まつお　こういちろう）【はしがき，第2章，第4章，第8章執筆】
1972年生まれ。慶應義塾大学大学院社会学研究科後期博士課程単位取得退学。博士（社会学）。現在，帝京大学経済学部教授。主要著作に『日本において都市社会学はどう形成されてきたか』（ミネルヴァ書房，2015年）など。

根本雅也（ねもと　まさや）【第1章，第2章，第6章，第9章，コラム6，コラム7，あとがき執筆】
1979年生まれ。一橋大学大学院社会学研究科博士課程修了。博士（社会学）。現在，日本学術振興会特別研究員（PD）。主要著作に『ヒロシマ・パラドクス ── 戦後日本の反核と人道意識』（勉誠出版，2018年）など。

小倉康嗣（おぐら　やすつぐ）【第10章，コラム8，あとがき執筆】
1968年生まれ。慶應義塾大学大学院社会学研究科後期博士課程単位取得退学。博士（社会学）。現在，立教大学社会学部准教授。主要著作に『高齢化社会と日本人の生き方 ── 岐路に立つ現代中年のライフストーリー』（慶應義塾大学出版会，2006年）など。

原爆をまなざす人びと
広島平和記念公園八月六日のビジュアル・エスノグラフィ

初版第1刷発行　2018年7月20日

編　者　松尾浩一郎・根本雅也・小倉康嗣
発行者　塩浦　暲
発行所　株式会社　新曜社
101-0051　東京都千代田区神田神保町3-9
電話 (03)3264-4973(代)・FAX (03)3239-2958
e-mail：info@shin-yo-sha.co.jp
URL：http://www.shin-yo-sha.co.jp/

印　刷　新日本印刷
製　本　積信堂

ISBN978-4-7885-1585-7 C1036